VEGETARISCH FÜR GOURMETS

Marianne Kaltenbach

VEGETARISCH FÜR GOURMETS

Über 265 Rezepte rund ums Jahr

Hallwag Verlag
Bern und Stuttgart

Marianne Kaltenbach
ist weit über unsere Landesgrenzen hinaus bekannt als Gastronomie-Journalistin und als Autorin einer Reihe von Kochbüchern — von der Schweizer Küche über die vielfältigsten Spezialitäten aus aller Welt bis zu ganz persönlichen Kreationen, die unter anderem auch in ihrem Restaurant «chez Marianne» im «Raben» in Luzern serviert werden. Marianne Kaltenbach führt dieses Haus seit über sieben Jahren und pflegt dort auch mit viel Liebe Fischspezialitäten und vegetarische Menüs.
Im Hallwag Verlag sind von ihr bereits erschienen: *Ächti Schwizer Chuchi* (1978), *Kreativ kochen* (1979), *Aus Italiens Küchen* (1982), *Tessiner Küche* (1983), *Seeländer Küche* (1984) und *Meine Fischküche* (1985).
Seit rund zwanzig Jahren hauptberuflich mit kulinarischen Problemen beschäftigt, wird sie oft als Expertin in Fachfragen konsultiert. Ihr stets zeitnahes Wissen hat ihr viele Ehrungen eingetragen, unter anderem sieben Silbermedaillen der Gastronomischen Akademie Deutschlands und für ihr Buch *Meine Fischküche* gar die begehrte und nur selten verliehene Goldene Feder sowie zwei erste Preise der Grands Guides Touristiques in der Schweiz. Außerdem ist sie langjähriges Mitglied exklusiver Verbände, wie der Fédération Internationale de la Presse Gastronomique, der Académie Suisse des Gastronomes, und gastronomische Beraterin des Bailiage Nationale Suisse de la Chaîne des Rôtisseurs.

Illustrationen: Martin Zbinden, Bern
Umschlagbild und Fotos: Ernst Schätti, Luzern

Lektorat: Urs Aregger
Gestaltung: Robert Buchmüller

Gesamtherstellung: Hallwag AG Bern
ISBN 3 444 10341 7

Hallwag

Inhalt

Vorwort

Immer häufiger ist der Wunsch vieler Menschen zu hören, täglich oder zwei- bis dreimal in der Woche fleischlos zu essen, auch wenn sie keineswegs überzeugte Vegetarier sind. In meinem Restaurant in der Luzerner Altstadt habe ich ebenfalls festgestellt, daß sich vor allem junge Leute zunehmend nach vegetarischen Gerichten erkundigen. In den meisten Fällen verstehen sie darunter jedoch nicht konsequent vegetarisch zubereitete Kost, sondern wohlschmeckende kleine Spezialitäten, deren Genuß ihnen einfach Freude macht. Auch viele ältere Leute möchten gerne etwas Leichtes essen, vor allem am Abend. Dafür eignen sich vegetarische Gerichte bestens.

Ich persönlich verspüre ebenfalls oft den Wunsch nach vegetarischen Gerichten. All dies hat mich dazu animiert, dieses Buch mit dem Titel «Vegetarisch für Gourmets» zu verfassen. Die hier wiedergegebenen Gerichte habe ich in den letzten Jahren kreiert und ausprobiert. Ich habe dafür eine Kostform gewählt, die in der Fachsprache «ovo-lacto-vegetabil» heißt: Darunter versteht man Gerichte und Menüs, die Eier und auch Milchprodukte enthalten können. Meine Gerichte sind so konzipiert, daß sie nicht nur appetitlich aussehen, sondern auch gut schmecken. Das Buch ist nicht für extreme Vegetarier geschrieben, sondern für Menschen, die gerne gut essen und gelegentlich auf Fleisch verzichten wollen, was auch immer im einzelnen ihre Gründe sein mögen. Es handelt sich auch nicht um ein Buch über Vollwertkost, obwohl in vielen Rezepten Vollkornprodukte verwendet werden. Wer mit Sorgfalt und mit dem nötigen Wissen über neuzeitliche Ernährung einkauft und zudem auf Frische und Qualität achtet, vollwertigen Nahrungsmitteln den Vorzug gibt, die Menüs sinnvoll zusammenstellt und Ballaststoffe integriert, ist auf dem besten Weg zu einer gesunden Kost, die zu seinem Wohlbefinden beitragen wird.

Dieses Buch erhebt auch nicht den Anspruch, ein wissenschaftliches Werk zum Thema Diät zu sein. Deshalb enthält es — mit Ausnahme der Kalorien- und Jouleangaben — auch keine detaillierten Angaben zum Gehalt an Eiweiß, Fett und Kohlenhydraten. Ich möchte meiner Leserschaft nicht zumuten, ihre Mahlzeiten mit Hilfe einer Apothekerwaage zubereiten zu müssen. Beim Komponieren der Menüs habe ich aber auf eine sinnvolle Zusammenstellung der Nährstoffe geachtet. Einige lesenswerte Erläuterungen dazu finden Sie auf Seite 335.

Die Rezepte dieses Buches sind den Jahreszeiten entsprechend geordnet. Dabei waren Überschneidungen nicht zu vermeiden. Die Angebote in den Geschäften und auf den Märkten sind überaus vielfältig und stimmen mit unserer heimischen Produktion längst nicht mehr überein. Es ist mir ein Anliegen zu betonen, daß jedes Gemüse und jede Frucht während der Reifezeit am besten schmeckt und am gehaltvollsten ist. Wichtig für das Aroma ist auch, daß Früchte und Gemüse in reifem Zustand geerntet werden; das betrifft sowohl den Anbau im Freien wie die Aufzucht im Treibhaus. Wer aber unbedingt im Winter Tomaten, Spargeln oder andere Importprodukte genießen will, findet das entsprechende Rezept leicht im Rezeptverzeichnis.

Erwähnen möchte ich schließlich, daß vegetarische Gerichte oft lieblos präsentiert werden. Sie gelten vielfach einfach als besonders gesunde Verpflegung ohne besondere kulinarische Note. Ich habe eine große Zahl von Tips angefügt, die zusammen mit den Fotos zeigen sollen, daß dies durchaus nicht so sein muß. Aus vegetarischen Gerichten lassen sich überaus attraktive Menüs für jeden Geschmack zusammenstellen.

Voraussetzung für die Zubereitung solcher vegetarischer Gourmetgerichte ist allerdings die Wahl von schonenden Kochmethoden; die Gemüse sollen weder zu knackig noch zu weich gegart sein. Etwas kreative Anstrengung und die Beachtung der Details, die keinesfalls als Firlefanz zu betrachten sind, werten die einfachsten Gerichte auf.

Die in den Rezeptteil eingestreuten Texte geben Informationen zu den verwendeten Gemüsen und Produkten sowie Tips aus meiner langjährigen Kocherfahrung. Sie sollen Ihnen auch den Einkauf und die Zubereitung erleichtern.

Ich hoffe, daß Sie von diesem Buch regen Gebrauch machen werden, und wünsche Ihnen viel Spaß beim Zubereiten, Anrichten und Genießen!

Marianne Kaltenbach

Zu den Rezepten

Das Wichtigste

Bitte lesen Sie die Rezepte vor dem Kochen oder noch besser vor dem Einkaufen durch, damit Ihnen der Ablauf des Kochens klar wird. Sie ersehen daraus auch, wie das Gericht vorbereitet werden kann. Eine gute «mise-en-place», wie man die Bereitstellung in der Fachsprache nennt, erleichtert Ihnen die Zubereitung. Durch gute Organisation beim Kochen läßt sich viel Zeit und Aufregung sparen.

Details, die Sie beachten müssen

Die Rezepte sind mit einigen Randbemerkungen versehen, die Ihnen nützlich sein können:

Arbeitsaufwand	Darunter ist die Zeit zu verstehen, die eine durchschnittlich geübte Hausfrau (oder ein Hausmann) für Vorbereitungen und am Kochherd benötigt.
Kochzeit	oder je nach Rezept **Backzeit, Schmorzeit, Kühlzeit usw.**: Kurze Vorgänge, bei denen Sie nicht unbedingt danebenstehen müssen.
Vorbereitung (V)	Hinweis, ob das Gericht im voraus zubereitet werden kann oder ob gewisse Arbeiten erst unmittelbar vor dem Anrichten ausgeführt werden müssen.
Kalorien- und Jouleangaben	Die Rezepte dieses Buches sind mit Kalorien- und Jouleangaben versehen, damit Sie beim Zusammenstellen der vegetarischen Menüs auf einen Blick sehen können, wie stark die einzelnen Gerichte «ins Gewicht fallen».
Tips	Hier finden Sie besondere Hinweise auf die Zubereitung, die für ein gutes Gelingen wichtig sind, sowie Alternativen bei der Verwendung von bestimmten Produkten.

Variationen — Nicht immer hat man die im Rezept aufgeführten Grundzutaten im Haus. Auch das saisonale Angebot oder die Einkaufsmöglichkeiten können verschieden oder sogar je nach Bedarf beschränkt sein. Wo Variationen möglich sind, ohne daß das Gericht dadurch zu stark verändert wird, habe ich sie erwähnt.

Rezeptverzeichnisse (S. 356 ff.) — Dieses Buch ist nach Jahreszeiten gegliedert, weil hauptsächlich Gemüse (und vor allem solches aus heimischem Anbau) verwendet wird. Damit Sie aber die Gerichte das ganze Jahr hindurch — je nach Marktangebot auch mit Produkten aus dem Ausland — zubereiten können, wurde nicht nur ein Inhaltsverzeichnis in alphabetischer und ein zweites in chronologischer Reihenfolge erstellt, sondern auch eines nach Art der Gerichte, wie Salate, Vorspeisen, Suppen usw.

Anhang — Auf verschiedenen Seiten finden Sie kurze Steckbriefe zu den wichtigsten Getreideprodukten und Hülsenfrüchten, auf Seite 349 einen Saisonkalender mit einheimischen Gemüsen, damit Sie jederzeit den aktuellen Markt überblicken können.

Richtige Zusammenstellung

Wer sich vegetarisch ernähren will, sollte darauf achten, daß seine Mahlzeiten auch genügend Eiweiß enthalten. Jede einseitige Ernährung ist zu vermeiden. Um im Gleichgewicht zu bleiben, braucht unser Organismus:

Baustoffe	Eiweiße und Mineralstoffe
Schutzstoffe	Vitamine und Mineralstoffe
Betriebsstoffe	Fette und Kohlenhydrate

Wir müssen darauf achten, daß unsere Menüs dementsprechend zusammengestellt werden. Ich habe darauf verzichtet, bei den Rezepten auf die einzelnen Nährstoffe hinzuweisen. Es wäre zu kompliziert, täglich große Rechenübungen anzustellen und nur noch mit der Waage zu kochen. Deshalb einige Angaben, wie man sich auf einfache Art alle benötigten Stoffe zuführen kann:

Baustoffe	Milch- und Milchprodukte (wie Quark, Joghurt, Rahm, Käse), Eier, Tofu, Hülsenfrüchte.
Schutzstoffe	Gemüse und Früchte, wenn möglich einmal im Tag roh essen.
Betriebsstoffe	Fettstoffe (Butter, Öl, Fett) höchstens 20 bis 40 g, Kohlenhydrate (Brot, Kartoffeln, Teigwaren, Mais, Reis, Zucker), je nach Betätigung.
Ballaststoffe	Vorwiegend Getreide, Brot, Hülsenfrüchte, Gemüse, Obst (s. S. 336).
Wasser (Getränke)	Unser Körper braucht viel Flüssigkeit als Transportmittel. Besonders nach dem Einnehmen von Ballaststoffen soll man genügend trinken!

Frühling

Nun freuen wir uns doppelt über jedes junge, zarte Gemüse, das wir auf dem Markt entdecken. Noch sind unsere einheimischen Frühjahrssalate und Gemüse erst spärlich vertreten. Aber vieles kommt schon aus südlichen Ländern oder aus Treibhäusern zu uns. Leider fehlt vielem, was von weit her kommt, Saft und Kraft. Abwechslung bringen aber ein erfrischendes Löwenzahnsalätchen, die knackigen Frühlingszwiebeln, der erste Spinat und natürlich der herrliche Spargel. Bald kommen auch frische Kräuter, allen voran der Bärlauch und die Brennessel, die vielen Gerichten eine frühlingshafte Note geben und erst noch besonders gesund sind. Als Ergänzung für den Vitaminbedarf gibt es noch späte Apfelsorten, saftige Zitrusfrüchte wie Grapefruits, Jaffarinen und Orangen. Und schon bald kommen der Rhabarber und die ersten Erdbeeren.

Salate und kleine Vorspeisen

Dieser aparte Salat kann zusammen mit Roggenbrot und Butter als Vorspeise oder kleines Abendessen serviert werden.

Apfel-Sellerie-Salat an pikanter Sauce

Eigelb, Senf, Gewürze und Zitronensaft in eine Schüssel geben. Mit einem Schneebesen das Öl langsam unter kräftigem Rühren dazufügen. Nicht zuviel Öl auf einmal, da sonst die Sauce gerinnen könnte. Nach und nach den Essig löffelweise zugeben. Zwiebeln, Worcestershiresauce, Petersilie und Schabziger unter die Sauce mengen. Den Rahm beigeben und mit Salz, Pfeffer und Zucker abschmecken.
Sellerie und Äpfel schälen. Die Äpfel in kleine Würfelchen, den Sellerie in dünne Streifen schneiden oder raffeln. Beides sofort leicht mit Zitronensaft beträufeln. Den Sellerie in Salzwasser einmal aufkochen und dann auskühlen lassen. Mit dem Dressing gut mischen und mit den Nußkernen garnieren.

V Kann vorbereitet werden
Arbeitsaufwand: 20 Minuten
Kochzeit: 5 Minuten
Kalorien: 400 kcal/1674 kJ je Person

Für 4 Personen
1 mittlere Sellerieknolle
2 Äpfel
Wenig Zitronensaft
50 g Baumnußkerne (Walnußkerne)

Sauce:
1 Eigelb
1 Teel. Senf
Salz, weißer Pfeffer, Paprika
1 Prise Cayennepfeffer
1 Prise Zucker
1 Teel. Zitronensaft
1 dl Sonnenblumenöl
2 Eßl. Weißweinessig
1 kleine Zwiebel, gehackt
½ Teel. Worcestershiresauce
1 Eßl. Petersilie, fein gehackt
1 Eßl. Schabziger, fein gerieben
2 Eßl. Vollrahm

Knollensellerie oder Bleichsellerie?

Für die Ägypter und die Griechen war der Sellerie das Symbol für Sieg und Triumph. Seit dem späten Mittelalter wächst dieses Gemüse auch bei uns. In der Schweiz ist es das ganze Jahr hindurch aus eigenem Anbau erhältlich. Es gibt Suppensellerie, mit viel Laub und mit kleinen Wurzelknöllchen, und den Sellerieknollen, der ein Grund- und Würzgemüse für unsere Küche ist.

Aus südlichen Ländern, wie Italien, Spanien und Frankreich, aber auch aus England kennen wir den Stangensellerie, der auch Bleich- oder Staudensellerie genannt wird. Immer mehr Leute verwenden die knackigen, fleischigen Blattstiele als Gemüsebeilage und für die Zubereitung von südlichen Gemüsegerichten. Auch roh — als Salat — ist er sehr gefragt. Die Wurzel dieser Sorte ist ungenießbar.

Sellerie wird gerne wegen seines angenehmen Geschmackes verwendet. Er enthält auch Vitamin E und viele Mineralstoffe. In Frankreich gilt er als aphrodisisch.

Löwenzahn — der Vorbote des Frühlings in der Küche! Hier ein rasch zubereiteter Salat, der mit pochierten Eiern abgerundet wird.

Löwenzahnsalat mit verlorenen Eiern

V Kann teilweise vorbereitet werden
Arbeitsaufwand: 25 Minuten
Kochzeit: 3 bis 4 Minuten
Kalorien: 409 kcal/1712 kJ je Person

Für 4 Personen
300 g zarter Löwenzahn
100 g Portulak (nach Belieben)
Salz
4 Scheiben Modelbrot
3 Eßl. eingesottene Butter
1 Knoblauchzehe
3 Eßl. Essig
4 frische Eier
1 Eßl. feingehackter Schnittlauch

Sauce:
1 Eßl. Weinessig
1 Teel. scharfer Senf (Dijon)

Die Salate gut säubern, 5 Minuten in etwas Salzwasser einlegen, dann kalt abspülen und ausschwingen, damit gar kein Wasser mehr zurückbleibt. Aus dem Modelbrot kleine Formen ausstechen, z. B. Herzen oder Dreiecke schneiden. Die Brote in der Butter goldgelb ausbakken und mit durchgepreßtem Knoblauch beträufeln. Für die Sauce Essig, Senf, Weißwein, Salz und Pfeffer gut verrühren. Das Olivenöl und den durchgepreßten Knoblauch dazugeben und gut schwingen. Nach Bedarf nachwürzen.
1 Liter Wasser mit 2 Eßlöffeln Essig und ½ Teelöffel Salz aufkochen. Die Eier einzeln in einer Tasse aufschlagen und sorgfältig in das kochende Wasser gleiten lassen. Hitze reduzieren und die Eier 3 bis 4 Minuten ziehen lassen. Mit der Schaumkelle herausheben und zum Warmhalten in heißes Wasser legen, bis der Salat angerichtet ist.
Die beiden Salatsorten mischen, in schöne Teller verteilen. In der Mitte eine kleine Mulde formen und in jede ein noch warmes verlorenes Ei hineingeben. Den Salat mit der Sauce beträu-

feln. Mit den Brotcroûtons garnieren. Die Eier mit etwas Schnittlauch bestreuen.

1 Eßl. Weißwein
Salz, Pfeffer
4 Eßl. Olivenöl
1 Knoblauchzehe

Tips Wer nicht gerne Eier pochiert, kann sie in der Schale pflaumenweich (etwa 5 Minuten) kochen, kurz mit kaltem Wasser abschrecken, sorgfältig schälen und so in die Mitte des Salates setzen.
Wem der Geschmack von ungebleichtem Löwenzahn zu bitter ist, legt ihn vor der Zubereitung 1 bis 2 Stunden in lauwarme Milch ein oder mischt ihn mit anderen Blattsalaten (Kopfsalat, Brennessel, Brunnenkresse usw.)
Aus Löwenzahnblättern läßt sich auch eine feine Suppe zubereiten: Die gehackten Blätter in Butter dünsten, nach Belieben mit etwas Mehl bestäuben und mit Bouillon ablöschen. Vor dem Anrichten mit Rahm oder Butter verfeinern.
Für ein Löwenzahngemüse kocht man die Blätter in Wasser 20 bis 30 Minuten, gießt das Wasser ab und hackt sie mit einem großen Messer. Eine Zwiebel dünsten, das gehackte Gemüse beifügen, würzen und wie Spinat mit etwas Rahm verfeinern und servieren.
Das gekochte Gemüse kann nach Belieben auch durch die Passiermaschine getrieben werden.
Löwenzahn läßt sich ausgezeichnet mit anderen Wildpflanzen, etwa Sauerampfer oder Brennnessel, kombinieren.
Aus Löwenzahnblüten läßt sich ein honigähnlicher Sirup zubereiten, der auf Butterbrot gestrichen wird: Etwa 500 g Löwenzahnblüten in 2 l Wasser 15 bis 20 Minuten kochen, durch ein Sieb gießen und mit 1500 g Zucker und Zitronensaft so lange kochen, bis die gewünschte Konsistenz erreicht ist. Wie Konfitüre in Gläser abfüllen und verschließen.

Variationen

- Nüßlisalat verwenden, wenn die anderen Sorten nicht erhältlich sind.
- Eier hart kochen, mit dem Eierschneider in beiden Richtungen schneiden, die Eierwürfel mit viel gehackter Petersilie mischen und über den Salat streuen.
- Das Gericht mit sehr kleinen, roten Peperoniwürfelchen garnieren.

Ein reichhaltiger Salat, der sich als kleines, leichtes Abendessen gut bewährt.

Spinatsalat mit Knoblauchbrot

V Kann teilweise vorbereitet werden
Arbeitsaufwand: 20 Minuten
Kalorien: 300 kcal/1255 kJ je Person

Für 4 Personen
50 gesalzene Butter
250 g junger, frischer Blattspinat
100 g frische Champignons
1 Eßl. Zitronensaft
4 Knoblauchzehen
4 Eßl. Olivenöl
1 Teel. scharfer Senf (Dijon)
1 ½ Eßl. Weinessig
Salz, Pfeffer aus der Mühle
½ Teel. Paprika
1 Pariserbrot oder kleine Semmel (rund 100 g)

Butter bei Küchentemperatur weich werden lassen. Spinat waschen und gut abtropfen (am besten wie Salat ausschwingen). Champignons waschen und sofort mit Zitronensaft mischen. Knoblauch durchpressen und mit Butter vermischen.
Olivenöl, Senf und Weinessig gut mischen. Mit Salz, Pfeffer und Paprika pikant würzen. Das Pariserbrot mehrmals quer einschneiden (Semmel halbieren und oben kreuzweise einschneiden). Die Einschnitte dicht mit Knoblauchbutter bestreichen. Die Brötchen in den gut vorgeheizten Ofen (rund 220 °C) geben. Aufbacken, bis die Butter schmilzt.

Tips Die Champignons nicht allzu lange vorher schneiden und auf jeden Fall mit Zitronensaft mischen. Salat erst vor dem Servieren anmachen.

Variationen
- Dieses Gericht läßt sich auch mit Portulak oder Nüßlisalat (Feldsalat) zubereiten.
- Etwas Blauschimmelkäse (z. B. Roquefort) unter die Sauce mischen.
- Mit verlorenen oder pflaumenweich gekochten Eiern garnieren.

Wenn der erste Spargel kommt, gibt es immer noch Brüsseler Endivien. Diese beiden Gemüse harmonieren gut zusammen.

Spargelsalat nach belgischer Art

Von den Spargelstangen 6 cm lange Spitzen abschneiden. Den Rest leicht schräg in 1 cm dicke Scheiben, die Endivien längs in feine Streifen schneiden. Zwei kleine Häufchen davon seitlich auf die Teller legen. Die Spargelstücke auf die Mitte der Teller legen und mit den Spitzen garnieren.
Olivenöl mit Zitronensaft gut vermischen. Mit Salz und Pfeffer abschmecken. Die Radieschen in winzig kleine Würfel schneiden und unter die Sauce geben. Die Sauce über den Spargel und die Endivien verteilen.

Tip Besonders gut präsentiert dieser Salat, wenn man grünen Spargel verwenden kann.

V Kann vorbereitet werden
Arbeitsaufwand: 20 Minuten
Kalorien: 143 kcal/598 kJ je Person

Für 4 Personen
500 g Spargel, vorgekocht
100 g Brüsseler Endivien
4 Eßl. Olivenöl
1 Eßl. Zitronensaft
Salz, Pfeffer
4 große Radieschen

Weißer oder grüner Spargel?

Vor mehr als 5000 Jahren haben die Ägypter bereits Spargel angepflanzt. Die Griechen wußten schon um seine diätetischen Eigenschaften, und bei den Römern zierte er die festliche Tafel. Der Spargel ist harntreibend; in der Naturheilkunde wird er bei Herzkrankheiten, Wassersucht und Rheuma empfohlen.

Lange Zeit war bei uns der Bleichspargel bekannt. Er wird unter Erdwällen angebaut; die weißen Stengeltriebe des Wurzelstockes müssen sich dann an die Oberfläche durchkämpfen. Sobald die Köpfchen sichtbar werden, können die Sprossen unterhalb der Erdoberfläche gestochen werden.

Bevor der grüne Spargel in Kalifornien entdeckt wurde, war er schon in Klostergärten vorhanden. Er wurde nicht nur wegen seiner medizinischen Eigenschaften geschätzt, sondern auch als ausgezeichnetes Gemüse. Später wurde der grüne Spargel durch den Anbau des

Spargelsalat

Bleichspargels verdrängt. Heute wird er auch wieder in unseren Breitengraden als Delikatesse angebaut.

Der weiße Spargel ist etwas bitterer im Geschmack, der grüne etwas kräftiger. Der grüne Spargel muß nicht geschält werden und hat in der Regel eine etwas kürzere Kochzeit. Bei beiden Sorten können die Kochzeiten, je nach Qualität und Zeitpunkt der Ernte, etwas unterschiedlich sein. Am besten prüft man sie vor dem Anrichten.

Zum Servieren ideal ist eine Spargelplatte mit doppeltem oder gelochtem Boden. Man kann den Spargel aber auch wie im Restaurant auf einer Stoffserviette anrichten, damit der auslaufende Sud aufgesogen wird.

Ein Spargelsalat mit einer gut gewürzten Joghurtsauce.

Spargelsalat mit Haselnüssen

Die Spargelstangen in 2 cm lange Stücke schneiden. Die Spitzen beiseite legen. 1 dl Kochsud des Spargels auf die Hälfte einkochen und mit Rahm, Joghurt, Haselnußöl und Weinessig gut mischen. Mit Majoran, Salz, Pfeffer und Cayennepfeffer pikant abschmecken. Die Spargelstücke mit etwas Sauce mischen und in die Mitte der Teller geben. Die Radieschen zuerst in Scheiben, dann in Stäbchen schneiden und über den Spargel verteilen. Mit den Spitzen garnieren. Das Ei klein würfeln und den Salat damit bestreuen.
Die Haselnüsse in einer trockenen Bratpfanne leicht anrösten. Über den Salat streuen. Die restliche Sauce separat zum Salat reichen.

Tip Sehr schön ist der Salat, wenn man 250 g grünen und 250 g weißen Spargel verwendet.

V Kann vorbereitet werden
Arbeitsaufwand: 15 Minuten
Kalorien: 125 kcal/523 kJ je Person

Für 4 Personen
500 g vorgekochter Spargel
1 dl Spargelsud
3 Eßl. Rahm
2 Eßl. Joghurt
2 Teel. Haselnußöl
1 Teel. Weißweinessig
1 Teel. gehackter Majoran
Salz, Pfeffer
1 Prise Cayennepfeffer
4 Radieschen
1 hartgekochtes Ei
1 Eßl. Haselnüsse, in Scheiben geschnitten

Es muß nicht immer Spargel sein — auch zarter Lauch kann, mit einer delikaten Sauce serviert, wunderbar schmecken.

Lauch mit rosa Sauce

V Kann vorbereitet werden
Arbeitsaufwand: 15 Minuten
Kochzeit: 30 Minuten
Kalorien: 205 kcal/858 kJ je Person

Für 4 Personen
12 zarte Lauchstengel
2 dl Gemüsebouillon
1 dl Weißwein
Salz, Pfeffer

Sauce:
150 g Mascarpone
1 Eßl. Ketchup
1 Eßl. Cognac
1 Teel. feingeriebene Zwiebeln
Salz, Pfeffer
1 Prise Cayennepfeffer

Den Lauch säubern und die etwas zähen Blätter entfernen. Gemüsebouillon mit Weißwein aufkochen. Die Lauchstangen hineingeben, wenig Salz und Pfeffer zugeben und zugedeckt bei kleiner Hitze weich dünsten (etwa 30 Minuten). Den Lauch im Sud erkalten lassen, dann gut abtropfen.
Für die Sauce alle Zutaten gut verrühren. Mit Salz, Pfeffer und Cayennepfeffer pikant abschmecken. Den Lauch mit der Sauce wie Spargeln essen.

Tips Der Lauch schmeckt besonders gut, wenn er nicht zu kalt serviert wird. Wenn nötig, ihn kurz etwas erwärmen.
Da im Laufe des Heranwachsens Erde zwischen die Blätter geraten kann, empfiehlt es sich, die Stangen zum Säubern aufzuschneiden und sie unter fließendem Wasser zu waschen.

Variationen
- Die Sauce durch eine Vinaigrette (s. S. 312) ersetzen.
- Einfach zubereitet und köstlich: Lauchstangen in Salzwasser kochen, gut abtropfen, mit geriebenem Käse bestreuen und mit einem Spiegelei belegen. Viel zerlassene Butter darüberträufeln.
- 10 cm lange Lauchstücke vorkochen, mit einer Sauce Mornay (Béchamelsauce mit Käse) begießen und im Ofen überbacken.
- Vorgekochte Lauchstücke durch einen dicken Pfannkuchenteig ziehen und in Butter oder schwimmend in Öl allseitig goldbraun ausbacken. Sehr gut schmeckt dazu eine mit Zitronensaft, Pfeffer und einer Prise Salz gemischte Sojasauce.
- Blanchierter, zarter Lauch schmeckt auch als Salat ausgezeichnet und ergibt mit hartgekochten Eiern und Tomatenwürfeln eine originelle Vorspeise.

Eine erfrischende Vorspeise oder eine Beilage zu Kartoffeln in der Schale.

Frischkäse mit Kräutern

Die Zwiebel fein hacken. Mit dem Rahm und einer kleingeschnittenen Knoblauchzehe im Cutter pürieren. Das Püree mit dem Frischkäse und dem Senf gut mischen. Am besten mit dem Schneebesen schlagen. Den Käse mit Salz und Pfeffer abschmecken, in ein feines Sieb gießen und mit einer Klarsichtfolie abdecken. Das Sieb über eine Schüssel hängen und über Nacht in den Kühlschrank stellen. Vor dem Servieren den Käse in vier Portionen teilen und wenn möglich zu vier Käslein mit gewölbter Oberfläche formen. Auf Teller verteilen. Den Peperoncino mit dem Wiegemesser sehr fein hacken. Mit dem restlichen durchgepreßten Knoblauch und den Kräutern und viel Pfeffer mischen. Über die Käslein verteilen.

Nach Belieben je einen Eßlöffel Doppelrahm so darübergeben, daß ein Teil der Kräutlein noch sichtbar ist.

Tip Es gibt auch sehr kalorienarmen Frischkäse, etwa den «Blanc battu». Er eignet sich ebenfalls für diese Zubereitung. Wenn dieses Gericht aber besonders leicht sein soll, muß man auf das Begießen mit Doppelrahm verzichten.

V Kann vorbereitet werden
Arbeitsaufwand:
25 Minuten
Kalorien:
160 kcal/670 kJ
je Person

Für 4 Personen
1 kleine Zwiebel
2 Eßl. Rahm oder Kaffeerahm
2 Knoblauchzehen
300 g Frischkäse (Petit Suisse, Blanc battu usw.)
1 Teel. scharfer Senf (Dijon)
Salz, Pfeffer aus der Mühle
1 kleines Stück Peperoncino
3 Eßl. gehackte Kräuter (Rosmarin, Basilikum, Schnittlauch, Petersilie, Kerbel)
4 Eßl. Doppelrahm (nach Belieben)

Eine gute Verwendung für hartgekochte Eier, zum Beispiel in der Osterzeit.

Halbe Eier «Gribiche»

V Kann vorbereitet werden
Arbeitsaufwand: 15 Minuten
Kochzeit: 8 Minuten
Kalorien: 461 kcal/1929 kJ je Person

Für 4 Personen (als Vorspeise)
8 rohe Eier
1 hartgekochtes Ei
2 Eßl. Zitronensaft
1 Teel. scharfer Senf (Dijon)
Salz, Pfeffer aus der Mühle
1 dl Olivenöl, kalt gepreßt
2 Knoblauchzehen
4 Eßl. frische, gehackte Kräuter (Petersilie, Schnittlauch, Basilikum, Majoran)
2 Schalotten, fein gehackt
1 Eßl. geröstete Pinienkerne

Die Eier 8 Minuten kochen, dann kalt abschrecken. Das hartgekochte Ei schälen und im Eierschneider zuerst längs, dann quer schneiden. Den Zitronensaft mit Senf, Salz und Pfeffer verrühren. Das Olivenöl zufügen. Alles gut mischen. Den durchgepreßten Knoblauch, drei Viertel der Kräuter und die Schalotten zugeben. Wenn nötig nachwürzen. Die Sauce auf 4 Teller verteilen und mit dem gehackten Ei bestreuen. Die Achtminuteneier schälen, halbieren und dabei darauf achten, daß das noch leicht flüssige Eigelb nicht ausläuft. Die halben Eier auf die Sauce legen. Das Eigelb mit den restlichen Kräutern und den Pinienkernen bestreuen.

Tip Zarte Frühlingszwiebeln kurz dünsten und dazu servieren.

Frühlingszwiebeln — jung und zart

Nach einem langen Winter greift man mit Freude zu den jungen, frischen Zwiebeln mit grünem Laub, die bundweise angeboten werden. Halbiert oder fein geschnitten geben sie einem Salat einen frühlinghaften Anstrich oder verwandeln ein einfaches Omelett in eine Delikatesse. Frühlingszwiebeln sollten in einem Gericht zur Geltung kommen. Es wäre schade, sie für eine Füllung zu zerhacken oder stark anzubraten. Man kann sie auch nur dämpfen und wie Spargel (mit einer delikaten Sauce) auf den Tisch bringen.

Hartgekochte Eier mit interessantem Geschmack. Ein praktisches Gericht für kalte Buffets, Sommerparties oder Picknicks.

Eingelegte Eier à la provençale

Die Eier rechtzeitig aus dem Kühlschrank nehmen (sie sollen nicht allzu kalt sein, sonst platzen die Schalen) und 9 Minuten in siedendem Wasser kochen. Herausnehmen, unter kaltem Wasser abschrecken und schälen.
Essig, Wein, Rosmarin, Fenchelsamen, Basilikum, Thymian, Bohnenkraut, Zucker, Salz, geschälte Knoblauchzehen und Pfefferkörner in einer Pfanne zum Sieden bringen. 10 Minuten stark kochen. Inzwischen die Pfefferschote in Rädchen schneiden und dabei die Kerne entfernen. Abwechslungsweise mit den geschälten Eiern in ein passendes Gefäß mit Deckel schichten. Den heißen Sud mit den Gewürzen darübergießen. Leicht abkühlen lassen. Das Olivenöl darüber verteilen. Mit dem Deckel verschließen. 14 Tage kühl stellen.

Tips Diese Eier passen zu allen Salaten und zu kaltem Fleisch.
Man kann damit auch ein Katerfrühstück zubereiten, wenn man sie beispielsweise mit Räucherfisch ergänzt. Sie bringen aber auch Abwechslung bei einem familiären Abendessen mit Bauernbrot, Butter und Mayonnaise.

Variation Wenn man nicht 14 Tage warten kann, empfiehlt es sich, sogenannte «Soleeier» zuzubereiten, die bereits nach zwei Tagen gegessen werden können: 1 l Wasser mit 3 gestrichenen Eßlöffeln Salz, einigen Pfefferkörnern und der braunen Schale von zwei Zwiebeln aufkochen. Hartgekochte Eier in der Schale rundherum leicht auf den Tisch klopfen, so daß die Schale Risse bekommt. In ein Glas schichten und die heiße Salzwasserlösung darübergießen. Nach zwei Tagen weisen die Eier nach dem Schälen eine feine Zeichnung auf und schmecken ebenfalls köstlich.

V Kann vorbereitet werden
Arbeitsaufwand: 10 Minuten
Kochzeit: 10 Minuten
Marinierzeit: 14 Tage
Kalorien: 257 kcal/1075 kJ je Person

Für 6 Personen
12 Eier
4 dl Rotweinessig
6 dl Rotwein
1 kleiner Zweig Rosmarin
3 bis 4 Fenchelsamen
1 kleiner Zweig Basilikum oder etwa 10 Blätter
1 Zweiglein Thymian
1 Zweiglein Bohnenkraut
1 Mokkal. Zucker
1 Eßl. Salz
3 bis 4 Knoblauchzehen (je nach Größe)
1 Eßl. Pfefferkörner, zerdrückt
1 kleine Pfefferschote, scharf
3 Eßl. Olivenöl, kalt gepreßt

Gemüseterrine «tricolore»

V Kann vorbereitet werden
Arbeitsaufwand:
50 Minuten
Kühlzeit:
5 bis 6 Stunden

Für 8 Personen als Vorspeise

Spinatfüllung:
200 g frischer Spinat
2 Blatt Gelatine
2 Eßl. Doppelrahm
Salz, Pfeffer
½ Teel. gehackter Salbei
Kalorien:
26 kcal/109 kJ
je Person

Selleriefüllung:
50 g Knollensellerie
2 Blatt Gelatine
2 Eßl. Doppelrahm
Salz, Pfeffer, Muskatnuß
Kalorien:
22 kcal/92 kJ
je Person

Karottenfüllung:
250 g Karotten
½ Teel. Zucker
½ Teel. Kerbel
Salz, Pfeffer
2 Eßl. Doppelrahm
2 Blatt Gelatine
Kalorien:
80 kcal/335 kJ
je Person

Diese farbenfrohe Terrine kann, je nach Saison, mit verschiedenen Gemüsen zubereitet werden.

Kalte Gemüse-Terrine

Den Spinat waschen, ohne Zugabe von Flüssigkeit dünsten, bis er zusammenfällt. Gut auspressen und im Mixer pürieren. Die Gelatine in eine Schale geben und mit kaltem Wasser bedecken. Das Spinatpüree langsam erwärmen. Die Gelatine gut ausdrücken und unter das Spinatpüree mischen. Den Doppelrahm zufügen, mit Salz, Pfeffer und Salbei abschmecken und nochmals kurz mixen.
Die Sellerieknolle schälen, in kleine Stücke schneiden und in wenig Salzwasser weich kochen, abtropfen und noch warm im Mixer pürieren. 2 Blatt Gelatine in 1 bis 2 Eßlöffeln heißem Wasser auflösen. Mit Doppelrahm beigeben und mit Salz, Pfeffer und Muskatnuß abschmekken.
Die Karotten schälen, kleinschneiden und in wenig Salzwasser gar kochen. Zucker, Kerbel, Salz und Pfeffer, Doppelrahm und die in 2 Eßlöffeln heißem Wasser aufgelöste Gelatine zugeben. Im Mixer pürieren.
Eine Form von 1 l Inhalt mit Klarsichtfolie auskleiden und die drei Pürees nacheinander einfüllen. Mit Klarsichtfolie gut abdecken. Den Deckel der Form aufsetzen oder eine Aluminiumfolie darüberlegen und seitlich gut andrücken. Vollständig erkalten lassen, danach im Kühlschrank 5 bis 6 Stunden fest werden lassen.

Tip Dank der Klarsichtfolie kann die Terrine nach dem Erkalten gut gestürzt werden.

Eine kleine, originelle kalte Vorspeise, die auch auf eine reichhaltige Salatplatte paßt.

Petersilienmousse

Petersilie und Spinat grob hacken und mit den Schalotten in der Butter dünsten. Bouillon zugeben und zugedeckt rund 5 Minuten garen lassen. 1,5 dl Rahm zugeben und weiterkochen, bis der Rahm leicht sämig wird. Im Mixer 2 bis 3 Minuten sehr fein pürieren. Die Gelatine in kaltes Wasser einweichen. Das Petersilienpüree mit Salz, Pfeffer und Zitronensaft abschmecken. Gelatine auspressen und in die noch heiße Masse rühren. Kalt stellen. Restlichen Rahm steif schlagen und unter die kalte Masse ziehen. Eine Stunde kühl stellen.
Zum Anrichten mit einem zuvor in heißes Wasser getauchten Löffel schöne Nocken abziehen und auf Teller anrichten.

Tip Toast und Butter dazu servieren.

Variation Nach Belieben mit Tomatenwürfelchen garnieren.

V Kann vorbereitet werden
Arbeitsaufwand: 20 Minuten
Kochzeit: 10 Minuten
Kalorien: 334 kcal/1398 kJ je Person

Für 4 Personen als Vorspeise
50 g Petersilie
30 g Blattspinat (evtl. tiefgekühlt)
1 Schalotte, fein gehackt
20 g Butter
1 dl Gemüsebouillon
3,5 dl Rahm
½ Blatt Gelatine
Salz, Pfeffer
1 Teel. Zitronensaft

Warme Vorspeisen und Kleingerichte

Ein richtiges Frühlingsgericht — kleine Spargelpuddings an einer grünen Sauce.

Spargelflan an Kräutersauce

V Kann teilweise vorbereitet werden
Arbeitsaufwand:
20 Minuten
Kochzeit:
30 Minuten
Kalorien:
210 kcal/879 kJ
je Person

Für 4 Personen
500 g weißer Spargel, vorgekocht
2 Eier
3 Eßl. Rahm
Salz, weißer Pfeffer
Butter für die Förmchen
50 g Spinatblätter
2 Eßl. frischgehackte Kräuter (Kerbel, Schnittlauch, Brennessel, Petersilie)
⅛ l Rahm
1 dl Wermut

Vom Spargel die Spitzen für die Garnitur aufheben. Den unteren, noch zarten Teil der Stangen mit den Eiern und dem Rahm im Mixer pürieren. Mit Salz und Pfeffer abschmecken.
Die Spinatblätter waschen und naß im Mixer oder Cutter ohne weitere Flüssigkeitsbeigabe pürieren. Den entstandenen Saft in ein kleines Pfännchen geben, erwärmen, aber nicht kochen lassen; mit einer Holzkelle umrühren, bis sich ein grüner Belag an der Oberfläche absetzt.
Diese festen Bestandteile mit einer Schaumkelle abschöpfen und mit den Kräutern der Spargelmasse zufügen. Mit Salz, Pfeffer und Wermut abschmecken.
Kleine Soufflé- oder Timbaleförmchen mit Butter bestreichen. Die Masse einfüllen. Die Förmchen in ein Wasserbad stellen und im Ofen bei 120 °C etwa 30 Minuten garen. Das Wasser sollte immer unter dem Siedepunkt bleiben. Vor dem Herausnehmen der Flans mit einer Nadel oder einem spitzen Messer prüfen, ob die Masse fest ist. Mit den Spargelspitzen garnieren. Die Flans auf warme Teller stürzen und mit den erwärmten Spargelspitzen garnieren.

Tip Man kann den Spinat auch weglassen, wenn man diese Arbeit nicht auf sich nehmen will. Die Sauce ist dann einfach weiß und mit Kräutern durchsetzt.

Es muß nicht immer eine Sauce hollandaise sein, die man gerne zu Spargel serviert. Hier eine Variante mit der aromatischen Mangosauce.

Spargel an Mangosauce

Den Spargel säubern (den holzigen hinteren Teil wegschneiden; er braucht nicht geschält zu werden). Die Mango schälen, vom Kern schneiden, das Fruchtfleisch kleinschneiden und mit dem Zitronensaft im Mixer pürieren.
Reichlich Salzwasser mit der Butter und dem Zucker aufkochen. Den Spargel mit Küchenschnur zusammenbinden und hineingeben. Zugedeckt bei mittlerer Hitze knapp gar kochen. Er darf nicht allzu weich werden! Inzwischen Eigelbe, Rahm und wenig Salz mit dem Rührbesen mischen. Im Wasserbad erhitzen und so lange schlagen, bis eine sämige Sauce entsteht. Wenn die Sauce nicht gleich weiterverwendet wird, in ein kaltes Gefäß umgießen. Vor dem Servieren mit dem Mangopüree und 1 dl heißem Spargelfond mischen, mit Salz und Pfeffer abschmecken und nochmals kurz erwärmen, aber nicht mehr kochen lassen.
Den Spargel aus der Kochflüssigkeit heben und sehr gut abtropfen lassen. Auf einer vorgewärmten, mit einer zusammengefalteten Serviette belegten Platte (oder einer speziellen Spargelplatte) anrichten. Die Sauce separat dazu servieren.

Tips Anstelle von grünem Spargel kann man auch weißen Spargel verwenden, der allerdings geschält und deshalb in entsprechend größerer Menge eingekauft werden muß.
Bei der Verwendung oder beim Essen von Mangos darauf achten, daß keine Flecken auf Textilien entstehen, da diese auch beim Waschen nicht mehr entfernt werden können.
Es empfiehlt sich auch, beim Schälen dieser Frucht Gummihandschuhe zu benützen.

V Kann vorbereitet werden
Arbeitsaufwand:
35 Minuten
Kochzeit:
20 bis 30 Minuten
Kalorien:
125 kcal/523 kJ
je Person

Für 6 Personen
600 g grüner Spargel
Salz, Pfeffer
1 Teel. Butter
1 Prise Zucker
2 Eigelb
⅛ l Rahm
1 reife Mango
Saft von ½ Zitrone

Der erste Spargel schmeckt frisch abgekocht am besten!

Spargel mit Kerbelsauce

V Kann vorbereitet werden
Arbeitsaufwand:
30 Minuten
Kochzeit:
20 bis 30 Minuten
Kalorien:
312 kcal/1306 kJ
je Person

Für 4 Personen
2 Bund weißer Spargel
1 Teel. Zucker
10 g frische Butter
Salz

Sauce:
½ Teel. abgeriebene Orangenschale
2 Eßl. Orangensaft
150 g Doppelrahm oder Mascarpone
3 Eßl. frischgehackter Kerbel
Salz, weißer Pfeffer
1 Teel. Orangenlikör (nach Belieben)

Die Spargelstangen großzügig schälen, und zwar vom Köpfchen weg nach hinten. Gegen das Stangenende etwas mehr abschneiden und die Spargeln um etwa 4 cm kürzen. Den Spargel bündchenweise zusammenbinden und mit den Köpfchen nach oben in leicht gesalzenes, kochendes Wasser stellen. Es gibt Siebeinsätze für Spargel, die das Umkippen verhüten und mit denen man das Gemüse nach dem Garen mühelos aus dem Topf ziehen kann. Zucker und Butter zufügen und 20 bis 30 Minuten kochen. Eine ovale oder rechteckige Platte mit einer gefalteten Serviette belegen und den abgetropften Spargel darauf anrichten.
Für die Sauce die abgeriebene Schale mit dem Orangensaft in einem Pfännchen aufkochen, bis nur noch ein Eßlöffel Saft vorhanden ist. Abkühlen lassen. Mit dem Rahm oder dem Mascarpone mischen und mit Salz, Pfeffer und Orangenlikör abschmecken. Den Kerbel darunterziehen.

Tips Die Kochzeiten sind von der Qualität des Spargels abhängig. Am besten prüft man nach 20 Minuten, ob das Gemüse weich ist. Bei grünem Spargel dauert dies nur 8 bis 15 Minuten. Im Prinzip essen wir den Spargel von Hand, besonders, wenn eine Sauce dazu serviert wird, damit man die Stangen in die Sauce tauchen kann. Heute ist man diesbezüglich großzügiger geworden, wenn es sich um kleine Vorspeisen handelt oder wenn der Spargel bereits mit einer Sauce angerichtet wird.

Frühlingshafte Ravioli, die man nicht nur mit Spargelpüree füllt, sondern mit Spargelspitzen garnieren kann — eine delikate Vorspeise!

Ravioli mit Spargel

V Kann vorbereitet werden
Arbeitsaufwand: 20 Minuten
Kochzeit: 18 Minuten
Kalorien: 422 kcal/1766 kJ je Person

Für 4 Personen
300 g feiner Ravioliteig (s. S. 314)

Füllung:
15 grüne Spargel
1 Teel. Butter
1 Prise Zucker
3 Eßl. Rahm
Salz, Pfeffer
40 g frische Butter

Den Spargel in Salzwasser mit einem Teelöffel Butter und Zucker rund 15 Minuten knapp weich kochen, dann aus dem Sud nehmen und abtropfen. 12 Spargelspitzen von den Stengeln wegschneiden, in den noch heißen Kochsud legen und darin liegenlassen, bis die Ravioli fertig zubereitet sind. Den restlichen Spargel in Stücke schneiden und im Cutter nicht allzu fein hacken.
Den Rahm auf die Hälfte einkochen. Das Spargelpüree zufügen und mit Salz und Pfeffer abschmecken.
Den Ravioliteig sehr dünn ausrollen (evtl. mit der Teigmaschine). Kleine Rondellen von 7 cm Durchmesser ausstechen. Mit je einem Teelöffel Füllung belegen. Die Teigplätzchen zu Krapfen zusammenfalten und die Ränder gut andrücken. Die Ravioli in Salzwasser 3 Minuten kochen. In vorgewärmten Suppentellern anrichten. Die Spargelspitzen inzwischen in wenig Sud erhitzen, abgießen, sehr gut abtropfen lassen und auf die Teller verteilen. Die Butter erhitzen, aufschäumen lassen und über die Ravioli verteilen.

Tip Man kann auch weißen Spargel verwenden. In diesem Fall der Füllung etwas Kerbel beifügen und die Butter vor dem Übergießen der Ravioli ebenfalls mit Kerbel oder feingehackter Petersilie mischen.

Dekorative, große Ravioli, gefüllt mit Ei, Mascarpone, Käse und Kräutern — eine Vorspeise, die nicht nur Teigwarenfans gefallen wird.

Kräuterravioli mit Ei

V Kann weitgehend vorbereitet werden
Arbeitsaufwand: 40 Minuten
Kochzeit: 4 Minuten
Kalorien: 344 kcal/1440 kJ je Person

Für 4 Ravioli als Vorspeise
100 bis 150 g hausgemachter Nudelteig (s. S. 314)
100 g Spinatblätter
½ Zwiebel, fein gehackt
1 Eßl. Butter
2 Eßl. gemischte Kräuter (Basilikum, Rosmarin, Majoran, Thymian, Petersilie)
50 g Greyerzer Käse, gerieben
3 Eßl. Mascarpone oder Rahmquark
Salz, Muskatnuß, Pfeffer aus der Mühle
1 Knoblauchzehe, durchgepreßt
4 frische Eigelb
40 g Butter

Den Spinat ohne Beigabe von Wasser in einem Topf erhitzen, bis die Blätter lahm werden. Gut abtropfen, auspressen und fein hacken. Die Zwiebel in Butter anziehen lassen. Spinat und einen Eßlöffel Kräuter zufügen und unter Wenden dünsten, bis alle Flüssigkeit verdampft ist. Etwas erkalten lassen, dann mit Käse und Mascarpone oder Rahmquark mischen. Mit Salz, Pfeffer, Muskatnuß und Knoblauch abschmecken. Den Nudelteig so dünn wie möglich auswallen (evtl. mit einer Teigwarenmaschine). 8 Quadrate von 16 cm Seitenlänge ausschneiden. 4 davon auf einer Marmorplatte oder auf Aluminiumfolie ausbreiten. Die Füllung kreisförmig darauf verteilen; dabei einen Rand von 1 cm leer lassen. In der Mitte der Füllung eine Vertiefung anbringen. Je ein Eigelb hineinsetzen und salzen und pfeffern. Die restlichen Teigvierecke darauflegen, ringsum gut andrükken und mit einem runden gezackten Teigausstecher von etwa 14 cm Durchmesser ausschneiden.
Einen großen Topf mit Salzwasser aufsetzen. Das Wasser zum Kochen bringen, die Flamme kleinstellen und die Ravioli 4 Minuten darin ziehen lassen. Gut abtropfen und auf vorgewärmte Teller anrichten. Die restlichen Kräuter hacken und mit der frischen Butter aufschäumen lassen. Die Ravioli mit der Butter übergießen.

Tips Wenn der Teig dünn ausgerollt wird, schimmert das Ei durch, was attraktiv aussieht. Diese Ravioli erst unmittelbar vor dem Kochen füllen, damit der Teig nicht aufgeweicht wird.
Man kann zur Abwechslung das Ei weglassen, die Teigdeckblätter mit wenig verquirltem Eiweiß bestreichen und je einem kleinen Zweiglein flachblättriger Petersilie belegen. Die Blätter gut in den Teig drücken und die Füllung mit der Petersilie nach unten damit bedecken. Die

Petersilie schimmert nach dem Kochen der Ravioli durch den Teig und wirkt dekorativ.

Variationen

- Kräuterbutter weglassen und die Ravioli mit Peperonicoulis (s. S.) umgießen.
- Die Ravioli mit einer leichten Gemüsesauce servieren: Gemüsefond stark einkochen und zuletzt mit einigen Butterflocken aufschlagen (mit dem Schneebesen darunterschlagen). Nach Belieben frischgehackte Kräuter darunterziehen.
- Ravioliteig durch dünn ausgewallten Blätterteig ersetzen, mit Eigelb bestreichen und etwa 8 bis 10 Minuten im Ofen bei 200 °C backen.

Eine der zahlreichen Quiches-Varianten: diesmal nicht ganz klassisch, weil mit Quark zubereitet, aber dafür leichter.

Spinattarteletten

Den gesäuberten Spinat ohne Beigabe von Wasser aufkochen, bis er «lahm» wird. Gut auspressen, grob hacken und mit Milch, Quark, verquirltem Ei und durchgepreßtem Knoblauch im Mixer pürieren. Mit Salz, Pfeffer und Muskatnuß abschmecken. Den Teig 3 mm dick auswallen. Kreise von 12 cm Durchmesser ausstechen. Die Förmchen mit Butter bestreichen und mit dem Teig belegen. Mit einer Gabel mehrmals einstechen. Den Spinatguß auf den Teig verteilen. Sofort im vorgeheizten Backofen bei 180° C rund 20 Minuten backen.

Tip Darauf achten, daß der Spinat gut ausgepreßt wird, da er sonst die Füllung verwässert. Auch den Quark mit Vorteil vor der Verwendung etwas abtropfen lassen.

V Kann vorbereitet werden
Arbeitsaufwand: 20 Minuten
Backzeit: rund 20 Minuten
Kalorien: 174 kcal/728 kJ je Person

Für 10 Stück mit 10 cm Ø

200 g Spinat
2 dl Milch
150 g Quark
1 Ei
1 Knoblauchzehe
Salz, Pfeffer, wenig Muskatnuß
300 g geriebener Teig (s. S. 316)
Butter für die Förmchen

Der Zuchtchampignon — ein guter Lückenbüßer

Der Champignon soll dank einem in Ungnade gefallenen Offizier, der sich in einem Steinbruch versteckte, entdeckt worden sein. Der Ort wurde als Mistablageplatz eines Kavalleriekorps benutzt. Auf dem Pferdemist wuchsen die schönsten weißen Champignons, und der Offizier ernährte sich von ihnen. Er studierte ihr Wachstum ganz genau und gab seine Beobachtungen dann weiter. Bald danach sollen in den Pariser Markthallen nach seinem Rezept Champignons de Paris angeboten worden sein. So begann dieser bescheidene Pilz seinen Siegeszug durch Europas Küchen.

Seit einiger Zeit können wir auch den ähnlichen Feldchampignon kaufen. Er ist etwas dunkler und kräftiger im Aroma.

Gerade in der vegetarischen Küche leistet der Champignon große Dienste. Gedünstet mit Kräutern als Beilage, gehackt für Füllungen, für Saucen und Suppen und als willkommene Zutat in vielen Gerichten.

Beim Kauf sollte man darauf achten, daß die Champignons schön weiß sind und daß ihr Fleisch saftig und doch straff ist.

Rahmspinat auf zartem Teig gebacken
und mit Käse gratiniert.

Spinatküchlein mit Champignons

V Kann weitgehend vorbereitet werden
Arbeitsaufwand: 40 Minuten
Backzeit: 15 Minuten
Kalorien: 769 kcal/3219 kJ je Person

Die Champignons in feine Scheiben schneiden und mit Zitronensaft beträufeln. Schalotten fein hacken und in der Butter anziehen lassen. Champignons 5 bis 10 Minuten mitdünsten. Die austretende Flüssigkeit soll verdampfen. Gut gewaschenen Spinat säubern (grobe Stiele entfernen) und, zugedeckt, halbgar dünsten. Mit dem Wiegemesser hacken. Gut ausdrücken und mit den Champignons, Salz, Pfeffer und der durchgepreßten Knoblauchzehe mischen. Den Rahm auf die Hälfte einkochen lassen. Mit Salz, Pfeffer und Muskatnuß gut würzen. Den Teig 3 mm dick auswallen. Kleine Kuchenbleche von 8 cm Durchmesser mit Butter bestreichen, mit dem Teig auslegen und mit einer Gabel mehrmals einstechen. Den Spinat mit der Hälfte des Rahms gut mischen. Auf die Teigböden verteilen. Mit dem restlichen Rahm bedecken und mit Käse bestreuen. 15 Minuten bei 200° C backen. Die Küchlein aus den Förmchen nehmen und warm servieren.

Tips Wichtig ist, daß man die Champignons und den Spinat so dünstet, daß alle Flüssigkeit verdampft, und daß man den Spinat vor dem Mischen mit dem Rahm sehr gut ausdrückt, damit der Saft die Füllung der Küchlein nicht verwässert.
Die Füllung erst unmittelbar vor dem Backen auf den Teig geben.

Für 4 Personen
400 g geriebener Teig (s. S. 316)
100 g Champignons
½ Eßl. Zitronensaft
4 Schalotten
1 Eßl. Butter
750 g frischer Spinat
Salz, Pfeffer, Muskatnuß
1 Knoblauchzehe
¼ l Rahm
50 g Käse, z. B. Greyerzer und Appenzeller, gerieben
Butter für die Förmchen

Ein Gratin in ungewohnter Zusammenstellung, geeignet als kleine Vorspeise.

Gefüllte Champignons mit Lauch

Die Champignonfüße sorgfältig aus den Champignons ziehen und hacken. Die Champignons in ½ l Wasser 1 bis 2 Minuten kochen. Den Lauch in 5 cm lange Stücke teilen, dann längs in feine Streifen schneiden. In Butter unter Wenden 2 bis 3 Minuten dünsten. Die Eier schälen und hacken. Gehackte Champignons, Eierwürfelchen und Petersilie mischen. Mit Salz, Pfeffer und Paprika abschmecken. Den Lauch auf kleine feuerfeste Eierpfännchen anrichten. Die gefüllten Champignons daraufsetzen. Das Ei mit dem Rahm verquirlen, darübergießen und bei Oberhitze (250 °C) 5 Minuten überbacken.

Tip Für die Füllung kann man die Eier durch geriebenes Brot ersetzen.

V Kann vorbereitet werden
Arbeitsaufwand: 20 Minuten
Koch- und Backzeit: 7 Minuten
Kalorien: 157 kcal/657 kJ je Person

Für 4 Personen
12 große Champignons
2 Lauchstangen
1 Eßl. Butter
2 hartgekochte Eier
4 Eßl. gehackte Petersilie
Salz, Pfeffer, Paprika
1 Ei
2 dl Rahm

Champignon-Feuilleté
mit
Schnittlauch

Dieses delikate Pilzgericht kann sowohl als Vorspeise wie auch als kleine Zwischenmahlzeit serviert werden. Will man daraus ein Hauptgericht zubereiten, müssen die Zutaten verdoppelt werden.

Champignon-Feuilleté mit Schnittlauch

Den Blätterteig etwa 3 mm dick ausrollen und in 4 Rechtecke von rund 10×7 cm schneiden. Mit Eigelb bestreichen und im vorgeheizten Ofen zuerst 5 Minuten bei 190 °C backen.
Die Champignons unter fließendem Wasser rasch waschen, reinigen und, je nach Größe, halbieren oder vierteln. Mit den Schalotten in Butter anziehen lassen. Mit Salz und Pfeffer würzen und so lange dünsten, bis keine Flüssigkeit mehr vorhanden ist. Den Wermut beigeben und kurz einkochen. Mit Rahm aufgießen und weitere 5 Minuten kochen lassen. Die sehr kalte Butter in kleinen Stückchen unter die Sauce rühren. Den Schnittlauch beifügen und die Sauce, wenn nötig, nochmals abschmecken.
Die Feuilletés mit einem guten Messer quer in zwei Hälften schneiden und im Backofen nochmals erhitzen. Die Böden auf 4 Teller verteilen und die Champignonfüllung daraufgeben. Die Deckel aufsetzen und die Feuilletés nach Belieben mit einigen 10 bis 15 cm langen Schnittlauchspitzen garnieren.

Tip Die Feldchampignons eignen sich wegen ihrer festen Konsistenz besonders gut für diese Feuilletés. Man kann aber auch gewöhnliche Champignons verwenden.

Variationen

- Mit gemischten Pilzen, je nach Jahreszeit, zubereiten
- Eierschwämme (Pfifferlinge) verwenden.

V Kann teilweise vorbereitet werden
Arbeitsaufwand:
20 Minuten
Kalorien:
500 kcal/2093 kJ
je Person

Für 4 Personen
200 g Blätterteig
1 Eigelb
200 g Feldchampignons
1 Eßl. Schalotten, fein gehackt
1 Eßl. Butter
Salz, weißer Pfeffer aus der Mühle
2 Eßl. herber, weißer Wermut
2 dl Rahm
30 g frische Butter
4 Eßl. Schnittlauch, fein geschnitten

Die Morchel — des Schweizers liebster Saucenpilz

Frische Morcheln sind eine Rarität. Eifrige Pilzsammler finden sie manchmal im Mai an bewaldeten Hängen (z. B. am Rigifuß oder im Jura). Getrocknete Morcheln in unterschiedlichen Qualitäten kommen aus fernen Ländern. Sie sind relativ teuer, haben aber bei richtiger Zubereitung einen ausgezeichneten Geschmack, der sich nicht mit anderen Pilzen vergleichen läßt. Die Morchelsauce ist — «Nouvelle cuisine» hin oder her — außerordentlich beliebt.

In Frankreich (besonders im französischen Jura) schätzt man vor allem die dunkle Morchel. Helle Morcheln haben etwas weniger Aroma. Getrocknete Morcheln sind oft sehr sandig und müssen ganz gut gewaschen und in kaltes Wasser eingelegt werden. Man kann sie der Länge nach halbieren. Auf diese Art läßt sich der Sand ganz entfernen. Das Einlegewasser sollte man durch einen Papierfilter oder ein Mulltüchlein passieren. Es wäre schade, es wegzuschütten, denn es enthält viele Aromastoffe, die bei der Zubereitung einer guten Morchelsauce entscheidend sind.

Morcheln in ausgezeichneter Qualität sind «geklippt», das heißt ohne Stielansatz. Bei ungeklippten Morcheln sollte man vor der Zubereitung den Stiel entfernen; das sieht gepflegter aus. Die abgeschnittenen Stiele können aber beim Reduzieren des Einlegewassers mitgekocht und nachher passiert werden.

Eine Vorspeise für Gourmets, die schön präsentiert. Die Zubereitung erfordert etwas Zeit — aber es lohnt sich!

Gefüllte Morcheln

Die Morcheln in eine Schüssel geben und mit kaltem Wasser bedecken. 1 bis 2 Stunden ruhen lassen.
Das Brot im Cutter zu feinen Bröseln zerkleinern. Die Champignons fein hacken. Die Schalotten in Butter anziehen lassen. Die Hälfte davon mit Brot, Champignons, leicht gesalzenem Eiweiß und einem Eßlöffel Rahm mischen. Mit Salz, Pfeffer und Majoran abschmecken. Die Morcheln mit dem Einlegewasser durch ein Sieb gießen. Die Flüssigkeit auffangen. Die Morcheln nochmals gut unter fließendem Wasser waschen. Das Einlegewasser durch einen Kaffeefilter passieren. Drei Morcheln hacken und zur Füllung geben. Von den ganzen Morcheln die Füße wegschneiden. Mit Portwein in das filtrierte Einlegewasser geben und 10 Minuten zugedeckt bei kleiner Hitze garen. Die Füllung in einen Spritzsack mit glatter Tülle geben und die etwas abgekühlten Morcheln mit der Masse füllen. Die Flüssigkeit abgießen und auffangen. Restliche Schalotten zugeben, 5 Minuten kochen, dann abgießen. Diesen Fond auf ½ dl einkochen. Den Rahm zufügen und weiter auf 1½ dl reduzieren. Die Sauce pikant abschmekken, nach Belieben mit wenig Cayennepfeffer. Die gefüllten Morcheln 5 Minuten in der Sauce ziehen lassen, damit sie heiß werden. Die Sauce auf vorgewärmte Teller verteilen und je drei gefüllte Morcheln darauflegen. Mit Majoranzweiglein garnieren.

Tip Die Morcheln geben nur Geschmack ab, wenn man sie im Einlegewasser genug kocht.

Variation Feuilletés zubereiten: Blätterteig auswallen, kleine Rechtecke schneiden, mit Eigelb bestreichen und ausbacken. Die kleinen Blätterteigkissen quer halbieren und die gefüllten Morcheln auf der unteren Hälfte anrichten. Mit Sauce umgießen und die zweite Teighälfte leicht schräg darauf anordnen.

V Kann weitgehend vorbereitet werden
Arbeitsaufwand: 50 Minuten
Kochzeit: 10 Minuten
Kalorien: 278 kcal/1163 kJ je Person

Für 4 Personen
15 große, getrocknete Morcheln

Füllung:
1 kleine Scheibe altbackenes Weißbrot
50 g Champignons
2 Eßl. feingehackte Schalotten
1 Eßl. Butter
1 Eiweiß
1 Eßl. Rahm
Salz, Pfeffer
1 Teel. Majoran, frisch gehackt
2 Eßl. Portwein
2½ dl Rahm
Cayennepfeffer
4 Zweiglein Majoran (zum Garnieren)

Kleine mit Käsecreme gefüllte Pastetchen, geeignet als Vorspeise oder in größerer Form auch als kleines Abendessen.

Feine Käsepastetchen

V Kann vorbereitet werden
Arbeitsaufwand: 35 Minuten
Backzeit: 20 Minuten
Kalorien: 569 kcal/2382 kJ je Person

Für ein rechteckiges Backblech (4 Personen)
400 g Blätterteig
1 dl Béchamelsauce (s. S. 308)
2 Eigelb
Schnittlauch
100 g Greyerzer
Muskatnuß, Salz, Pfeffer

Den Blätterteig 3 mm dick ausrollen und 12 runde Plätzchen von rund 6 cm Durchmesser ausstechen. 4 Stück auf ein kalt abgespültes Blech legen. Die Ränder mit Wasser bepinseln. Bei 4 Rondellen in der Mitte einen Kreis ausstechen, auf die Plätzchen legen und andrücken. Für die Füllung die dicke Béchamelsauce mit einem Eigelb, feingeschnittenem Schnittlauch und geriebenem Käse mischen, mit Muskatnuß, Salz und Pfeffer würzen. Je einen gehäuften Teelöffel der erkalteten Füllung in die Mitte der Plätzchen geben. Die Teigringe mit Wasser befeuchten und die dritte Rondelle daraufgeben. Gut andrücken. Mit Eigelb bepinseln und mit scharfem Messer mehrmals einstechen. Etwa 20 Minuten bei 200 °C im Ofen backen und sehr heiß servieren.

Tip Als Schnellvariante lassen sich gekaufte, heißgemachte Pastetenhüllen mit der Käsecreme füllen.

Variation Winzig kleine, vorgedünstete Peperoniwürfelchen unter die Käsecreme mischen.

Auf Blätterteigtarteletten angerichtet, wird ein einfaches Rührei zu einer festlichen Vorspeise.

Rührei auf Blätterteig

V Kann teilweise vorbereitet werden
Arbeitsaufwand: 20 Minuten
Backzeit: 15 bis 20 Minuten
Kalorien: 370 kcal/1549 kJ je Person

Mit dem Blätterteig kleine runde Förmchen auslegen und bei 190 °C 15 Minuten blindbacken (mit Aluminiumfolie und weißen Bohnen belegen). Den Ofen ausschalten, die Törtchen mit Aluminiumfolie decken und an der Wärme stehenlassen. Inzwischen die Eier mit Salz, Pfeffer, feingeschnittenem Schnittlauch und gehackter Petersilie verquirlen. Die Schüssel in heißes Wasserbad stellen und die Butter in Flocken daruntermischen. Rühren, bis eine cremeartige Masse entsteht. Die stockenden Eier sofort in die vorbereiteten Törtchen verteilen und heiß servieren.

Tip Statt im Wasserbad kann das Rührei auch in Butter in der Omlettenpfanne bereitet werden. In diesem Fall, wenn die Eier zu stocken beginnen, 2 bis 3 Eßlöffel Rahm darunterziehen.

Für 8 runde Förmchen von 12 bis 15 cm Ø (8 Personen als Vorspeise)
500 g Blätterteig
8 frische Eier
Salz, Pfeffer
Je 1 Eßl. Schnittlauch und Petersilie, gehackt
30 g Butter
250 g weiße Bohnen (zum Blindbacken)

Klein, aber fein sehen diese Galetten aus. Das Wachtelei hat genau die richtige Größe, um aufgesetzt zu werden.

Maisgaletten mit Wachtelei

V Kann teilweise vorbereitet werden
Arbeitsaufwand: 30 Minuten
Kochzeit: 30 Minuten
Kalorien: 244 kcal/1021 kJ je Stück

Für 12 Stück
1 l Milch
Salz, Pfeffer
300 g Maisgrieß, mittelfein
3 Schalotten
2 Salbeiblätter
2 Eier
500 g Blattspinat
2 Eßl. Kochbutter
2 Eßl. eingesottene Butter
12 Wachteleier, frische

Die Milch mit ½ l Wasser und Salz aufkochen. Den Maisgrieß langsam unter Rühren einrieseln lassen. Rund 30 Minuten kochen, dabei immer wieder rühren. Die Kochzeit ist beendigt, wenn ein fester Brei entstanden ist. Inzwischen Schalotten und Salbei hacken. Am Schluß der Kochzeit mit den verquirlten Eiern unter den Maisbrei mischen. Ein genügend großes Brett mit kaltem Wasser abspülen und den Brei daraufgießen. Auf eine Dicke von etwa 1 cm glattstreichen und erkalten lassen.
Den Spinat säubern. In einen Topf geben und ohne Wasserbeigabe erhitzen, bis die Blätter zusammengefallen sind. Gut ausdrücken und in einem Eßlöffel Butter langsam dünsten. Den erkalteten Mais in Vierecke oder in runde Galetten schneiden oder ausstechen. Beidseitig in eingesottener Butter leicht anbraten. Die Wachteleier in der restlichen Butter zu Spiegeleiern braten.
Den Spinat würzen, gut abtropfen, auf die Galetten verteilen und mit je einem Wachtelei belegen.

Tip Als Vorspeise genügt eine Galette je Person. Man kann auch Maisgrieß, welches mit Buchweizen gemischt ist, verwenden (Polenta freina).

Wie frisch ist ein Ei?

Um zu prüfen, wie frisch ein Ei ist, legt man es in ein mit Wasser gefülltes Gefäß. Ganz frische Eier bleiben am Boden liegen, ältere Eier stellen sich auf die Spitze, alte schwimmen im Wasser. Der Grund ist eine Luftblase, die sich im Ei bildet und die sich während der Lagerung vergrößert. Je älter das Ei wird, desto größer wird der Auftrieb durch die Luftblase.

Als weitere Probe kann man das Ei auf einem Teller aufschlagen. Aus dem Fließbild kann man erkennen, ob das Ei frisch oder älter ist. Ein frisches Ei bleibt kompakt und weist eine Differenzierung zwischen dickem und dünnem Eiweiß auf. Alte Eier fließen auseinander, oft zerreißt die Dottermembrane.

Zum Aufbewahren von Eiern gibt es an den Kühlschranktüren kleine Eierfächer. Man sollte sie nicht neben anderen, stark riechenden Lebensmitteln aufbewahren, weil sie durch ihre poröse Schale fremde Gerüche aufnehmen. Reste von Eiweiß sind, mit Klarsichtfolie abgedeckt, ein bis zwei Tage haltbar. Eischnee gelingt mit etwas abgestandenem Eiweiß oft besser. Die Eigelbe kann man, mit etwas Wasser bedeckt, ebenfalls ein bis zwei Tage aufheben.

Eigelb und Eiweiß lassen sich, beide separat und leicht verquirlt, problemlos einfrieren. Man kann sie nach dem Auftauen wie frische Eier verwenden (auch für Eischnee).

Manchmal ist man nicht mehr sicher, ob ein Ei noch roh oder bereits gekocht ist. Das kann folgendermaßen festgestellt werden: Das Ei auf dem Tisch kreiseln lassen; dreht es sich gleichmäßig, ist es bereits gekocht. Rohe Eier drehen sich sehr unregelmäßig, weil das Innere von unterschiedlicher Konsistenz ist.

Diese Suppe verdankt ihre frische grüne Farbe und ihren würzigen Geschmack der Brennessel, einem oft noch verkannten Kraut.

Brennesselrahmsuppe

Die Brennesseln waschen. Die Schalotte mit einem Eßlöffel Butter langsam dünsten. Die Brennnesseln zufügen und weiterdünsten, bis sie zusammenfallen. Mit der Bouillon auffüllen und 2 Minuten kochen lassen. Die Suppe im Mixer fein pürieren. Die Eigelbe mit dem Rahm und der Maisstärke gut vermischen. Die heiße Suppe zufügen und bei kleiner Hitze unter ständigem Rühren bis knapp vor das Kochen bringen. Von der Herdplatte wegziehen und 1 Minute weiterrühren. Die restliche Butter unter die Suppe schwingen und nach Bedarf mit Salz und Pfeffer abschmecken. Den Zitronensaft zufügen und die Suppe in vorgewärmten Tassen anrichten.

Tips Beim Abzupfen der Brennesselblätter Handschuhe anziehen!
Diese Suppe kann nach Belieben mit Croûtons oder mit Wachteleiern bereichert werden (roh in Bouillontassen aufschlagen und mit der Suppe begießen).
Die Eigelbmischung erst vor dem Anrichten zufügen, damit sie nicht beim Wiedererhitzen gerinnen.

V Kann weitgehend vorbereitet werden
Arbeitsaufwand: 20 Minuten
Kochzeit: 2 bis 3 Minuten
Kalorien: 239 kcal/1000 kJ je Person

Für 4 Personen
50 g Brennesseln (abgezupfte Blätter)
1 Schalotte, gehackt
1 ½ Teel. Butter
5 dl kräftige Gemüsebouillon
2 dl Rahm
2 Eigelb
½ Teel. Maisstärke
Salz, Pfeffer
Einige Tropfen Zitronensaft

Die garstige Brennessel

Jeder denkt im Zusammenhang mit dieser Pflanze sofort an die Brennhaare, deren Spitzen in die Haut eindringen und die bekannten Rötungen verursachen.

Die Brennessel gilt in breiten Kreisen als wildwucherndes Unkraut, das Kopfzerbrechen bereitet über die Art, wie man es vernichten kann. Die Pflanze weist aber daneben so viele Vorzüge auf, daß sie kultiviert wird. Die jungen Triebspitzen eignen sich vorzüglich für die Zubereitung von Suppen und Gemüsegerichten und lassen sich gut mit anderen wildwachsenden Pflanzen kombinieren, zum Beispiel mit Brunnenkresse, Gänseblümchen, Schafgarbe, Weißer Taubnessel usw. Zu diesem Zweck die zehn ersten Zentimeter des Triebes einige Minuten in siedendem Wasser blanchieren, dann hacken und mit Zwiebeln in wenig Butter dünsten. Mit Milch ablöschen und gar kochen.

Brennesseln wirken durch ihren hohen Gehalt an Eisen besonders blutbildend.

Sie sind auch schleimlösend und auswurffördernd und werden deshalb als Tee bei Verschleimung von Brust und Lunge verwendet.

Wenn sie nach dem Pflücken (mit Handschuhen!) 2 bis 3 Stunden liegen bleiben, haben die Brennhaare ihre Wirkung verloren.

Variationen für weitere Verwendungen

- Blanchierte, in feine Streifen geschnittene Brennnesselblätter mit einer kleinen Portion Crêpeteig mischen und kleine Crêpes backen; in Streifen geschnitten eine delikate Einlage in eine Bouillon!
- Aus Butter, Mehl, Eigelb und geriebenem Gruyère eine Soufflémasse zubereiten. Blanchierte und feingehackte Brennesseln daruntermischen. Steifgeschlagenes Eiweiß unter die Masse heben. In eine bebutterte Gratinform geben und als Soufflé backen.
- Blanchierte, grobgehackte Brennesselblätter mit eingeweichten Haferflocken, Ei, Salz, Pfeffer und wenig Muskatnuß mischen. Kugeln formen, in wenig Mehl wenden, etwas flachdrücken und in Butter ausbacken.

Eine pikante Suppe für kalte Tage, die gut vorbereitet werden kann.

Currysuppe

Zwiebel, Karotte und Stangensellerie säubern und in kleine Würfelchen schneiden. Die Butter erhitzen, das Gemüse hineingeben und einige Minuten darin dünsten. Es darf dabei leicht Farbe annehmen. Mehl und Currypulver beifügen und, wenn alle Zutaten gut vermischt sind, mit Gemüsebouillon ablöschen. Den Apfel schälen, Kernhaus entfernen und in kleine Würfel schneiden. Zusammen mit dem Lorbeerblatt in die Suppe geben und noch 10 Minuten kochen. Den Rahm schlagen und beifügen. Die Suppe mit wenig Cayennepfeffer und nach Belieben nochmals mit etwas Curry pikant abschmecken. In eine Suppenschüssel anrichten und mit der gehackten Petersilie bestreuen.

Tip Es handelt sich hier um eine ziemlich nahrhafte Suppe, die weniger als erster Gang denn — zusammen mit knusprigem Brot — eher als leichte Mahlzeit gedacht ist. Kombiniert mit einer oder zwei anderen, ähnlich währschaften Suppen könnte man eine ganze Runde von Freunden verköstigen.

Variationen

- Mit in Butter gerösteten Brotwürfeln servieren.
- Mit Rahmhaube garnieren, mit etwas Curry bestreuen und evtl. kurz überbacken.

V Kann vorbereitet werden
Arbeitsaufwand:
15 Minuten
Kochzeit:
40 bis 50 Minuten
Kalorien:
214 kcal/896 kJ
je Person

Für 4 Personen
1 Zwiebel
1 Karotte
1 Stangensellerie
1 Eßl. Butter
2 Teel. Mehl
2 Eßl. Curry
7 dl Gemüsebouillon
1 Apfel
1 Lorbeerblatt
1½ dl Rahm
1 Prise Cayennepfeffer
2 Eßl. Petersilie, gehackt

Leicht, pikant und ein bißchen exotisch — ein Süppchen als Auftakt zu einer unkonventionellen Mahlzeit.

Exotisches Champignonsüppchen

V Kann vorbereitet werden
Arbeitsaufwand: 25 Minuten
Kalorien: 92 kcal/385 kJ je Person

Für 4 Personen
½ zarter Lauchstengel
¾ l Gemüsebouillon
50 g Schalotten (oder 1 kleine Zwiebel)
10 g chinesische Pilze, getrocknet
75 g grüne Erbsen, frisch oder tiefgekühlt
2 bis 3 Körner Szetschuanpfeffer
1 Eßl. Sojasauce
Glutamat
1 Prise Zucker
1 Eßl. Ingwer, frisch gerieben (oder ½ Teel. Ingwerpulver)
100 g Tofu

Lauchstengel in kleine Stücke schneiden. Die Bouillon durch ein feines Sieb passieren. Gemüsebouillon aufkochen. Gehackte Schalotten, Lauch und Pilze zugeben. 5 Minuten kochen. Nach dieser Zeit Erbsen und Szetschuanpfeffer zufügen. 5 Minuten ziehen lassen, bis die Erbsen gar, aber noch knackig sind. Mit Sojasauce, Glutamat, Zucker und Ingwer abschmecken. Tofu in sehr kleine Würfel schneiden und in der Suppe erwärmen. Die Suppe in chinesischen Suppentassen mit Porzellanlöffel servieren.

Tip Tofu nicht kochen, nur in der Suppe erwärmen.

Variationen
- Diese Suppe läßt sich je nach Saison variieren. Man kann verschiedene Gemüse oder auch Glasnudeln zufügen.
- Anstelle von Ingwer kann man einige Tropfen Austernsauce zugeben.

Ein sehr delikates Süppchen, das auch als kleiner Zwischengang in ein Gourmet-Menü paßt.

Feine Kräuterrahmsuppe

V Kann vorbereitet werden
Arbeitsaufwand: 10 Minuten
Kochzeit: 5 Minuten
Kalorien: 288 kcal/1205 kJ je Person

Die Bouillon erhitzen. Eigelb mit Rahm und Maisstärke gut verrühren. Die Bouillon unter stetem Schwingen dazugießen. Das Toastbrot von der Rinde befreien und in kleine Würfel schneiden. In der Butter rösten, bis sie eine braune Farbe angenommen haben. In einem Teesieb abtropfen. Die Suppe wieder in die Pfanne und auf den Herd geben. So lange unter stetem Rühren erhitzen, bis die Suppe leicht bindet. Sofort von der Hitzequelle wegziehen und kurz weiterrühren, bis sich der Pfannenboden etwas abgekühlt hat. Die Kräuter zugeben und die Suppe (falls nötig) nachwürzen. Anrichten und die Croûtons darüber verteilen.

Tip Nach Beigabe des Eigelbs darf die Suppe nicht mehr kochen, sonst gerinnt sie.

Variationen
- Champignons scheibeln und zufügen.
- Tiefgekühle Erbsen beigeben.

Für 4 Personen
5 dl Gemüsebouillon (s. S. 312)
2 dl Rahm
2 Eigelb
1 Teel. Maisstärke
2 Scheiben Toastbrot
1 Eßl. Butter
4 Eßl. frische Kräuter, gehackt (Schnittlauch, Kerbel, Petersilie)
Salz, Pfeffer, Muskatnuß

Ein Rezept, das Suppenfans besonders gut gefallen wird — ein raffiniertes und nahrhaftes Süppchen.

Klare Lauchsuppe mit Ei

Den Lauch in feine Ringe schneiden und in Butter anziehen lassen. Die Bouillon zugeben und 5 Minuten kochen. Die Brotscheiben in der Butter goldgelb rösten. In vier vorgewärmte Suppenteller legen und mit etwas Sbrinz oder Parmesan bestreuen. Je 1 Ei vorsichtig über die Brotscheiben aufschlagen, damit die Eigelbe nicht verletzt werden. Den restlichen Käse darüber verteilen und mit der sehr heißen Bouillon begießen.

Tips Man kann die Eier auch in ofenfeste Suppentassen geben, mit Lauchbouillon auffüllen, wenig Käse darüberstreuen und das Ganze im Backofen 2 bis 3 Minuten ziehen lassen, damit die Eier leicht pochiert werden.
Vor dem Servieren eine geröstete Brotscheibe in die Tasse schieben.
Bei diesem Gericht ist die Qualität der Bouillon und der Eier von größter Wichtigkeit.

V Kann weitgehend vorbereitet werden
Arbeitsaufwand: 10 Minuten
Backzeit: 5 Minuten
Kalorien: 328 kcal/1373 kJ je Person

Für 4 Personen
1 zarte Lauchstange
1 Eßl. Butter
8 dl Gemüsebouillon
4 Scheiben Weißbrot
30 g Butter
50 g Sbrinz oder Parmesan, gerieben
4 sehr frische Eier

Eine feine Suppe aus gemischten Pilzen, die je nach Saison variieren können.

Pilzcremesuppe

V Kann vorbereitet werden
Arbeitsaufwand:
20 Minuten
Kochzeit:
15 bis 20 Minuten
Kalorien:
137 kcal/573 kJ
je Person

Für 4 Personen
20 g getrocknete Steinpilze
1 Eßl. gehackte Zwiebeln
1 Eßl. Butter
70 g frische Champignons
50 g frische Austernpilze
50 g frische Morcheln
2 Eßl. Speisestärke
1 Spritzer Cognac
¾ l Gemüsebouillon
3 Eßl. Rahm
Salz, Pfeffer
1 Eßl. gemischte Kräuter (Petersilie, Majoran, Kerbel)

Die Steinpilze kurz in wenig Wasser einlegen. Die Zwiebeln in Butter anziehen lassen. Alle Pilze außer den Morcheln kleinschneiden und zufügen. Die Morcheln ebenfalls beigeben. 2 bis 3 Minuten mitdünsten, dann mit der Speisestärke bestreuen. Alles gut mischen. Cognac darüberträufeln und mit Bouillon auffüllen. Je nach Art der Pilze 15 bis 20 Minuten kochen lassen. Vor dem Anrichten den Rahm darunterziehen und die Suppe mit Salz, Pfeffer und Kräutern abschmecken.

Tip Frische Morcheln gibt es nur im Mai. In der übrigen Zeit kann man sie durch gedörrte ersetzen, die man zuvor einlegen muß. Das Einlegewasser kann filtriert für die Suppe verwendet werden. Es wäre schade, diese aromatische Flüssigkeit wegzuwerfen. Die Suppe läßt sich auch mit anderen Pilzsorten zubereiten.

Diese klare, sehr konzentrierte Karottensuppe wird in kleinen Täßchen serviert und vermag auch Anspruchsvolle zu begeistern.

Karottenessenz

V Kann vorbereitet werden
Arbeitsaufwand:
30 Minuten
Kochzeit: 90 Minuten
Kalorien:
186 kcal/778 kJ
je Person

Für 4 Personen
1 kg Karotten
1 große Zwiebel
1 Eßl. Butter
1 l Gemüsebouillon
Salz, Pfeffer

Die Karotten schälen und kleinschneiden. Die Zwiebel hacken und in Butter anziehen lassen. Die Karotten zufügen und kurz mitdünsten. Die Gemüsebouillon zugeben und 30 Minuten kochen. Die Suppe durch die feinste Scheibe der Passiermaschine drehen, dann erkalten lassen. Den Sellerie und die einzelne Karotte schälen und sehr klein würfeln. Beides mit den leicht verquirlten Eiweißen mischen und kalt stellen.
Die Mischung zur inzwischen erkalteten Suppe geben und alles sehr langsam aufkochen und stets überwachen, das heißt mit der Schaum-

kelle die Eiweißmischung immer wieder vom Pfannenboden lösen, damit sie nicht ansitzt.
Die Suppe sollte nie kochen. Dann die Temperatur so reduzieren, daß die Suppe nur leicht zieht. Rund eine Stunde ungefähr 10 °C unter dem Siedepunkt halten.
Die Suppe langsam durch ein Passiertuch gießen. Die Brühe durchlaufen lassen, ohne zu drücken. Die Suppe sollte vollkommen klar werden.
Mit Salz und Pfeffer abschmecken und vorsichtig erwärmen.

1 kleines Stück Knollensellerie
1 Karotte
5 Eiweiß

Tips Man kann der Suppe als Einlage kleine Karottenwürfel, Selleriewürfelchen oder feingeschnittenen Lauch zufügen. Diese Gemüse können zuvor ganz kurz in etwas Gemüsebouillon gegart werden.
Passiertücher findet man in Haushaltgeschäft mitsamt einem kleinen Gestell zum Halten des Tuches. Diese praktische Einrichtung kann auch für die Geleezubereitung (Konfitüren) verwendet werden.

Karotten — im Frühling besonders delikat

Wie freuen wir uns, wenn wir auf dem Markt die ersten «Rüebli» entdecken! Sie sind schlank, zart und mit frischem Kraut wie Sträußchen gebündelt. Am liebsten möchte man sie gleich roh verzehren. Aber wir nehmen sie nach Hause, trotz des etwas hohen Preises. Am besten schmecken sie ganz einfach gedünstet und mit wenig Zucker und Butter glasiert. Besonders reizvoll ist eine raffinierte Karottenessenz (s. S. 52).

Ein interessantes Wintersüppchen, dessen Rezept ich einem Holländer verdanke. Es hat mir so gut gefallen, daß ich es in dieses Buch aufnehme.

Chicoreesuppe mit Frühlingszwiebeln

V Kann vorbereitet werden
Arbeitsaufwand: 20 Minuten
Kochzeit: 50 Minuten
Kalorien: 251 kcal/1050 kJ je Person

Für 4 Personen
500 g Brüsseler Endivien
300 g Frühlingszwiebeln
1 Eßl. Butter
1 dl trockener Weißwein
1 dl Gemüsebouillon
2 dl Rahm
Salz, Pfeffer

Die Endivien und die Frühlingszwiebeln fein schneiden. In der Butter anziehen lassen. Mit Wein ablöschen, kurz aufkochen und mit Gemüsebouillon auffüllen. 50 Minuten kochen lassen. Mit Rahm verfeinern, etwas eindicken lassen und vor dem Anrichten mit Salz und Pfeffer abschmecken.

Tip Man kann dieser Suppe 2 Eßlöffel Portwein beifügen.

Variationen
- Mit kleinen, in Butter gerösteten Brotwürfeln servieren.
- Schnittlauch oder/und Tomatenwürfelchen in Suppentassen verteilen und die Suppe darüber anrichten.

Mein liebstes und altbewährtes Raviolirezept mit grüner, pikanter Füllung.

Ravioli mit Gemüsefüllung

Ricotta in ein Tüchlein geben und gut ausdrükken. Zwiebeln fein hacken. In Butter 2 bis 3 Minuten dünsten. Gut abgetropften Spinat zugeben. Unter Wenden dämpfen, bis die Flüssigkeit verdunstet ist. Petersilie zugeben, ganz kurz mitdünsten. Erkalten lassen. Mit Ricotta, Basilikum oder Salbei und Eiern mischen. Mit Salz und Pfeffer würzen. Geriebenen Käse darunterziehen. Teig mit der Nudelmaschine oder dem Wallholz so dünn wie möglich auswallen. Rondellen von etwa 6 cm Durchmesser ausstechen. Je einen kleinen Löffel Füllung daraufgeben. Die Ränder mit Wasser befeuchten und die Teigplätzchen zu Krapfen zusammenfalten. Gut andrücken, damit die Füllung nicht ausläuft. In viel Salzwasser oder Bouillon (wenn ohne Sauce serviert) knapp weich kochen (3 bis 4 Minuten). Am besten portionenweise in heiße Suppenteller anrichten und mit geriebenem Käse bestreuen und mit heißer Butter übergießen.

Tips Wenn man die Ränder der Teigplätzchen vor dem Zusammenkleben mit leicht verquirltem Eiweiß bestreicht, halten die Ravioli besser zusammen.
Nach Belieben mit gehacktem Basilikum bestreuen.

V Kann vorbereitet werden
Arbeitsaufwand:
60 Minuten
Kochzeit:
3 bis 4 Minuten
Kalorien:
785 kcal/3286 kJ
je Person

Für 6 Personen
Feiner Ravioliteig
(s. S. 314)

Füllung:
300 g Ricotta
½ Zwiebel
1 Eßl. Butter
300 g Spinat, gehackt, frisch oder tiefgekühlt
2 Eßl. Petersilie, gehackt
1 Prise Basilikum oder Salbei, gehackt
2 Eier
Salz, Pfeffer
50 g Parmesan, gerieben
50 g Pecorino, gerieben
100 g frische Butter
50 g Parmesan zum Bestreuen

Ravioli mit Gemüsefüllung

Ravioli einmal anders — mit bunter, pikant gewürzter Gemüsefüllung als Hauptmahlzeit.

Große Gemüseravioli

Den Ravioliteig dünn auswallen (evtl. mit Teigwarenmaschine) und in Rondellen von rund 7 cm Durchmesser ausstechen. Etwas Füllung in die Mitte geben. Eine zweite Rondelle aufsetzen und die Ränder gut andrücken. 5 Minuten in Salzwasser al dente kochen. Gut abtropfen, auf vorgewärmte Teller anrichten. Die Butter erhitzen, Mandelblättchen zugeben, aufschäumen lassen und über die Ravioli verteilen.
Hier einige Vorschläge für Füllungen:

V Kann vorbereitet werden
Arbeitsaufwand: 15 Minuten
Kochzeit: 5 Minuten (je Füllung)

Für 4 Personen
400 g feiner Ravioliteig (s. S. 314)
Gemüsefüllung nach Wahl
40 g frische Butter
1 Eßl. gehobelte Mandeln

Gemüse mit Soja

Paprikawürfelchen und gehackte Sojakeimlinge in Butter unter Rühren andünsten. Den Lauch längs in etwa 3 cm lange Stücke teilen, dann mit einem scharfen Messer ebenfalls längs in sehr feine Streifen schneiden. Zufügen und nur ganz kurz mitdünsten. Der Lauch soll knackig und grün bleiben. Mit Sojasauce, Sambal Ölek, Salz und Pfeffer abschmecken.

Tip Beim Würzen mit Sambal Ölek vorsichtig sein, damit die Füllung nicht zu scharf wird!

1 Eßl. kleingewürfelte Paprika (rot)
100 g Sojakeimlinge
1 Eßl. Butter
40 g zarter Lauch (nur grüne Teile)
1 Eßl. Sojasauce
1 bis 2 Messerspitzen Sambal Ölek
Salz, Pfeffer
Kalorien: 515 kcal/2156 kJ je Person

Mit Sellerie und Rüebli (Karotten)

Sellerie und Karotten schälen und in sehr kleine Würfel schneiden. In der Butter anziehen lassen. Erkalten lassen. Mit Quark mischen und mit Salz, Pfeffer und Muskatnuß abschmecken.

Tip Diese Gemüsefüllung erhält durch Würzen mit wenig Sojasauce eine besondere Note.

100 g Knollensellerie
1 mittelgroße Karotte
1 Eßl. Rahmquark
1 Eßl. Butter
Salz, Pfeffer, Muskatnuß
Kalorien: 522 kcal/2185 kJ je Person

Mit Wirsing

Die Wirsingblätter in ½ cm breite Streifen schneiden. Die Milch aufkochen, die Streifen hineingeben und knapp garen. Die Zwiebeln in Butter anziehen lassen. Das Gemüse abtropfen und ebenfalls mitdünsten. Mit Mehl bestäuben

100 g zarte Wirsingblätter
5 dl Milch
1 kleine Zwiebel, fein gehackt
1 Eßl. Butter
1 Teel. Mehl

1 dl Rahm
Salz, Pfeffer
½ Teel. Sojasauce
Je 1 Prise Ingwerpulver und Kümmel
Kalorien:
682 kcal/2854 kJ
je Person

und Rahm zufügen. Bei kleiner Hitze köcheln lassen, bis der Wirsing gar ist und die Sauce sämig wird. Mit Salz, Pfeffer, Sojasauce und den Gewürzen abschmecken.

Tips Die Füllungen sollen weder zu heiß noch zu feucht sein, wenn man die Ravioli damit belegt. Will man sie einige Stunden vor der Weiterverwendung zubereiten, die untere Rondelle mit etwas verquirltem Eiweiß bestreichen, etwas antrocknen lassen, dann erst belegen.
Man kann auch für die gleiche Mahlzeit Ravioli mit verschiedenen Füllungen zubereiten. In diesem Fall die Mengen der Zutaten entsprechend reduzieren.

Diese Champignonküchlein werden durch die Beigabe von pikantem Käse sehr würzig.

Champignonküchlein

V Kann vorbereitet werden
Arbeitsaufwand:
30 Minuten
Backzeit: 20 Minuten
Kalorien:
295 kcal/1235 kJ
je Küchlein

Etwa 10 Küchlein zu 8 cm Ø
1 große Zwiebel, in Streifen geschnitten
300 g Champignons
20 g Butter
300 g geriebener Teig (s. S. 316)
Butter für die Formen
2 dl Rahm
150 g Rahmquark
2 Eier
100 g Blaukäse

Zum Abschmecken:
Salz, Pfeffer,
Muskatnuß

Die Zwiebeln mit den Champignons in der Butter dünsten, bis keine Flüssigkeit mehr vorhanden ist. Den Teig etwa 3 mm dick ausrollen. Die Förmchen mit Butter bestreichen. Vom Teig runde Plätzchen von 10 cm Durchmesser ausstechen und die Förmchen damit auslegen. Den Teigboden mit einer Gabel mehrmals einstechen. Rahm, Quark und Eier mit Käse gut vermischen, abschmecken und den Guß auf die Küchlein geben. Die Küchlein im Ofen bei 200 °C 20 Minuten backen.

Tip Man kann auch gekauften Blätterteig verwenden.

Ein feiner Pilzkuchen, der natürlich mit frischen Morcheln zubereitet am besten schmeckt.

Quiche mit Morcheln und Frühlingszwiebeln

Die getrockneten Morcheln 30 Minuten in kaltes Wasser einlegen. Das Kuchenblech kalt abspülen. Den Blätterteig 3 mm dick ausrollen. Das Blech damit belegen. Mit einer Gabel mehrmals einstechen. Mit einer Aluminiumfolie oder Backpapier überziehen und mit den weißen Bohnen beschweren. Den Teigboden etwa 10 Minuten bei 200 °C blind backen.
Etwas abkühlen lassen, dann die Bohnen entfernen. Die Morcheln durch ein Sieb gießen und nochmals sehr gut waschen. Das Einlegewasser durch einen Kaffeefilter passieren, damit Unreinheiten (wie Sand usw.) im Papier zurückbleiben. Die Flüssigkeit mit den Morcheln in ein Pfännchen geben und 15 Minuten kochen.
Die Frühlingszwiebeln etwas kürzen, dann längs in Viertel schneiden. Bei dickeren Zwiebeln in Achtel schneiden. Die Eier mit dem Rahm gut mischen. 3 Eßlöffel Morchelsaft und den Portwein zugeben. Mit Salz, Pfeffer und Majoran abschmecken. Die vorgekochten Morcheln auf den Teigboden verteilen. Die Frühlingszwiebeln sternförmig darauf anordnen. Mit dem Guß überziehen. 10 bis 15 Minuten bei 220 °C fertigbacken. Sollte die Oberfläche der Quiche zu schnell braun werden, mit einer Aluminiumfolie abdecken.
Sofort heiß servieren!

Tips Beim Auslegen der Form mit Blätterteig einen Rand hochziehen, der das Blech um etwa ½ cm überragt, weil dieser Teig sich beim Backen gerne zusammenzieht. Man kann für diese Quiche auch geriebenen Teig (s. S. 316) verwenden.
Frische Morcheln müssen nicht gekocht werden. Am besten dünstet man sie 5 bis 6 Minuten in wenig Butter.

V Kann vorbereitet werden
Arbeitsaufwand: 20 Minuten
Backzeit: 20 Minuten
Kalorien: 599 kcal/2507 kJ je Person

Für einen Kuchenblech von 26 cm Ø (4 bis 6 Personen)
30 g getrocknete Morcheln
oder 300 g frische Morcheln
400 g Blätterteig
300 g weiße Bohnen zum Beschweren des Teiges
3 Frühlingszwiebeln
3 Eier
¼ l Rahm
1 Eßl. weißer Portwein (nach Belieben)
Salz, Pfeffer, Majoran

Ein Gericht aus der Getreideküche, angerichtet mit einer zarten Karottensauce.

Quarksteaks an Karottensauce

V Kann teilweise vorbereitet werden
Arbeitsaufwand: 25 Minuten
Kochzeit: 10 Minuten
Kalorien: 367 kcal/1536 kJ je Person

Für 4 Personen
600 g Speisequark
2 ganze Eier
2 Eigelb
8 Eßl. feine Haferflöckli
5 Eßl. Vollmehl
1 Eßl. Kochbutter
1 kleine Zwiebel, gehackt
2 Eßl. Petersilie, gehackt
1 Eßl. Schnittlauch, fein geschnitten
Salz, Pfeffer
1 Prise Cayennepfeffer
2 Eßl. eingesottene Butter

Sauce:
500 g Karotten
1 dl Gemüsebouillon
2 Eßl. trockener weißer Wermut
1½ dl Rahm

Quark, Eier, Haferflöckli, 3 Eßlöffel Vollmehl, Kochbutter, Zwiebel, Petersilie und Schnittlauch sowie Salz, Pfeffer und Cayennepfeffer in einer Schüssel gut vermischen und 15 Minuten stehenlassen.
Die vorbereitete Masse in eine Chromstahlpfanne geben und zuerst bei starker Hitze 5 Minuten und dann bei mittlerer Temperatur weitere 5 Minuten rühren, bis die Masse richtig fest und formbar ist. Aus der Pfanne nehmen und etwas auskühlen lassen. Inzwischen die Karotten auf der feinen Seite der Bircherraffel reiben. In der Bouillon kurz aufkochen, dann durch ein feines Sieb pressen und den Saft auffangen. In eine Pfanne mit weitem Boden geben und auf die Hälfte einkochen lassen.
Aus der Quarkmasse mit nassen Händen Steaks formen und im Vollmehl wenden. In der eingesottenen Butter beidseitig goldgelb braten. Den Wermut in die Sauce geben, nochmals kurz aufkochen, dann den Rahm beifügen. Weiterkochen, bis die Sauce sämig wird. Die Sauce würzen und auf warme Teller verteilen. Die Steaks darauf anrichten.

Tips Nach Belieben mit einem Kräuterzweiglein oder etwas Schnittlauch garnieren. Man kann das Gericht auch mit hübsch ausgestochenen, in Bouillon knapp gar gekochten Karottenscheiben garnieren.
Es ist bei diesem Gericht sehr wichtig, daß die Masse sehr gut abgeschmeckt wird.

Dieser Kuchen ist ein Grund, sich auf die Spargelsaison zu freuen.

Spargelkuchen mit Käse

Von den Spargelstangen die harten Enden entfernen. Spargelspitzen von 7 cm Länge abschneiden. Den Rest in 2 cm breite Stücke schneiden. Einen Liter leicht gesalzenes Wasser aufkochen. Zucker und Spargel hineingeben und etwa 10 Minuten ziehen lassen. Den Spargel abgießen und kalt abspülen.
Die Spargelstücke grob hacken. Die Spitzen beiseite legen. Die Butter in einer Bratpfanne erhitzen. Den gehackten Spargel mit den Zwiebeln darin kurz dünsten. Etwas abkühlen lassen, mit dem Käse mischen. Den Teig 3 mm dick ausrollen und das mit Butter bestrichene Blech damit belegen. Den Teigboden mit einer Gabel mehrmals einstechen. Die Spargelmischung darauf verteilen. Die Spargelspitzen sternförmig darauflegen. Die Eier mit dem Rahm verquirlen und mit Salz und Pfeffer abschmecken. Den Guß über den Spargel verteilen. Das Blech in die Mitte des Ofens schieben. 45 Minuten bei 200 °C backen. Warm servieren.

Tip Bei der Verwendung von grünem Spargel sieht der Kuchen besonders schön aus, wenn die Spargelspitzen im Sud fertiggegart werden. Man kann sie dann 5 Minuten vor Ende der Backzeit auf dem Kuchen anordnen.

V Kann vorbereitet werden
Arbeitsaufwand: 25 Minuten
Backzeit: 45 Minuten
Kalorien: 648 kcal/2712 kJ je Person

Für 4 Personen (Backblech von 24 cm Ø)

250 g geriebener Teig (s. S. 316)
1 kg Spargel, grün oder weiß
1 Prise Zucker
1 Eßl. Butter
60 g gehackte Zwiebeln
100 g Greyerzer Käse, gerieben
2 Eier
2 dl Rahm
Salz, Pfeffer
Butter für das Blech

Spargel zubereiten — gewußt wie

Vor langer Zeit kam er vermutlich aus dem Orient zu uns, und schon die alten Römer kannten und schätzten ihn: Spargel ist eine wahre Götterspeise — allerdings nur, wenn man einige wichtige Punkte beachtet und ihn auch richtig zuzubereiten weiß. Das fängt schon mit dem Einkaufen an: Die Schnittflächen müssen noch feucht und frisch sein. Wenn man

Spargel aufbewahren muß, empfiehlt es sich, ihn kalt abzuspülen, in ein feuchtes Küchentuch einzuschlagen oder wie einen Blumenstrauß in einen Krug mit Wasser zu stellen. Weißen Spargel schält man immer vom Kopf bis zum Stielende. Gehen Sie dabei großzügig vor, damit möglichst der ganze Spargel gegessen werden kann. Auch das holzige Stielende ist ungenießbar. — Wenn gekochter Spargel «nature» aufgetragen wird, das heißt, wenn die Sauce getrennt serviert wird, belegt man die vorgewärmte Platte zuerst mit einer gefalteten Serviette, die alle Flüssigkeit aufnimmt. Als Hauptgericht rechnet man bei grünem Spargel mit rund 400 g je Person, beim weißen hingegen mit etwa 500 g.

Ein lustiger Hamburger, der Kindern besonders gefällt.

Vegi-Burger

V Kann teilweise vorbereitet werden
Arbeitsaufwand: 20 Minuten
Kochzeit: 20 Minuten
Bratzeit: 6 Minuten
Kalorien: 424 kcal/1775 kJ je Person

Für 4 Personen
100 g Goldhirse
200 g Gemüse (z. B. 1 Karotte, 1 kleiner Lauchstengel, 1 Sellerieknolle)
1 Ei
Salz, Pfeffer
Cayennepfeffer
Muskatnuß
2 Eßl. Majoran, gehackt
2 Eßl. Petersilie, gehackt
2 Eßl. Schnittlauch, gehackt
2 Eßl. Zwiebeln, fein gehackt
100 g geriebenes Brot

Einen Kochtopf mit Siebeinsatz bereitstellen. Bis 3 cm unter den Einsatz Wasser einfüllen und aufkochen. Die gesäuberten, ganz belassenen Gemüse in den Einsatz geben. Den Deckel aufsetzen und die Gemüse 15 bis 20 Minuten im Dampf garen. Das Gemüse etwas abkühlen lassen und dann hacken. Den Siebeinsatz mit einem Mulltuch oder mit unbehandelter Gaze auslegen. Die Hirse hineingeben und ebenfalls im Dampf 20 Minuten garen. Danach die Hirse mit einer Gabel etwas auflockern. Weitere 10 Minuten zugedeckt dämpfen. Die Hirse in eine Schüssel geben. Das Gemüse hacken, mit Ei, Zwiebeln, Kräutern und 30 g Paniermischung vermengen und unter die Hirse mischen. Mit Salz, Pfeffer, Cayennepfeffer und Muskatnuß abschmecken. Je nach Konsistenz noch etwas mehr Paniermehl zugeben. Vier Burger formen, in der restlichen Paniermischung wenden und in der Butter beidseitig je etwa 3 Minuten braten. Die Brötchen entzweischneiden und die Schnittflächen unter der Heizschlange des Backofens toasten. Die Burger auf die unteren Hälften geben, mit Tomatenscheiben und Zwiebelringen belegen und mit der zweiten Brötchenhälfte halb bedecken.

4 Hamburgerbrötchen
3 Tomaten
1 große Zwiebel, in Ringe geschnitten

Varianten

– Die unteren Brötchenhälften zuerst mit Kresse belegen.
– Etwas Schnittlauchquarksauce auf die Burger geben.

Eine Augenweide sind diese dreifarbigen Spätzli, die, mit schäumender Butter begossen, sehr gut schmecken.

Spätzli «tricolore»

V Kann vorbereitet werden
Arbeitsaufwand: 30 Minuten
Kochzeit: 2 Minuten je Portion
Kalorien: 531 kcal/2222 kJ je Person

Für 6 Personen
500 g Weißmehl
5 Eier
2 bis 3 dl Milchwasser (halb Milch, halb Wasser)
Salz, Muskatnuß, Pfeffer aus der Mühle
3 Eßl. Tomatenpüree
2 Eßl. Rahm
100 g zarte Spinatblätter
1 Eßl. Öl
50 g frische Butter

Das Mehl in eine große Schüssel sieben. Die Eier mit dem Milchwasser, etwas Salz und Muskatnuß verquirlen, zufügen, und alles zu einem glatten Teig mischen. Im Rührwerk mit dem Teighaken geht es am besten. Den Teig dritteln und jeden Teil separat weiterverarbeiten. Den ersten Teil mit dem Tomatenpüree vermischen und schlagen, bis Blasen entstehen. Den zweiten Teil mit Rahm weiterverarbeiten und ebenfalls schlagen, bis er Blasen wirft. Den Spinat säubern und mit einem Eßlöffel Wasser im Cutter pürieren oder kurz ohne Flüssigkeit aufkochen und sehr fein hacken. Das Spinatpüree unter den dritten Teil des Teiges arbeiten.
2 bis 3 Liter Salzwasser in einem hohen Topf aufkochen lassen. Salz und Öl zugeben. Den Teig durch ein Spätzlisieb drücken oder von Hand auf dem Brettchen abschneiden und ins Wasser gleiten lassen. Die drei Spätzlisorten nacheinander kochen, mit der Lochkelle herausheben und in kaltes Wasser geben. Die Spätzli abtropfen lassen, mischen und in der schäumenden Butter gut wenden und anrichten. Wenn nötig, mit etwas Salz nachwürzen und mit viel Pfeffer aus der Mühle bestreuen.

Tip Nach Belieben geriebenen Käse dazu servieren.

Dieser überbackene und verführerisch aussehende Spinatkuchen kann, mit einem Tomatensalat zuvor, als sättigende Hauptmahlzeit serviert werden.

Spinatkuchen mit ganzen Eiern

V Kann vorbereitet werden
Arbeitsaufwand: 20 Minuten
Backzeit: 40 Minuten
Kalorien: 745 kcal/3118 kJ je Person

Für 4 Personen (rundes Kuchenblech von 26 cm Ø)
400 g geriebener Teig (s. S. 316)
1 kg Spinat (oder 450 g tiefgekühlter Blattspinat)
1 kleine Zwiebel, fein gehackt
1 Teel. Butter
Muskatnuß, Salz
weißer Pfeffer
¼ l Béchamelsauce (s. S. 308)
50 g geriebener Greyerzer
8 frische Eier
250 g weiße Bohnen (zum Blindbacken)
Butter für das Blech

Ein bebuttertes Kuchenblech mit Teig auslegen, mit der Gabel einstechen, mit Alufolie und weißen Bohnen oder Erbsen belegen. Im vorgeheizten, mittelwarmen Ofen während 30 Minuten blind backen. Den Spinat waschen, blanchieren, gut abtropfen. Zwiebeln in Butter dünsten, den Spinat dazugeben, gut rühren und dämpfen, bis er kein Wasser mehr zieht, gut würzen. Eine Béchamelsauce herstellen, vom Feuer nehmen und den Käse hineingeben. Eier 6 Minuten kochen, abschrecken und schälen. Den vorgebackenen Kuchenboden ringsherum mit den Eiern belegen, mit Spinat zudecken und die Sauce vorsichtig darübergießen. Bei Oberhitze 10 Minuten bei 240 °C überbacken.

Tip Für dieses Gericht läßt sich alles gut vorbereiten und erst im letzten Moment vor dem Überbacken zusammenfügen. Während der Backzeit kann der Salat serviert werden!

Grün wie Spinat

Der erste Spinat soll in Persien angebaut worden sein. Danach brachten ihn die Kreuzfahrer im Mittelalter über Arabien in unsere Breitengrade. Spinat enthält viele wichtige Mineralstoffe und Vitamine, darunter Vitamin C und Karotin. Er ist auch ein Eiweißträger. Diese Eigenschaften haben ihn zur unentbehrlichen Kindernahrung gemacht. Viele lieben den Spinat aber gar nicht und meiden ihn später als Erwachsene. Im Frühjahr ist zarter Spinat auf dem Markt, der sich besonders gut für Salate oder Blattspinat eignet. Der Sommer- und

Herbstspinat hat stärkere Blätter, die sich besser für die Zubereitung von gehacktem Spinat eignen. Spinat sollte man möglichst frisch zubereiten oder tiefkühlen, solange die Blätter noch straff sind. Spinatgerichte dürfen nicht aufgewärmt werden, weil sie heftige Verdauungsstörungen verursachen können!

Ein gedeckter Spinatkuchen, dem vor Ende der Backzeit durch den Deckel etwas Rahm beigegeben wird.

Gedeckter Spinatkuchen

V Kann vorbereitet werden
Arbeitsaufwand: 20 Minuten
Backzeit: 40 Minuten
Kalorien: 604 kcal/2528 kJ je Person

Für 6 Personen (Springform von 22 cm Ø)
600 g Blätterteig
500 g Spinat
1 Eßl. Butter
Salz, Pfeffer, Muskatnuß
1 Knoblauchzehe
100 g Greyerzer, gerieben
20 g Butterflocken
1 Eigelb
6 Eßl. Rahm
Butter für die Form

Zwei Drittel des Teiges 3 cm dick ausrollen. Die Springform mit Butter bestreichen und mit Teig belegen. Den Teigboden mehrmals mit einer Gabel einstechen. Den Spinat ohne Flüssigkeit erhitzen, bis er zusammenfällt. Gut auspressen und in Butter knapp weich dünsten. Den Spinat mit Salz, Pfeffer, durchgepreßtem Knoblauch und Muskatnuß abschmecken. Abkühlen lassen. Den Spinat in die Springform einfüllen. Käse und Butterflocken darübergeben. Den restlichen Teig ausrollen und daraus einen passenden Deckel schneiden. In der Mitte der Rondelle ein Dampfloch von etwa 2½ cm anbringen. Den Teigdeckel am Rand mit Eigelb bestreichen, aufsetzen und gut ankleben. Aus Aluminiumfolie einen kleinen Pfropfen formen und in das Dampfloch einsetzen. Die Oberfläche des Kuchens mit dem restlichen Eigelb bestreichen. 30 Minuten bei 220 °C backen. Nach dieser Zeit die Aluminiumfolie entfernen und den Rahm durch das Dampfloch auf die Füllung gießen. 10 Minuten weiterbacken. Sollte der Teigdeckel zu dunkel werden, mit Aluminiumfolie abdecken.

Tip Das Dampfloch wird zuerst mit der Folie geschlossen, damit die Pastete aufgehen kann. Der Teig wird durch das Backen fest, und der überschüssige Dampf entweicht später beim Entfernen der Folie.

Diese Krapfen sehen schön aus, sind interessant gefüllt und bilden, mit einem Salat zuvor, eine sättigende Mahlzeit.

Spinatkrapfen mit pikanter Füllung

V Kann vorbereitet werden
Arbeitsaufwand:
25 Minuten
Backzeit:
10 bis 15 Minuten
Kalorien:
361 kcal/1511 kJ
je Person

Für 4 Personen
150 g Blattspinat
200 g Blätterteig
100 g Mascarpone mit Gorgonzola
20 g Butter
Salz, Pfeffer
1 Prise Muskatnuß
1 Knoblauchzehe, durchgepreßt
1 Ei

Den Spinat waschen, abtropfen, ohne Wasserzugabe in einen Topf geben und zugedeckt dünsten, bis er gar ist. Den Blätterteig etwa 3 mm dick ausrollen und in Rechtecke von ungefähr 7 × 10 cm schneiden. Den Mascarpone dünn schneiden und auf die Hälfte der Teigplätzchen legen. Einen Rand frei lassen. Den gut ausgepreßten Spinat kurz in Butter dünsten, würzen, Knoblauch zufügen und auf den Mascarpone geben. Die Teigränder mit verklopftem Ei bestreichen. Die Deckel daraufgeben und an den Rändern gut andrücken. Die Oberfläche mit Ei bestreichen und die Krapfen im Ofen bei 200 °C 10 bis 15 Minuten backen.

Tip Immer zuerst den Käse auf den Blätterteig legen, damit er nicht durch die Feuchtigkeit des Spinats aufgeweicht wird.

Variationen
- Den Spinat durch Mangold (Blätter der Krautstiele) ersetzen.
- Mascarpone mit Gorgonzola durch Frischkäse und wenig Gorgonzola ersetzen.

Spinatkrapfe
mit
pikanter Füllung

Knusprige Pasteten mögen fast alle, auch wenn sie — wie in diesem Rezept — «nur» mit Gemüse gefüllt werden.

Gemüsepastetchen

V Kann vorbereitet werden
Arbeitsaufwand: 30 Minuten
Koch- und Backzeit: 15 Minuten
Kalorien: 512 kcal/2144 kJ je Person

Für 4 Personen
250 g Spargel
150 g Kefen (Zuckerschoten) oder grüne Erbsen
3 Eßl. Butter
3 gehackte Schalotten
150 g Blumenkohlröschen
100 g Brokkoliröschen
⅛ l Weißwein
2 Teel. Speisestärke
1 Eßl. trockener Wermut (z. B. Noilly Prat)
4 dl Rahm
Salz, Pfeffer
1 Eßl. gehackter Kerbel
4 Blätterteig-Pastetenhüllen

Die Spargelstangen in 2 cm große Stücke schneiden. Die Spitzen etwas länger belassen. Große Kefen quer halbieren. Die Butter erhitzen. Schalotten und alle Gemüsestücke und -röschen darin kurz anziehen lassen, dann mit Weißwein ablöschen und zugedeckt 10 Minuten kochen. Die Speisestärke mit dem Wermut und dem Rahm gut verrühren und zufügen. Zugedeckt 10 bis 15 Minuten bei kleiner Hitze weiterkochen. Die Gemüse sollen gar werden, dürfen aber nicht zerfallen. Mit Salz und Pfeffer abschmecken und den Kerbel zufügen. Die Blätterteighüllen im Backofen bei 180 °C erhitzen. Sie sollen sehr heiß werden. Das Gemüseragout einfüllen und sofort servieren.

Tip Etwas leichter wird dieses Gericht, wenn man sauren Halbrahm verwendet. In diesem Fall den Wein mit 3 Teelöffeln Speisestärke verrühren und den Sauerrahm nicht mitkochen, sondern nur erhitzen.

Kefen oder Kiefelerbsen

Kefe ist ein typisch schweizerischer Ausdruck. In Deutschland ist diese Hülsenfrucht unter den Namen Kiefelerbse, Zuckererbse, Zuckerschote und Schnee-Erbse bekannt. Die Kefen haben eine dünnschalige, fleischige Hülse, die mitgegessen wird. Am besten schmecken die kleinen, feinen und zarten Kefen des Vorsommers. Danach werden sie größer, etwas härter und sind daher für rustikalere Gerichte geeignet.

Kleine Kefen bleiben besonders aromatisch, wenn man sie im Dampf knapp gar kocht.

Eine reichhaltige Pie auf meine Art — ein Beweis, daß sich englische Schüsselpasteten auch mit Gemüse gut zubereiten lassen.

Gemüse-Pie

Gemüsebouillon und Weißwein zum Kochen bringen. Die Champignons säubern und in Scheiben schneiden. Die Erbsen auftauen lassen. Den Spargel reinigen und knapp gar kochen. Die blättrig geschnittenen Champignons in der Butter dünsten, bis sie keine Flüssigkeit mehr abgeben. Mit Salz und Pfeffer würzen. Die gehackten Kräuter beifügen und mit den Champignons vermischen. In eine runde, ofenfeste Form füllen. Erbsen und gut abgetropften, in Stücke geschnittenen Spargel darüber verteilen. Mit wenig Salz bestreuen. Die Gemüsebouillon in eine Pfanne gießen und bei starker Hitze auf 1 dl einkochen. Den Maispuder mit 3 Eßlöffeln Wasser vermischen und hineinrühren. Aufkochen und den Rahm dazugießen. Gut durchkochen und mit Salz, Pfeffer, Zitronensaft und Sojasauce abschmecken. Über die Gemüse verteilen. Den Rand der Form mit dem Eiweiß bepinseln.
Den Blätterteig 3 mm dick auswallen, rund ausschneiden (5 cm größer als die Form) und als Deckel darüberlegen. Den Rand gut andrücken. Das Eigelb mit einigen Tropfen Wasser verquirlen und den Teigdeckel damit bestreichen. Nach Belieben aus Teigresten Verzierungen schneiden und daraufkleben. Nochmals mit Eigelb bestreichen. Im vorgeheizten Backofen bei 190 °C 30 bis 40 Minuten backen.
Die Pie in der Form auf den Tisch bringen. Beim Servieren jeweils zu jeder Portion ein Stück Blätterteig legen.

Tip Dieses Gericht eignet sich sehr gut für Gäste, da es soweit vorbereitet werden kann, daß es nur noch im Ofen gebacken werden muß.

V Kann vorbereitet werden
Arbeitsaufwand:
30 bis 40 Minuten
Koch- und Backzeit:
40 bis 50 Minuten
Kalorien:
561 kcal/2348 kJ
je Person

Für 4 Personen
2 dl Gemüsebouillon
2 dl Weißwein
300 g Champignons
200 g Erbsen, evtl. tiefgekühlt
500 g Spargel
1 Eßl. eingesottene Butter
Salz, Pfeffer
2 Eßl. gemischte Kräuter, gehackt (Petersilie, Schnittlauch, Kerbel)
1 Teel. Maispuder
2 dl Rahm
1 Teel. Zitronensaft
½ Teel. Sojasauce
1 Eiweiß
150 bis 200 g Blätterteig
1 Eigelb

Ein nicht alltägliches, attraktiv aussehendes Eiergericht, das mit Käse überbacken wird.

Fagottini mit pochiertem Ei

V Kann weitgehend vorbereitet werden
Arbeitsaufwand: 30 Minuten
Backzeit: 20 Minuten
Kalorien: 370 kcal/1548 kJ je Person

Für 4 Personen
8 große Kopfsalatblätter
200 g Champignons
200 g Karotten
2 Schalotten, gehackt
2½ Eßl. Butter
1 dl Rahm
1 bis 2 Eßl. Essig
4 sehr frische Eier
Butter für die Form
1 dl Gemüsebouillon
50 g Greyerzer, gerieben
20 g Butterflocken
Salz, Pfeffer

Die Salatblätter in kochendem Salzwasser 30 Sekunden blanchieren, mit der Schaumkelle herausheben und in eiskaltem Wasser abschrecken. Sorgfältig auf ein Tuch ausbreiten. Die Champignons säubern und in Scheiben schneiden. Karotten raffeln. Mit den Schalotten in Butter dünsten, bis sie zusammengefallen sind. Erkalten lassen.
Rahm, Karotten und Champignons mit den Schalotten mischen. Mit Salz und Pfeffer abschmecken. In einer möglichst bauchigen Pfanne reichlich Wasser zum Kochen bringen, schwach salzen und den Essig beifügen. Die Eier einzeln in eine Tasse aufschlagen und vorsichtig ins Wasser gleiten lassen. Die Hitze reduzieren: Das Wasser soll nicht mehr kochen, sondern nur leise ziehen. Die Eier 3 bis 4 Minuten pochieren, mit einer Schaumkelle herausheben und auf Küchenpapier etwas abtropfen lassen. Jeweils 2 Salatblätter aufeinanderlegen und mit der Gemüsemischung belegen. Je ein Ei darauflegen. Die Ränder umschlagen, so daß geschlossene Päckchen entstehen; mit Verschluß nach unten nebeneinander in eine mit Butter bestrichene Form legen. Die Bouillon dazugießen. Die Fagottini mit dem Käse bestreuen und mit Butterflocken belegen. Im vorgeheizten Backofen bei 180 °C 20 Minuten gratinieren. In der Form auf den Tisch bringen.

Tip Statt Kopfsalat kann für dieses eher delikate Gericht auch Lattich oder Wirsing verwendet werden. Lattichblätter sind etwas weniger zart, aber dementsprechend auch weniger heikel in der Behandlung.

Variation Die Blätter können auch mit Risottoresten gefüllt und mit einem Ei gekrönt werden.

Gnocchi müssen nicht immer nur mit Tomaten und Käse angereichert werden. Hier eine Variante mit Lauchsauce:

Kartoffelgnocchi an Lauchrahmsauce

Die Kartoffeln schälen, in Stücke schneiden und in schwach gesalzenem Wasser weichkochen. Den Lauch reinigen und in schmale Rädchen schneiden.
Die Kartoffeln noch heiß durch die Passiermaschine treiben. Mit Mehl, dem Ei sowie wenig Salz und Pfeffer verkneten und zu daumendikken Rollen formen. In 2 cm lange Stücke schneiden. Jedes einzeln auf die Rückseite einer Käseraffel drücken und dabei auf der Gegenseite mit dem Daumen eine leichte Vertiefung eindrücken. Weißwein und Bouillon bei starker Hitze auf ½ dl einkochen. Den Lauch in der Butter andünsten. Mit der eingekochten Flüssigkeit ablöschen. Nochmals kurz kochen lassen. Den Rahm beifügen und etwas einkochen lassen, bis die Sauce knapp sämig ist. Mit wenig Salz und Pfeffer würzen. Inzwischen in einer möglichst weiten Pfanne Salzwasser kochen. Die Gnocchi portionenweise hineingeben. Sobald sie an die Oberfläche schwimmen, mit einer Schaumkelle herausheben und warm stellen.
Wenn alle Gnocchi gekocht sind, nach Belieben einige Butterflocken darüber verteilen und die Lauchsauce darübergießen.

Tip Diese Gnocchi eignen sich in kleinen Portionen auch als Vorspeise.

Variationen Mit geriebenem Käse und einer rassigen Tomatensauce oder einem Tomaten-Sugo anrichten, mit Mascarpone und Gorgonzola belegen oder einen feinen Pesto (Basilikumbutter, s. S. 305) darübergießen usw. Achtung: Frühkartoffeln eignen sich für dieses Gericht schlecht!

V Kann vorbereitet werden
Arbeitsaufwand: 30 Minuten
Kochzeit: rund 3 Minuten je Person
Kalorien: 614 kcal/2570 kJ je Person

Für 4 Personen
500 g Kartoffeln (mehlige Sorte)
250 g Mehl
1 Ei
Salz, Pfeffer
1 dl Weißwein
1 dl Gemüsebouillon
1 Lauchstengel, mittelgroß
1 Eßl. Butter
2 dl Rahm
20 g Butterflocken

Gekonnt zubereitet eine kleine schmackhafte Mahlzeit.

Französisches Omelett mit Kräutern

V Kann teilweise vorbereitet werden
Arbeitsaufwand: 10 Minuten
Backzeit: 1 bis 2 Minuten
Kalorien: 232 kcal/971 kJ je Person

Für 2 Personen
4 Eier
1 Eßl. Wasser, Milch oder Rahm
2 Eßl. gehackte Kräuter (Petersilie, Schnittlauch, Kerbel, Majoran usw.)
Salz, Pfeffer
1 bis 2 Eßl. frische Butter

Die Eier mit einer Gabel leicht verquirlen, Wasser, Milch oder Rahm und die Kräuter beifügen, salzen und pfeffern. Die Butter in einer Bratpfanne schmelzen lassen und die Eier hineingießen. Das gestockte Ei sofort mit einem Spatel gegen die Mitte stoßen. Bevor die ganze Eimasse gestockt ist, die Pfanne vom Herd wegziehen. Leicht schräg halten und mit der freien Hand auf den Pfannenstiel schlagen, damit sich das Omelett zusammenfaltet (wer das nicht so profimäßig kann, hilft mit dem Spatel oder der Bratenschaufel nach!)
Das Omelett auf einen heißen Teller gleiten lassen, nach Belieben ausgarnieren und sofort servieren.

Tips Das Omelett darf nicht trocken werden, sondern muß noch feucht sein.
Wichtig für das gute Gelingen ist die Verwendung einer absolut sauberen Bratpfanne und daß das Ei nur leicht geschlagen wird.
Nach Belieben kann am Schluß ein Stück frische Butter auf der Oberfläche geschmolzen werden, damit das Omelett etwas Glanz bekommt.
Für ein gefülltes Omelett die heiße Füllung erst unmittelbar vor dem Anrichten bzw. Zusammenklappen über die Oberfläche verteilen.

Variationen

Verschiedene Füllungen eignen sich:
- gedünstete Zwiebeln oder Schalotten
- kleine gewürfelte oder in Scheiben geschnittene, in Butter gedünstete Auberginen
- gekochte grüne Erbsen, gewürfelt und in Butter
- gedünstete Zucchini oder Gurken
- in Butter geröstete Brotwürfel
- gedünsteter Blattspinat
- geriebener Meerrettich, Petersilie und Schnittlauch

- gekochte Spargelspitzen
- gekochte Schwarzwurzeln
- gedünstete Pilze
- geriebener Käse.

Das französische «Omelett» – gewußt wie!

Dieses einfachste aller Gerichte sollte, wenn es nach mir ginge, eine Prüfungsaufgabe für Köche sein. Das Rezept scheint einfach zu sein, und doch gibt es bei der Zubereitung gewisse Tücken.

Über seine «Erfindung» gibt es eine hübsche kleine Geschichte: Ein französischer König hatte sich beim Spazieren zu weit von seinem Schloß entfernt und verspürte großen Hunger. Er klopfte an die Türe eines seiner Untertanen und bat ihn, ihm rasch etwas zu essen zuzubereiten. Schon nach kürzester Zeit erschien der Bauer mit einem überaus guten Omelett. Der König, der dieses Gericht nicht kannte, war darüber entzückt und sagte: «Quel homme leste!» Seither wird das Gericht «Omelett» genannt.

Laut anderen Quellen verdankt das Omelett seinen Namen der flachen Form beziehungsweise dem Wort «lamelle», das später zu «alumelle» und schließlich zu «amelette» wurde . . . Andere wiederum behaupten, der Begriff sei eine Ableitung der lateinischen Bezeichnung für die Zubereitung eines römischen Honigomeletts, «ova melitta».

Im Gegensatz zu den Crêpes wird für das Omelett kein Mehl verwendet.

Wichtig sind die Zutaten. Nur die besten Eier und frische Butter sind gut genug. Auch die Bratpfanne kann entscheidend sein. In Frankreich benützt man für das Omelett immer dieselbe Pfanne. Wehe, wenn sich jemand daran für die Zubereitung eines Schnitzels vergreift!
Und nun die Zubereitung:

- Die Eier nicht schlagen, sondern mit Hilfe einer Gabel mit 1 bis 2 Eßlöffeln Wasser, Milch oder Rahm leicht verquirlen, dann salzen und pfeffern.

- Etwas Butter in einer Bratpfanne schmelzen und die Eier hineingießen.
- Das gestockte Ei sofort mit einem Spatel oder der Gabel gegen die Mitte der Pfanne stoßen. Dabei verteilt sich das noch flüssige Ei auf dem Pfannenboden. Einige Butterflöckchen zugeben.
- Bevor die ganze Eimasse gestockt ist, die Pfanne vom Herd wegziehen, leicht schräg halten und mit der freien Hand auf den Pfannenstiel schlagen, damit sich das Omelett zusammenfaltet (wer noch nicht so routiniert ist, hilft mit der Bratschaufel nach).
- Das Omelett sofort auf einen leicht vorgewärmten Teller gleiten lassen.

Wichtig: Dieses Omelett sollte noch feucht sein. Eier kleben gerne. Mit Vorteil wählt man für die Zubereitung eine beschichtete Pfanne.

Für Liebhaber von Ziegenkäse — ein pikantes, noch feuchtes Omelett.

Omelett mit Formaggino und Knoblauchcroûtons

V Kann teilweise vorbereitet werden
Arbeitsaufwand: 25 Minuten
Bratzeit: 2 bis 3 Minuten
Kalorien: 552 kcal/2310 kJ je Person

Für 2 Personen
4 Scheiben Pariserbrot (Baguette)
1 Knoblauchzehe
20 g Butterflocken
1 kleiner Ziegenkäse, mittelreif
4 frische Eier
1 Eßl. Halbrahm
½ Teel. Estragon
20 g frische Butter
Salz, Pfeffer

Die Brotscheiben mit durchgepreßtem Knoblauch beträufeln und mit Butterflocken belegen. Unter der Grillschlange kurz rösten. Den Ziegenkäse in sehr feine Scheibchen schneiden. Die Eier mit dem Rahm mischen. Die Käsescheiben und den Estragon zugeben. Mit Salz und Pfeffer abschmecken. Die Butter in einer großen Bratpfanne erhitzen. Die Eiermischung hineingeben. Sobald die Eier zu stocken beginnen, die Masse zusammenschieben. Sobald alles gestockt, aber noch feucht ist, das Omelett auf eine vorgewärmte, ovale Platte gleiten lassen und überschlagen. Die Knoblauchcroûtons dazu servieren.

Ein Kuchen mit aparter Füllung: Krautstiele mitsamt den Blättern werden dazu verwendet.

Krautstielkuchen

Das Kraut von den Stielen wegschneiden und aufheben. Die Krautstiele säubern, in kleine Vierecke schneiden und in Zitronenwasser gut waschen. 1 Liter Salzwasser aufkochen, die Krautstiele beigeben und 15 Minuten kochen lassen. Beiseite stellen und im Sud belassen. 1 dl Kochsud in eine Pfanne geben. Die Schalotten zufügen. Auf die Hälfte einkochen lassen. Den Rahm zugießen und unter ständigem Rühren nochmals reduzieren, bis insgesamt noch etwa 3 dl vorhanden sind. Den Knoblauch dazupressen. Die Sauce mit Salz, Pfeffer und wenig Muskatnuß abschmecken. Das Ei verquirlen und unter die Sauce rühren. Etwa 200 g schöne Krautstielblätter waschen, in leicht gesalzenem Wasser 3 bis 4 Minuten vorkochen (blanchieren), dann hacken und zur Sauce geben. Den Teig auswallen. Das Blech mit Butter bestreichen und mit dem Teig auslegen. Mit einer Gabel mehrmals einstechen. Die abgetropften Krautstiele darüber verteilen und mit der Sauce begießen. Die Tomaten einige Sekunden in heißes Wasser tauchen, schälen und klein würfeln. Über den Kuchen verteilen. Mit dem Greyerzer Käse bestreuen und im vorgeheizten Backofen bei 180 bis 200 °C 30 bis 35 Minuten backen.

Tip Wer weniger Rahm verwenden möchte, kann eine Sauce Béchamel (s. S. 308) aus Milch zubereiten und diese mit etwas Rahm verfeinern.

Arbeitsaufwand: 20 Minuten
Kochzeit: 20 Minuten
Backzeit: 30 bis 35 Minuten
Kalorien: 532 kcal/2226 kJ je Person

Für 6 Personen (Blech von 27 cm Ø)

1 kg Krautstiele mit Blättern
1 Eßl. Zitronensaft
Salz, Pfeffer, Muskatnuß
2 Eßl. gehackte Schalotten
3½ dl Rahm
1 Knoblauchzehe
1 Ei
400 g geriebener Teig (s. S. 316)
Butter für die Form
2 Tomaten
2 Eßl. geriebener Greyerzer

Fondue darf ruhig zwischendurch einmal anders schmecken. Hier eine nicht alltägliche Mischung:

Gewürztes Fondue

V Kann nur teilweise vorbereitet werden
Arbeitsaufwand: 15 Minuten
Kochzeit: 7 bis 8 Minuten
Kalorien: 698 kcal/2921 kJ je Person

Für 4 Personen
4 dl Weißwein
1 Knoblauchzehe, durchgepreßt
300 g Greyerzer
200 g Appenzeller
100 g Fribourger Vacherin
1 Eßl. Speisestärke
2 Eßl. Kirsch
Weißer Pfeffer aus der Mühle
Muskatnuß, Paprika
50 g Schabziger (Kräuterkäse), gerieben

Den Wein mit Knoblauch in ein Caquelon geben und aufkochen. Den geraffelten Käse zufügen und bei mittlerer Hitze unter ständigem Rühren mit einem Holzlöffel zerfallen lassen. Die Speisestärke mit Kirsch mischen und unter das Fondue rühren. Je nach Konsistenz noch etwas Speisestärke zugeben. Mit Pfeffer, Muskatnuß und Paprika abschmecken. Unmittelbar vor dem Servieren den Schabziger einstreuen.

Tip Man kann auch ein Fondue-Grundrezept mit dem Kräuterkäse anreichern, wenn man nicht alle Käsesorten zur Hand hat.

Variationen
- Kräuterkäse durch einen Eßlöffel abgetropften und kalt abgespülten, grünen Pfeffer ersetzen.
- Den Kräuterkäse weglassen und dafür einen Teelöffel feingehackte Peperoncini unter den Käse mischen.

Ein interessanter Käsekuchen, mit drei verschiedenen Käsesorten zubereitet und mit einem Teigdeckel gebacken.

Gedeckter Käsekuchen

V Kann vorbereitet werden
Arbeitsaufwand: 20 Minuten
Backzeit: 40 Minuten
Kalorien: 571 kcal/2390 kJ je Person

Für 4 Personen (Kuchenblech von 24 cm Ø)
250 g geriebener Teig

Den Vacherin und den Roquefort zusammen mit einer Gabel zerdrücken, den geriebenen Emmentaler daruntermischen und mit Pfeffer und Paprika nachwürzen.
Zwei Drittel des Teiges auswallen und ein bebuttertes Kuchenblech damit belegen. Die Käsemasse daraufgeben. Am Rand 1 cm frei lassen, mit Wasser bestreichen. Aus dem restlichen Teig einen Deckel auswallen, diesen über die Käsemasse legen und am bestrichenen Teigrand andrücken. Den Deckel mit einer

scharfen Messerspitze halbmond- oder rautenförmig einritzen und mit Eigelb bestreichen. Im vorgeheizten Ofen bei guter Hitze etwa 40 Minuten backen. Der Kuchen muß schön goldbraun sein und soll möglichst heiß gegessen werden.

Tip Der Freiburger Vacherin läßt sich durch einen anderen aromatischen Halbweichkäse ersetzen.

oder mürber Quarkteig (s. S. 316)
100 g Freiburger Vacherin
100 g Roquefort
100 g Emmentaler
Pfeffer, Paprika
1 Eigelb
Butter für das Blech

Fonduta — die herrliche Käsesauce aus dem Piemont paßt ausgezeichnet zu Polenta.

Polentaschnitten mit Fonduta

Den Käse in kleine Stücke schneiden. In einen Topf geben. Mit Milch übergießen und mehrere Stunden (am besten über Nacht) stehenlassen. Die Polentaschnitten auf dem Grill braten. Unterdessen die Fonduta zubereiten.
Den Topf mit dem Käse in ein Wasserbad stellen, die Butter dazugeben und unter ständigem Rühren zu einer glatten Creme, die keine Fäden mehr zieht, schmelzen. Die Eigelbe, Stück um Stück, unter kräftigem Rühren beifügen, bis eine dicke, cremige Masse entsteht. Mit wenig Knoblauchsaft und Pfeffer abschmecken.
Die grillierten Polentaschnitten auf eine vorgewärmte Platte oder auf heiße Teller anrichten, mit der kochenden Fonduta übergießen und sofort servieren.

Tip Die Polentaschnitten können in der Pfanne gebraten oder im Ofen aufgebacken werden.

V Kann teilweise vorbereitet werden
Arbeitsaufwand: 20 Minuten
Kochzeit: 40 bis 45 Minuten
Kalorien: 656 kcal/2746 kJ je Person

Für 4 Personen
8 Polentaschnitten von etwa 8 cm Größe und 1 cm Dicke (s. S. 266)

Fonduta:
400 g Fontina-Käse
2 dl Milch
3 Eßl. Butter
3 Eigelb
1 Tropfen Knoblauchsaft
Frisch gemahlener weißer Pfeffer

Diese Champignonsauce läßt sich als Füllung für Pfannkuchen oder als Beilage zu gebackenem oder gedünstetem Gemüse verwenden.

Crêpes mit Champignonfüllung

V Kann vorbereitet werden
Arbeitsaufwand: 40 Minuten
Backzeit: 10 Minuten
Kalorien: 443 kcal/1854 kJ je Person

Für 4 Personen
40 g frische Butter
50 g Schalotten, gehackt
500 g Champignons
1 Teel. Paprika edelsüß
1 Eßl. weißer Portwein oder Sherry
½ dl Rahm
Salz, weißer Pfeffer
1 Teel. Schnittlauch, fein geschnitten
1 Teel. gehackter Majoran
Crêpeteig (s. S. 315)
2 Eßl. geriebener Käse (z. B. Greyerzer)
2 Eßl. eingesottene Butter (Butterschmalz) zum Backen der Pfannkuchen

Die Butter erwärmen, bis sie zerfließt. Die Schalotten zugeben und 5 Minuten unter Wenden dünsten. Die Champignons reinigen und in feine Scheibchen schneiden. Ebenfalls zugeben und mitdünsten, bis alle Flüssigkeit verdampft ist. Mit Paprika bestreuen und gut mischen.
Den Portwein oder den Sherry zugeben, etwas einkochen lassen, dann den Rahm beifügen. Weiterkochen, bis die Sauce sämig wird. Mit Salz und Pfeffer abschmecken und die Sauce mit den Kräutern mischen.
Aus dem Crêpeteig in der Butter kleine dünne Pfannkuchen backen. Mit Champignoncreme belegen und zusammenfalten oder einrollen. Die Crêpes auf einer Gratinplatte anordnen. Mit Käse bestreuen und im Ofen überbacken, bis der Käse schmilzt.

Tip Die Crêpes lassen sich zwischen zwei Tellern über dem Dampf warm halten. Sie sollten nicht zu lange überbacken werden, sonst wird der Teig der Pfannkuchen hart.

Warum Butter?

Am liebsten verwende ich, aus geschmacklichen Gründen, Butter für meine Gerichte.

Allerdings gibt es verschiedene Buttersorten, die ihre besonderen Eigenschaften haben:

Tafelbutter: Zum Vollenden von delikaten Saucen und zum Abschmecken von Gemüsen und Teigwaren, ferner für die Zubereitung von Kräuterbutter. Tafelbutter ist besonders fein im Geschmack.

Kochbutter: Zum Dünsten von Gemüse, zum Anziehen von Zwiebeln und Röstgemüse und für die Zubereitung verschiedener Teigsorten. Frische Butter, die nicht ganz den Anforderungen für Tafelbutter entspricht.

Bratbutter: In der Schweiz auch als «Gourmet-Butter» und eingesottene Butter bekannt, in Deutschland Butterschmalz oder klarifizierte Butter genannt. Sie erträgt so hohe Temperaturen wie Öl, vermittelt aber bereits beim Braten den Gerichten den erwünschten Buttergeschmack. Sie wird, im Gegensatz zur frischen Butter, beim Erhitzen nicht schwarz.

Getreide, zum Beispiel Grünkern, läßt sich gut mit Gemüse zu einem Eintopf kombinieren.

Gemüsetopf mit Grünkern

Den Grünkern über Nacht in kaltem Wasser einlegen. Die Zwiebeln in Ringe schneiden. Die Kohlrabi schälen, zuerst in Scheiben, dann in dünne Stäbchen schneiden. Die Karotte auf der groben Seite der Bircherraffel reiben.
Die Butter erhitzen. Zwiebeln und Kohlrabi zufügen und unter Wenden 2 bis 3 Minuten dünsten. Die Gemüsebouillon dazugießen. Den abgetropften Grünkern zufügen. Zugedeckt 15 Minuten kochen. Die geraffelte Karotte und die Erbsen je nach Garzustand des Gemüses noch 5 bis 8 Minuten weiterkochen. Mit Quark verfeinern, würzen und mit gezupften Kerbelblättern bestreuen.

Tip Grünkern läßt sich durch Naturreis ersetzen. Verlorene Eier passen gut zu diesem Gemüsetopf.

V Kann vorbereitet werden
Arbeitsaufwand:
20 Minuten
Kochzeit:
25 bis 30 Minuten
Kalorien:
231 kcal/967 kJ
je Person

Für 4 Personen
100 g Grünkern
2 Frühlingszwiebeln oder 1 Zwiebel
2 Kohlrabi
1 Karotte
1 Eßl. Butter
1 l Gemüsebouillon (s. S. 312)
150 g grüne Erbsen, enthülst (evtl. tiefgekühlt)
3 Eßl. Quark
Salz, Pfeffer, Muskatnuß
4 kleine Kerbelzweige

Rösti aus rohen Kartoffeln ist ebenfalls ausgezeichnet. Mit wenig Zutaten kann sie variiert werden.

Rohe Rösti

V Kann vorbereitet werden
Arbeitsaufwand:
10 Minuten
Bratzeit:
etwa 20 Minuten
Kalorien:
249 kcal/1042 kJ
je Person

Für 4 Personen
1 kg rohe Kartoffeln
2 Eßl. eingesottene Butter
Salz

Die Kartoffeln schälen und auf der Röstiraffel reiben oder mit dem Gemüsehobel in dünne Scheiben schneiden. Die Butter in einer großen Bratpfanne erhitzen. Die Kartoffeln mit wenig Salz mischen, in die Pfanne geben. Mit der Bratschaufel mehrmals wenden, dann zu einem Kuchen zusammendrücken. Kurz anbacken lassen, dann mit einem Suppenteller oder einem gut sitzenden Deckel decken. Bei kleiner Hitze weiterbraten, bis auf der Unterseite eine goldbraune Kruste enstanden ist (etwa 20 Minuten). Die Rösti auf eine runde Platte stürzen.

Tip Die Kartoffeln dürfen erst unmittelbar vor der Zubereitung geraffelt werden, damit sie sich nicht verfärben.

Variationen
- Einen Teelöffel gehackte Rosmarinnadeln zufügen.
- Die Rösti vor dem Zudecken mit geriebenem Schabziger (Kräuterkäse) bestreuen.
- Feingeschnittene Zwiebeln unter die Kartoffelscheiben mischen.

Als nahrhafte Beilage zu einem Gemüseteller hochwillkommen.

Kartoffelpfannkuchen

Die Kartoffeln in der Schale weich kochen, gut abtropfen und verdampfen lassen. Sofort schälen und noch warm durch die Passiermaschine treiben. Mit der heißen Milch zu einer festen Masse vermischen und abkühlen lassen. Dann das gesiebte Mehl und den Rahm beigeben. Die Eier nacheinander darunterarbeiten. Mit Salz, weißem Pfeffer und Muskatnuß würzen; etwa ½ Stunde ruhen lassen. Die Konsistenz des Teiges ist richtig, wenn er leicht fließt wie ein Omelettenteig. In der eingesottenen Butter kleine Pfannkuchen (etwa 15 cm Durchmesser) golden backen und heiß servieren.

Tip Diese Pfannkuchen eignen sich auch ausgezeichnet als Hauptgericht zu Salat (evtl. mit geriebenem Käse bestreut) oder zu Kompott.

V Kann vorbereitet werden
Kochzeit: 40 Minuten (im Schnellkochtopf 13 Minuten)
Backzeit: etwa 15 Minuten
Kalorien: 258 kcal/1079 kJ je Person

Für 6 Personen
500 g Kartoffeln
½ bis 1 dl Milch
3 bis 4 Eßl. Mehl
3 Eßl. Rahm oder Sauerrahm
6 Eier
Salz, weißer Pfeffer
Muskatnuß
2 bis 3 Eßl. eingesottene Butter

Die Frühkartoffeln

Kartoffeln gehören dank ihres günstigen Preises in unseren Breiten zu den Grundnahrungsmitteln und gelangen in den meisten Familien mehrmals in der Woche auf den Tisch, denn ihre Zubereitungsmöglichkeiten sind sehr vielseitig. Sie sind überdies ein sehr hochwertiges Lebensmittel, denn sie enthalten außerordentlich viel Vitamin C, hochwertiges Eiweiß und fast kein Fett; trotz ihres hohen Nährwertes enthalten sie nur 80 kcal je 100 g.

Botanisch gesehen gehören die Kartoffeln wie die Tomaten und die Peperoni zu den Nachtschattengewächsen. Die braune Knolle ist im Grunde genommen gar keine Frucht, sondern ein unterirdischer, verdickter Seitenzweig.

Bei der ersten Begegnung mit Frühkartoffeln auf dem Markt im Frühling bleibe ich standhaft: Es ist jetzt noch zu früh, um neue Kartoffeln zu kaufen. Aber schon beim dritten oder vierten Mal werde ich schwach und erstehe ein Kilogramm dieser Delikatesse. Jetzt gilt es nur, sie so zuzubereiten, daß ihr zarter Geschmack richtig zur Geltung kommt. Sie eignen sich weder für Rösti noch für Kartoffelstock. Auch ein Gratin gelingt nicht besonders gut, weil Frühkartoffeln Flüssigkeit (Rahm, Milch oder Bouillon) nur ungenügend aufsaugen. Aber zart gebrätelt, als «Gschwellti» mit einer frühlingshaften Kräuterquarksauce und sogar als Salzkartoffeln, mit wenig flüssiger Butter beträufelt, schmecken sie ganz köstlich.

Beim Einkauf sollten Sie unbedingt darauf achten, daß die Kartoffeln beim Ernten nicht beschädigt wurden. Möglichst gleichmäßig große Kartoffeln kaufen, die sich trocken und prall anfühlen.

Als Ergänzung zu einer reichhaltigen Gemüse- oder Salatplatte gedacht ist dieser Kartoffelgratin, der ganz leicht mit Bouillon oder gehaltvoller mit etwas mehr Rahm zubereitet werden kann.

Leichter Kartoffelgratin

V Kann vorbereitet werden (mit Ausnahme des Backens)
Arbeitsaufwand: 20 Minuten
Backzeit: 25 Minuten
Kalorien: 343 kcal/1435 kJ je Person

Für 4 Personen
750 g Kartoffeln
1 Knoblauchzehe
1 Eßl. eingesottene Butter
1 Eßl. frischer Majoran, gehackt
¼ l Gemüsebouillon
Salz, Pfeffer, Muskatnuß
¼ l Halbrahm

Die Kartoffeln schälen und in dünne Scheiben raffeln. Den Backofen auf 200 °C vorheizen. Eine flache Gratinplatte mit der angeschnittenen Knoblauchzehe ausreiben. Die Form mit Butter bestreichen. Die Kartoffeln in die Form geben, mit dem Majoran bestreuen und mit der Bouillon begießen. Mit Aluminiumfolie abdekken und auf der untersten Rille in den Backofen schieben. 25 Minuten schmoren lassen. Die Bouillon soll aufgesogen werden, die Kartoffeln dürfen aber nicht ganz gar sein. Den Rahm mit wenig Salz, Pfeffer und Muskatnuß abschmekken. Die Folie entfernen. Die Kartoffeln mit dem Halbrahm begießen und ungedeckt im oberen Drittel des Ofens überbacken, bis sich hellbraune Flecken bilden.
Den Gratin in der Form auf den Tisch bringen. Hübsch ist es auch, wenn man den Gratin in Portionen-Eierpfännchen backt und serviert.

Tip Man kann die Bouillon weglassen und den Gratin von Anfang an mit Rahm begießen. Er wird dadurch etwas üppiger, aber dafür noch feiner.

Variationen
- Die Kartoffelscheiben mit vorgedünsteten und gut ausgepreßten Spinatblättern oder Lauchstreifen mischen.
- Den Gratin vor dem Backen mit wenig Greyerzer bestreuen.

Eine besonders originelle Beilage zu Salaten oder Gemüseplatten, die — warm dazu serviert — ausgezeichnet schmeckt.

Roggenwaffeln

Die Butter bei Küchentemperatur weich werden lassen, dann mit Zucker und etwa ¼ Teelöffel Salz schaumig schlagen. Die Eier leicht verquirlen, zufügen und alles gut mischen. Das Mehl mit dem Backpulver mischen, zufügen und zu einem glatten Teig verarbeiten. Die Buttermilch, dann den Rahm langsam unter den Teig arbeiten. Den Wodka dazurühren. Das Waffeleisen erhitzen und mit Butter bestreichen. Eine kleine Schöpfkelle voller Teig auf das Eisen geben und goldbraune Waffeln backen. Die Waffeln mit einem Spatel abheben, flach legen und die einzelnen Waffeln voneinander trennen. Noch warm servieren.

Tip Diese Waffeln lassen einen einfachen Salat zu einer Vorspeise avancieren. Man kann auch Butter dazu servieren.

V Kann weitgehend vorbereitet werden
Arbeitsaufwand: 15 Minuten
Backzeit: 3 Minuten
Kalorien: 145 kcal/607 kJ je Person

Für rund 12 Waffeln
70 g Butter
1 Teel. Zucker
Wenig Salz
2 Eier
130 g Roggenmehl
½ Teel. Backpulver
2 dl Buttermilch
120 g Rahm
2 Eßl. Wodka (nach Belieben)
Eingesottene Butter für das Waffeleisen

Was ist ein Chutney?

Unter dieser Bezeichnung versteht man süß-saure, zu Konfitüre eingekochte Früchte oder Gemüse. Sie enthalten Essig, Zucker und Gewürze. Die Chutneys sind britische Spezialitäten, die von der indischen Küche inspiriert wurden. Ursprünglich wurden sie aus exotischen Früchten und Gemüsen zubereitet; heute werden sie auch aus hiesigen Produkten gekocht. Eine exotische Note erhalten sie durch Zugabe von Gewürzen, zum Beispiel Ingwer oder Curry. Ganz besonders gut schmeckt ein Chutney aus Auberginen, Tomaten, Zwiebeln, Trauben, Melonen oder Rhabarber. Für die Zubereitung sind der Phantasie keine Grenzen gesetzt.

Chutneys sind willkommene Beilagen auch für die vegetarische Küche, beispielsweise zu einem Curry, Gemüsesteaks oder gebratenen Tofuscheiben.

Dieses Chutney schmeckt ausgezeichnet zu einem Currygericht.

Rhabarber-Chutney

V Kann vorbereitet werden
Arbeitsaufwand: 25 Minuten
Kochzeit: 30 Minuten
Kalorien: 176 kcal/737 kJ je 100 g

Für etwa 1,2 kg
400 g Rhabarber
2 Orangen
2 Zitronen
⅛ l Weißweinessig
¼ l Wasser
450 g Zucker
1 Stück frische Ingwerwurzel (etwa 2 Eßlöffel, gerieben)
⅓ Zimtstange
2 Gewürznelken
40 g Rosinen
1 Messerspitze geriebene Muskatnuß

Den Rhabarber putzen und in ½ cm dicke Scheibchen schneiden. Orange und Zitrone schälen, vierteln und ebenfalls in Scheibchen schneiden. Dabei allfällige Kerne entfernen. Rhabarber und Früchte zusammen mit Essig und Wasser sowie 450 g Zucker in einer Pfanne zum Kochen bringen. Ingwerwurzel, Zimtstange und Gewürznelken in ein kleines Stücklein dünnen Stoff binden und mit den Rosinen zum Rhabarber geben. Die Muskatnuß darüberstäuben. Unter Rühren aufkochen lassen. Die Hitze reduzieren und leise weiterkochen lassen. Sobald das Chutney dicklich wird, vom Herd wegziehen. Es verfestigt sich noch zusätzlich während des Erkaltens.

Tip In einem Glas mit Schraubverschluß kann das Rhabarber-Chutney im Kühlschrank mehrere Wochen aufbewahrt werden. Selbstverständlich kann man es aber auch wie eine Konfitüre verschließen.

Manchmal hat man Lust auf ein süßes Nachtessen. Hier eine Art Gnocchi, die zur Abwechslung mit Mais zubereitet werden.

Süße Maisklöße

Die Milch mit 5 dl Wasser, Salz und dem Zukker zum Kochen bringen. Den Maisgrieß unter kräftigem Rühren einrieseln lassen. Die Temperatur reduzieren. Zitronenschale und Vanille-Extrakt beifügen und den Brei rund 40 Minuten ziehen lassen, bis er ziemlich dick ist. Zum Schluß das verquirlte Ei darunterrühren. Mit zwei immer wieder in Wasser getauchten Löffeln Klöße abstechen und auf die mit Alufolie belegte Arbeitsfläche legen. Etwas trocknen lassen. In einer möglichst bauchigen Pfanne Wasser zum Kochen bringen und die Klöße darin 4 bis 5 Minuten ziehen lassen. Mit einer Schaumkelle herausheben, in den Nüssen wenden und in eine flache Gratinform anordnen. Die Butter schmelzen (sie darf nicht braun werden) und über die Klöße träufeln. Rund 10 Minuten im vorgeheizten Backofen bei 220 °C überbacken.
Warm mit Kompott als süßes Nachtessen servieren.

Tips Instant-Mais kann ohne weiteres für dieses Gericht verwendet werden, was die Kochzeit erheblich verkürzt.
Die Klöße lassen sich im voraus kochen und nach dem Abtropfen bereits in Nüssen wenden. Danach braucht man sie nur noch zu überbakken.

V Kann teilweise vorbereitet werden
Arbeitsaufwand: 20 Minuten
Kalorien: 544 kcal/2277 kJ je Person

Für 4 Personen
5 dl Milch
1 Prise Salz
4 Eßl. Zucker
180 g Maisgrieß
Abgeriebene Schale von 1 Zitrone
1 Teel. Vanille-Extrakt
1 Ei
100 g geriebene Haselnüsse oder Mandeln
30 g frische Butter

Rhabarber… Rhabarber…

Bereits vor 4000 Jahren wurden die Wurzeln der Rhabarberpflanze medizinisch genutzt. Erst im 18. Jahrhundert aber entdeckten die Engländer die fleischigen Blattstiele für die Zubereitung von Pies und anderen Desserts. Wenn ich im Vorfrühling über den Markt gehe, freue ich mich immer sehr über die ersten, zarten rosafarbenen Stengel, von denen ich mich, trotz des noch hohen Preises, immer verführen lasse. Meistens gibt es dann ganz einfach ein Kompott. Wenn dann der Rhabarber kräftiger und billiger wird, bereite ich daraus einen Kuchen. Später erwacht die Lust am Experimentieren. Dann entstehen neue Desserts und Konfitüren oder auch, wie auf S. 84 zu sehen, etwas ausgefallenere Gerichte wie ein Chutney.

Geschmacklich am allerbesten und mildesten ist der rosafarbene Rhabarber. Die Stengel enthalten Fruchtsäuren, die Vitamine A und C, viele Mineralstoffe und vor allem Kalium. Die Rhabarberblätter dürfen nicht gegessen werden. Sie enthalten größere Mengen von Oxalsäure und andere Stoffe, die nicht bekömmlich sind. Beim Säubern der Stengel sollte man deshalb den Blattansatz großzügig wegschneiden.

Kochen sollte man Rhabarber in Edelstahl- oder Emailtöpfen, die gegen Säure unempfindlich sind.

Mit einem schönen Salat oder einer Gemüsesuppe voraus ein feines Nachtessen für groß und klein.

Delikater Rhabarbergratin

Den Rhabarber säubern, schälen und in etwa 3 cm lange Stücke schneiden. Mit 2 Eßlöffeln Wasser, Zucker und Zitronensaft langsam zugedeckt aufkochen. Die Rhabarberstücke sollen ganz bleiben und nur halbgar werden. Den Rhabarber abgießen. Den Saft wieder in die Pfanne geben und auf die Hälfte einkochen. Die Konfitüre durch ein Sieb streichen. Samt Orangenlikör oder Kirsch zufügen. Mit der Maisstärke verrühren und aufkochen, bis ein Sirup entsteht. Erkalten lassen. 2 Eßlöffel Rahm steif schlagen. Eine Gratinplatte oder 6 kleine Eierpfännchen mit Butter bestreichen.
Die Rhabarberstücke in die Form oder die Eierplättchen verteilen. Die Eigelbe mit 2 dl Rahm zu einer Creme schlagen. Mit dem vorbereiteten Sirup und dem steifgeschlagenen Rahm mischen. Diesen Guß über den Rhabarber verteilen. Etwa 15 Minuten bei 180 °C im Ofen bakken. Den Gratin mit dem Puderzucker bestreuen und bei starker Oberhitze noch einige Minuten gratinieren.
Den Gratin nach der Fertigstellung 15 bis 20 Minuten stehenlassen, damit er etwas abkühlt. Lauwarm in der Form auf den Tisch bringen.

Tip Für diesen Gratin nur eine flache Form oder Eierplättchen verwenden, damit die Creme gleichmäßig und rasch fest wird. Er soll nicht trocken werden und darf deshalb nicht zu fest stocken. Am besten nach 10 Minuten Backzeit mit einer Messerspitze prüfen, ob sich der Guß verfestigt hat.

V Kann vorbereitet werden
Arbeitsaufwand: 25 Minuten
Backzeit: 15 Minuten
Kalorien: 273 kcal/1142 kJ je Person

Für 6 Personen
1 kg zarter Rhabarber
4 Eßl. Zucker
1 Teel. Zitronensaft
2 Eßl. Erdbeerkonfitüre
2 Eßl. Orangenlikör oder Kirsch
1 Teel. Maisstärke
2 Eßl. Rahm
Butter für die Form
2 Eigelb
2 dl Rahm
2 Eßl. Puderzucker

Dieses köstliche Apfelgericht ist mehr als ein Dessert. Wird es als Hauptgericht serviert, erhöht man am besten die Menge der Zutaten.

Apfelbeignets mit Sabayon

V Kann teilweise vorbereitet werden
Arbeitsaufwand: 30 Minuten
Fritierzeit: 2 Minuten je Portion
Kalorien: 370 kcal/1548 kJ je Person

Für 4 Personen
150 g Mehl
1 Prise Salz
1 Eßl. Zucker
¼ l Apfel- oder Weißwein
4 Äpfel (Sorte, die nicht zerfällt, z. B. Jonathan, Idared, Glockenäpfel usw.)
2 Eigelb
3 Eiweiß
Öl zum Fritieren

Sabayon:
4 Eierschalenhälften Zucker
4 Eigelb
3 Eierschalenhälften Apfelsaft
1 Eierschalenhälfte Gravensteiner oder Calvados

Das Mehl in eine Schüssel sieben und mit Salz und Zucker mischen. Den Apfel- oder Weißwein und die verquirlten Eigelbe zugeben und alles zu einem glatten Teig verrühren. Mindestens 30 Minuten stehenlassen.
Die Äpfel schälen, halbieren, das Kernhaus entfernen und jede Hälfte in drei Schnitze schneiden. Für den Sabayon alle Zutaten im Wasserbad erwärmen und bei kleinster Hitze so lange schlagen, bis eine schaumige, feste Masse entsteht. Aus dem Wasserbad nehmen und beiseite stellen. Die Fritüre auf 180 °C erhitzen. Die Eiweiße steif schlagen und unter den Teig ziehen. Die Apfelschnitze einzeln hineintauchen, portionenweise (sie sollen sich nicht berühren) in die Fritüre geben und goldgelb ausbacken. Mit der Schaumkelle herausheben und bis zum Anrichten auf Küchenpapier legen.
Die Beignets und den Sabayon separat servieren.

Tip Eierschalenhälften sind vielleicht ein etwas ungewöhnliches Maß, aber für die Zubereitung von Sabayon gerade richtig, weil sich damit die Flüssigkeitsmenge nach der Eiergröße richtet. Es lohnt sich also, ein Ei sehr sorgfältig aufzuschlagen, damit zwei gleich große Schalenhälften entstehen. Als klassische Regel für Sabayon gilt immer: auf 1 Eigelb je 1 Schalenhälfte Zucker und Flüssigkeit. Der hier rezeptierte Sabayon hat einen herrlichen, ausgeprägten Apfelgeschmack.

Variation Wer es mag, kann die fertig ausgebackenen Apfelschnitze auch noch mit Zimtzucker bestreuen.

Sommer

Wer Gemüse liebt, hat jetzt seine helle Freude. Unsere Marktstände bieten einen herrlichen Anblick. Viele bunte, köstliche Gemüse und Früchte aus heimischem Anbau erleichtern uns die Wahl. In dieser Zeit wird das vegetarische Kochen zum Vergnügen. Bei den Salaten fängt es an, dann geht es weiter mit zarten Karotten, Kefen, Erbsen, Kohlrabi, Tomaten und Zucchetti. Kräftig riechendes Basilikum und viele andere Kräuter verlocken uns zum Ausprobieren neuer Gerichte. Am liebsten möchte ich dann von allem kaufen . . .
Der Sommer ist eine Zeit für kulinarische Freuden, für leichte Gerichte, deren Zubereitung unkompliziert ist — dank den guten Gemüsen, die in voller Reife stehen. Dazu gesellen sich saftige Beeren, Kirschen, Aprikosen und Pfirsiche, die ein leichtes Menü vorteilhaft abrunden.

Salate und kleine Vorspeisen

Blumenkohlsalat — zur Abwechslung warm serviert.

Blumenkohlsalat nach holländischer Art

Den Blumenkohl in kleine Röschen teilen. In Salzwasser oder auf dem Sieb über dem Dampf 8 Minuten garen.
Quark und Joghurt gut verrühren. Mit Zitronensaft, Salz, Pfeffer und Cayennepfeffer pikant abschmecken. Den Rahm dazumischen. Den gut abgetropften Blumenkohl anrichten und die Sauce darübergeben, solange er noch warm ist. Einige Salatblätter auf Teller verteilen, den Blumenkohl darauf anordnen und mit Petersilie bestreuen. Mit Zitronenschnitzen garnieren.

Tip Im Dampf gegart schmeckt der Blumenkohl besonders gut.

Variationen
- 1 Teelöffel Curry zur Sauce geben.
- Die Sauce mit wenig Ketchup und Cognac abschmecken.

V Kann vorbereitet werden
Arbeitsaufwand: 15 Minuten
Garzeit: 8 Minuten
Kalorien: 89 kcal/372 kJ je Person

Für 4 Personen
1 mittelgroßer Blumenkohl (etwa 700 g)
1 ½ l Wasser
Saft von ½ Zitrone

Sauce:
1 Eßl. Magerquark
5 Eßl. Joghurt nature
Saft von ½ Zitrone
Salz, Pfeffer
2 Prisen Cayennepfeffer
½ Eßl. Rahm
Einige Salatblätter
3 Eßl. gehackte Petersilie
1 Zitrone als Garnitur

Brokkoli oder grüner Spargelkohl

Der Brokkoli soll ein Vorfahre unseres Blumenkohls sein. Er ist diätetisch wertvoller als sein blasser Nachkomme, hat er doch einen hohen Karotingehalt und enthält sehr viel Vitamin C und Mineralstoffe. In Italien gibt es auch blauen Brokkoli, der ab und zu auch bei uns angeboten wird. Geschmacklich ist zwischen den beiden Sorten kein Unterschied festzustellen.

Blumenkohlsalat
mit
Brokkoli

Brokkoli ist ein weiteres Gemüse, das aus Italien durch Maria de' Medici nach Frankreich kam! In der Regel wird der Brokkoli ähnlich wie Blumenkohl zubereitet. Und was viele nicht wissen: Die Stengel können mitgegessen werden. Man kann sie auch ganz garen und wie Spargel servieren.

Brokkoli ist in letzter Zeit etwas zu oft als Garnitur in Restaurants serviert worden, und man hat sich daran etwas satt gesehen. Sehr zu Unrecht finde ich. Die wegen ihrer Farbe sehr beliebten Röschen sollten aber vermehrt als richtige Beilage serviert werden. Gerade in der vegetarischen Küche lassen sie sich mit kleinen Zutaten unendlich variieren, zum Beispiel mit grobgehackten Nüssen und wenig schäumender Butter übergossen, mit etwas Käse gratiniert oder mit einer leichten Sauce hollandaise angerichtet.

Dieser Blumenkohlsalat ist besonders attraktiv, weil er mit den schönen grünen Brokkoliröschen gemischt wird.

Blumenkohlsalat mit Brokkoli

Den Blumenkohl in kleine Röschen teilen. Von den Brokkoli die Röschen abschneiden. Die Brokkolistengel in kleine Scheiben schneiden. Die Gemüse gut waschen und auf einen Siebaufsatz geben. Einen passenden Topf halbhoch mit Wasser füllen, aufkochen, den Siebaufsatz daraufstellen und die Gemüse zugedeckt 6 Minuten garen.

Für die Sauce den Senf, den Essig und das Öl gut verrühren. Den sauren Halbrahm zufügen und mit Salz und Pfeffer abschmecken.

Die Röschen anrichten und noch warm mit der Sauce begießen. Mit Estragon bestreuen und sofort servieren.

Tip Dieser Salat schmeckt am besten, wenn die Gemüseröschen noch lauwarm sind.

V Kann vorbereitet werden
Arbeitsaufwand: 20 Minuten
Kochzeit: 6 Minuten
Kalorien: 121 kcal/506 kJ je Person

Für 4 Personen
1 kleiner Blumenkohl (etwa 400 g)
400 g Brokkoli
1 Teel. scharfer Senf
1 Eßl. Weißweinessig
1 Eßl. Speiseöl
100 g saurer Halbrahm
1 Teel. Estragon, frisch gehackt
Salz, Pfeffer

Der Blumenkohl — eine bekömmliche Blüte

Schon früh bekannt bei den Arabern, Römern und Griechen, fand der Blumenkohl über Italien den Weg nach Frankreich. Nachdem Ludwig XIV. an diesem Gemüse Gefallen gefunden hatte, wurde es in Frankreich (vor allem in der Bretagne) angebaut. Bei uns ist der Blumenkohl die wichtigste Kohlart. Seine Saison reicht vom Frühsommer bis Ende Oktober.

Der «Kopf» dieses Gemüses besteht aus fleischigen, dicht aneinandergereihten weißen Röschen, die von grünen, knackigen Blättern eingerahmt und gedeckt werden.

Beim Kauf muß darauf geachtet werden, daß die Röschen weiß, fest und enggeschlagen sind. Die Blätter sollen noch knackig frisch sein. Blumenkohl, der ohne Blätter angeboten wird, ist meist alt.

Blumenkohl ist besonders kalorienarm (30 kcal je 100 g) und enthält Schwefel, Kalium, Eisen und verschiedene Vitamine. Er ist das bekömmlichste Mitglied der ganzen Kohlfamilie. Zum Säubern legt man ihn am besten in leichtes Salzwasser, damit eventuell zwischen den Röschen verstecktes Ungeziefer herauskommt.

Beim Kochen entsteht ein starker Kohlgeruch, der im Schnellkochtopf gemindert werden kann. Nach einem Großmutterrezept kann man dem Kochsud ein Stück altbackenes Brot mit Rinde (Anschnitt) zufügen, welches den Geruch binden soll. Einige Tropfen Zitronensaft erhalten die Röschen weiß.

In Italien und Frankreich kennt man schon längere Zeit Blumenkohl mit grünen (Romanesco) oder violetten Röschen. Diese Sorten tauchen neuestens auch bei uns auf, zum Teil aus heimischem Anbau. Besser finde ich diese Varianten nicht. An einer Rahm- oder Käsesauce zubereitet sehen sie allerdings wegen ihrer Farbe attraktiver aus.

Ein Lauchsalat, der als kleine Vorspeise paßt.

Einfacher Lauchsalat

Den Lauch reinigen und in ½ cm dicke Rädchen schneiden. Mit der Milch in einen Topf geben und aufkochen, dann in ein Sieb abgießen. Essig mit Salz und Pfeffer verrühren und mit dem Öl und den Kräutern mischen. Den noch warmen Lauch mit der Sauce sehr gut vermengen. Eine Stunde bei Küchentemperatur ziehen lassen.

Tip Man kann diesen Salat mit hartgekochten oder verlorenen Eiern bereichern.

V Kann vorbereitet werden
Arbeitsaufwand: 15 Minuten
Kochzeit: 5 Minuten
Kalorien: 140 kcal/586 kJ je Person

Für 4 Personen
800 g zarter Lauch
2 dl Milch
3 Eßl. Weißweinessig
Salz, Pfeffer
⅛ l Sonnenblumenöl
2 Eßl. gehackte Kräuter (Majoran, Kerbel, Schnittlauch)

Gurkensalat — auf diese Art zubereitet — ist knackig und fein zugleich.

Gurkensalat an Kerbelsauce

Die Gurke fein abschälen. Mit dem Kartoffelschälmesser von der Gurke längs dünne Streifen abschälen, bis die Kerne zum Vorschein kommen. Die Gurkenstreifen mit wenig Salz bestreuen und 5 Minuten ruhen lassen. Inzwischen den Senf mit dem durchgepreßten Knoblauch und dem Rahm gut verrühren. Die Gurkenstreifen mit der Sauce und dem Kerbel mischen. Mit Salz, Pfeffer und wenig Zitronensaft abschmekken.

Tip Am besten läßt man die Gurkenstreifen mit Salz bestreut liegen und mischt sie erst vor dem Servieren mit der Sauce. Sollten die Gurken zuviel Flüssigkeit abgeben, kann man sie vor dem Mischen etwas auspressen.

Variationen

- Rahmsauce durch Essig und Öl ersetzen.
- Kerbel und Senf weglassen. Dafür mehr Knoblauch und, nach Belieben, einen Eßlöffel geschälte, gemahlene Mandeln zufügen.

V Kann vorbereitet werden
Arbeitsaufwand: 10 Minuten
Kalorien: 55 kcal/230 kJ je Person

Für 4 Personen
1 große Gurke
Salz, weißer Pfeffer
½ Teel. scharfer Senf
1 Knoblauchzehe
3 Eßl. Doppelrahm oder saurer Halbrahm
2 Eßl. frischgehackter Kerbel
1 bis 2 Teel. Zitronensaft

Grüne Bohnen schmecken auch als Salat sehr gut und lassen sich mit anderen saisonalen Gemüsen kombinieren.

Bohnensalat mit Champignons

V Kann vorbereitet werden
Arbeitsaufwand: 20 Minuten
Kochzeit: 20 bis 30 Minuten (im Schnellkochtopf nur 7 bis 10 Minuten)
Kalorien: 202 kcal/845 kJ je Person

Für 4 Personen
250 g grüne Bohnen
12 frische Champignons
Saft von ½ Zitrone
2 reife Tomaten oder 6 Cherrytomaten
4 große Kopfsalatblätter
½ Teel. scharfer Senf (Dijon)
Pfeffer aus der Mühle
Salz
1 bis 1½ Eßl. italienischer Rotweinessig
6 Eßl. kaltgepreßtes Olivenöl
1 Teel. gehacktes Bohnenkraut
1 Prise Origano oder Estragon
1 Knoblauchzehe
1 Eßl. feingehackte Zwiebeln

Die Bohnen fädeln, waschen und in einen Topf geben. Mit kochendem Salzwasser bedecken und knapp weich kochen (20 bis 30 Minuten, je nach Sorte). Die Bohnen abgießen und ins kalte Wasser legen. Die Champignons säubern, in eine Schüssel legen und mit Zitronenwasser bedecken. Die Tomaten in Achtel schneiden. Die Salatblätter waschen und gut abtropfen lassen. Für die Sauce Salz, Senf und viel Pfeffer aus der Mühle mit dem Essig verrühren. Das Öl nach und nach zufügen. Die Kräuter und den durchgepreßten Knoblauch dazugeben und zuletzt mit den Zwiebeln mischen. 30 Minuten vor dem Essen die Bohnen mit der Sauce gut vermengen und bei Küchentemperatur stehenlassen. Die Champignons kurz vor dem Servieren scheibeln und unter die Bohnen mischen. Mit den Tomaten garnieren.

Tip Beim Kochen im Salzwasser bleiben die Bohnen fest und behalten ihre grüne Farbe, was durch das rasche Abkühlen noch unterstützt wird.

Variationen

- Die südliche Salatsauce durch eine gewürzte Joghurtsauce ersetzen (s. S. 300).
- Grüne und gelbe Bohnen mischen und nur Tomaten als Garnitur verwenden. In diesem Fall die Champignons weglassen.
- Streifen von geschälten roten Peperoni (Paprikaschoten) unter den Salat ziehen. Garnitur weglassen.

Ein orientalischer Salat, der sich, zusammen mit Gemüse-Hors-d'œuvres serviert, auch auf einem kalten Buffet sehr gut ausmacht.

Taboulé

Den Couscous-Grieß in eine Schüssel geben. ¼ Teelöffel Salz in ¼ l lauwarmem Wasser auflösen. Über den Grieß verteilen und gut umrühren.
Die Körner zwischen den Händen reiben, bis keine Klümpchen mehr vorhanden sind. 10 Minuten aufquellen lassen. Den feuchten Couscous-Grieß in ein feines Sieb geben und über dem Dampf zugedeckt eine Stunde aufquellen lassen.
Die Tomaten kurz in heißes Wasser tauchen, schälen, halbieren, entkernen und sehr klein würfeln. Die Pfefferminzblätter und die Petersilie nicht hacken, sondern mit der Schere sehr fein schneiden. Mit dem Couscous-Grieß gut mischen. Den Peperone halbieren, entkernen und in winzig kleine Würfel schneiden. Mit den feingeschnittenen Zwiebeln unter den Grieß mischen. Zitronensaft und Olivenöl über das Gericht verteilen, alles gut durchmischen und mit Salz und Pfeffer abschmecken.
Vor dem Servieren eine Stunde ziehen lassen.

Tip Couscous-Grieß wird unter dieser Bezeichnung in Packungen angeboten. Es ist nichts anderes als feines Weizenschrot. Das Gericht mit einigen blassen Pfefferminzblättern garnieren.

Variationen
- Goldhirse in Gemüsebouillon kochen, abgießen und erkalten lassen und auf die gleiche Art zubereiten.
- Den Peperone durch feingeschnittene schwarze Oliven ersetzen.

V Kann vorbereitet werden
Arbeitsaufwand:
Koch- und Quellzeit:
70 Minuten
Kalorien:
542 kcal/2269 kJ
je Person

Für 4 Personen
250 g Couscous-Spezialweizengrieß
3 Frühlingszwiebeln mit Grün oder Schalotten
3 große reife Tomaten
1 Sträußchen frische Pfefferminzblätter
1 Sträußchen flachblättrige Petersilie
1 grüner Peperone
Saft von
1 ½ bis 2 Zitronen
⅛ l kaltgepreßtes Olivenöl
Salz, Pfeffer
aus der Mühle

Basilikummousse

V Kann vorbereitet werden
Arbeitsaufwand: 20 Minuten
Kochzeit: 10 bis 15 Minuten
Kühlzeit: 3 bis 4 Stunden
Kalorien: 205 kcal/858 kJ je Person

Für 4 Personen
3 Blatt Gelatine
40 g Basilikumblätter
40 g Petersilie
1 Eßl. gehackte Zwiebeln
1 Eßl. Butter
2 dl Bouillon
2 dl Rahm
Salz, Pfeffer
1 Teel. Zitronensaft

Die Gelatine in kaltes Wasser einlegen. Basilikumblätter und Petersilie mit den Zwiebeln in Butter dünsten. Die Bouillon dazugießen und zugedeckt fünf Minuten kochen. 1 dl Rahm beifügen und weiterkochen lassen, bis die Masse sämig wird. Im Mixer 2 bis 3 Minuten sehr fein pürieren. Mit Salz, Pfeffer und Zitronensaft abschmecken.
Die Gelatine auspressen und in die noch heiße Masse rühren. Auskühlen lassen. 1 dl Rahm steif schlagen und darunterziehen.
3 bis 4 Stunden kühl stellen.
Vor dem Servieren die Form kurz in heißes Wasser tauchen und die Mousse stürzen. Mit einem heißen Messer je nach Form in Scheiben oder kuchenartig in Schnitze schneiden. Mit Toast und Butter servieren.

Tip Anstelle von Basilikum kann Estragon verwendet werden.

Tomaten «en miniature»

Die bis vor kurzem raren Cherrytomaten finden wir nun im Gemüsegeschäft und in großen Lebensmittelabteilungen. Bereits im 5. Jahrhundert waren den Peruanern diese dekorativen Früchte bekannt. Die Cherrytomaten wachsen auf bis zu zwei Meter hohen Spalierbäumchen an langen Rispen, die bis zu 50 Tomätchen tragen. Weil die Cherrytomaten in Gewächshäusern sehr gut gedeihen, sehr klein und anspruchslos in der Pflege sind, ist ihr Ertrag meist relativ groß.

Die Kleinfrüchte sind sehr attraktiv und eignen sich vor allem zum Garnieren von Salaten und Gerichten aller Art. Kulinarisch gesehen bedeuten sie aber mehr als bloße Garnitur, weil ihr Aroma fein und gleichzeitig fruchtig ist.

Weil sie geschmacklich sehr oft besser sind als große Tomaten, verwende ich sie ab und zu auch als Beilage: Die Cherrytomaten vierteln und in wenig Olivenöl rasch anziehen lassen, mit Salz und Pfeffer bestreuen und ohne Beigabe von Kräutern oder anderen Gewürzen auf einen Gemüseteller, zu Gemüsesteaks oder auf einem einfachen Risotto servieren.

Ein originelles «Amuse-bouche» zum Aperitif.

Cherrytomaten mit Auberginenkaviar

V Kann vorbereitet werden
Arbeitsaufwand: 30 Minuten
Backzeit: 1 Stunde
Kalorien: 140 kcal/586 kJ je Person

Für 4 Personen
500 g Auberginen
12 bis 16 Cherrytomaten oder 4 bis 8 mittelgroße Tomaten
3 Basilikumblätter
3 Knoblauchzehen
4 Eßl. Olivenöl, kalt gepreßt
1 Teel. Zitronensaft
Salz, Pfeffer

Ein Backblech mit Aluminiumfolie auskleiden. Den Stielansatz der Auberginen entfernen und die Früchte längs halbieren. Die Folie mit wenig Öl bestreichen und die Auberginenhälften mit der Schnittfläche nach unten darauflegen. Bei 150 °C langsam eine Stunde schmoren lassen. Das Auberginenfleisch sollte ganz weich werden. Dieses mit einem kleinen Löffel aus den Schalen kratzen.
Von den kleinen Tomaten einen Deckel abschneiden. Die Früchte aushöhlen und das Tomatenfleisch aufheben. Das Ausgehöhlte gut auspressen und mit dem Auberginenfleisch sowie dem Basilikum im Mixer pürieren. Den Knoblauch durchpressen und mit Olivenöl und Zitronensaft dazumischen. Mit Salz und Pfeffer abschmecken. Das Püree in die vorbereiteten Tomaten einfüllen und den Deckel wieder aufsetzen.

Tip Diese Tomaten passen auch zum Gemüse-Hors-d'œuvre (s. Abb. S. 178 f.).

Variationen
- Der Auberginenkaviar kann auch in doppelter Menge zubereitet und als Gericht mit Toast und Butter serviert werden.
- Der Knoblauch kann durch gehackte Zwiebeln ersetzt werden.
- Kleine Semmelscheiben mit Butter bestreichen, im Ofen toasten, mit dem Auberginenkaviar belegen und kurz im Ofen überbacken. Heiß zu einem Gemüseteller servieren.

Eine kleine, raffinierte Vorspeise oder Beilage, die auf einem Hors-d'œuvres-Buffet oder auf einem Salatteller serviert werden kann.

Tomatenmousse

V Kann vorbereitet werden
Arbeitsaufwand: 30 Minuten
Kühl stellen: 2 bis 3 Stunden
Kalorien: 312 kcal/1306 kJ je Person

Für 4 Personen
4 Blatt Gelatine
500 g Tomaten
2 Eßl. gehackte Zwiebeln
4 Eßl. Butter
1 Eßl. Tomatenpüree
Salz
1 Prise Cayennepfeffer
1 Prise Zucker
1 Teel. Zitronensaft
6 Basilikumblätter
2 dl Rahm

Die Gelatine in kaltes Wasser einlegen. Die Tomaten einige Sekunden in siedendes Wasser tauchen, schälen, halbieren und die Kerne auspressen.

Die Zwiebeln in der Butter anziehen lassen. Das Tomatenpüree dazugeben und kurz mitdünsten. Die Tomaten kleinschneiden, beifügen und verkochen lassen. Salz, Cayennepfeffer, Zucker und Zitronensaft dazugeben. Im Mixer pürieren. Die Gelatine auspressen und mit dem Basilikum daruntermischen. In den Kühlschrank stellen. Wenn die Masse fest zu werden beginnt, den steifgeschlagenen Rahm darunterheben. Die Mousse 2 bis 3 Stunden fest werden lassen. Mit einem in heißes Wasser getauchten Löffel aus der Tomatenmousse eiförmige Klöße ausstechen und dazulegen. Nach Belieben mit einem Basilikumblatt garnieren.

Tip Toast und Butter dazu servieren und evtl. mit kleinen Tomatenröschen garnieren. Man sollte für dieses Gericht nur reife, fleischige Tomaten verwenden.

Variation Basilikum durch einen Eßlöffel Kirsch ersetzen.

Tomaten- und
Petersilienmousse

Dieser gekühlte Tomatencocktail ersetzt ein Sorbet, das zwischen zwei Gänge eingeschoben wird. Er ist besonders erfrischend, originell und erst noch ganz einfach in der Zubereitung.

Tomatencocktail

V Kann vorbereitet werden
Arbeitsaufwand:
10 Minuten
Kalorien:
41 kcal/171 kJ
je Person

Für 4 Personen
500 g reife Tomaten
2 Limetten
1 Teel. Worcestershiresauce
1 Prise Zucker
Salz, weißer Pfeffer
1 Prise Cayennepfeffer
4 Teel. Kirsch
4 Basilikumblätter zum Garnieren

Die Tomaten kurz in heißes Wasser tauchen, dann kalt abspülen und schälen. Die Tomaten halbieren, die Kerne entfernen, auspressen, kleinschneiden und in den Mixer geben. Den Saft einer Limette, Worcestershiresauce und Zucker zufügen und alles zusammen fein pürieren. Das Püree mit Salz, Pfeffer, Cayennepfeffer und Kirsch abschmecken. 1 bis 2 Stunden kalt stellen, 4 schöne Kelchgläser ebenfalls in den Kühlschrank geben. Den Cocktail vor dem Servieren in die Gläser verteilen. Mit einer Limettenscheibe und einem Basilikumblatt garnieren.

Tip Im Winter kann man geschälte Tomaten aus der Dose verwenden. Sollten die Tomaten etwas zuwenig Geschmack haben, kann man den Cocktail zusätzlich mit etwas Ketchup abschmecken. In diesem Fall etwas mehr Cayennepfeffer beifügen.

Knackig frische Gemüsestengel zum Eintauchen in originelle, moderne Saucen — etwas für den Apéro oder als sommerliche Vorspeise.

Gemüse mit Dip-Saucen

V Kann vorbereitet werden
Arbeitsaufwand:
20 Minuten
(plus Zubereitungszeit der Saucen)

Für 8 Personen
2 Zucchetti
oder 1 Gurke
1 Bund Stangensellerie

Die Gemüse säubern und in Stengelchen schneiden. In hohe Gläser anrichten und mit den Saucen auf den Tisch stellen. Jeder Tischgast nimmt davon, was ihm gefällt, und taucht die Stengelchen in die Sauce.

Tips Zum Rohessen nur sehr frisches, tadelloses Gemüse verwenden, denn je kürzer die Zeit zwischen Ernte und Konsum, um so besser der Geschmack und größer der Vitamingehalt

Vorbereitetes Gemüse keinesfalls im Wasser liegenlassen, damit es frisch bleibt, sonst geht eine ganze Menge der kostbaren Vitamine verloren.
Am besten ist es, wenn das Gemüse erst kurz vor dem Servieren zugeschnitten wird, denn an den Schnittflächen gehen die Vitamine und Nährstoffe verloren.
Falls das Gemüse im voraus zubereitet werden muß, ist es nötig, daß es mit Klarsicht- oder Aluminiumfolie zugedeckt wird, damit es nicht austrocknen kann.
Dünne Avocadoschnitzchen sofort mit Zitronensaft beträufeln.
Aus Radieschen entstehen dekorative Blümchen, wenn sie mit einem scharfen Messer auf beliebige Weise eingeschnitten und dann (ausnahmsweise!) in kaltes Wasser gelegt werden.

Variationen Als Vorspeise serviert sehen die Gemüse sehr attraktiv aus, wenn man sie ungeschnitten, das heißt nur gewaschen als Sträuße in Körbe anrichtet. Jeder Gast schneidet sich ab, was ihm gefällt. Die Auswahl kann durch Tomaten, Champignons, hartgekochte Eier usw. erweitert werden.

4 Karotten
1 großer Rettich
300 g Blumenkohlröschen
Avocadoschnitze
Radieschen
Andere saisonale Gemüse

Mehrere Dip-Saucen
Kalorien:
etwa 372 kcal/1557 kJ
je Person

Cocktailsauce mit Mascarpone

Die Mayonnaise mit dem Mascarpone, dem Tomatenpüree und dem Ketchup gut verrühren. Den Cognac darunterziehen und den Dip mit Salz, Pfeffer und Cayennepfeffer pikant abschmecken.

Tip Wenn Kalorien eine Rolle spielen, Mascarpone durch Magerquark ersetzen!

Für 8 Personen
100 g Mayonnaise
100 g Mascarpone
2 Eßl. Ketchup
1 Eßl. Cognac
1 Eßl. Zitronensaft
Salz, Pfeffer, Cayennepfeffer
Kalorien:
134 kcal/560 kJ
je Person

Quark mit Zwiebeln und Paprika

Die Zwiebel fein hacken. Den Rahmquark mit dem Senf und dem Paprika gut mischen. Die Zwiebel darunterziehen und mit Salz und Pfeffer abschmecken.

Tip Wer den Dip etwas feurig liebt, kann mit scharfem Paprika oder Cayennepfeffer noch etwas nachwürzen.

150 g Rahmquark
1 kleine Zwiebel, fein gehackt
1 Teel. Dijon-Senf
1 Mokkal. Paprika, edelsüß
Salz, Pfeffer
Kalorien:
178 kcal/745 kJ
je Person

Meerrettichquark

1 großes Stück Meerrettich
1 dl Rahm
150 g Quark
½ Teel. Senf
1 Prise Zucker
Salz, Pfeffer

Den Quark mit dem Senf gut verrühren. Den Meerrettich auf der feinen Seite der Bircherraffel reiben. Den Rahm steif schlagen. Den Quark zuerst mit dem Meerrettich mischen, dann den steifgeschlagenen Rahm darunterziehen. Mit Zucker, Salz und Pfeffer abschmecken.

Tip Man kann auch ½ geschälten, feingeriebenen Apfel unter diesen Dip ziehen.

Schnittlauchsauce

200 g Quark
1 dl Sauermilch
1 Bund Schnittlauch, geschnitten
Salz, Pfeffer
Kalorien:
47 kcal/196 kJ
je Person

Den Quark schaumig rühren. Mit der Sauermilch mischen. Den Schnittlauch fein schneiden und unter die Sauce ziehen. Mit Salz und Pfeffer abschmecken.

Tip Anstelle von Sauermilch kann man auch sauren Halbrahm verwenden. Die Sauce wird dadurch feiner.

Kräuterquark

150 g Quark
2 Eßl. Joghurt
Gehackte Kräuter nach Belieben (Schnittlauch, Petersilie, Kerbel, Dill, Sauerampfer)
Kalorien:
33 kcal/138 kJ
je Person

Quark und Joghurt gut verrühren. Die gehackten Kräuter beimischen und gut würzen.

Tip Der einfachste und schnellste aller Dips: Sauermilch oder sauren Halbrahm mit etwas Senf, feingehackter Zwiebel und Salz und Pfeffer vermischen.

Pikanter Quark

150 g Quark
50 g Cornichons, in kleine Würfel geschnitten
10 schwarze Oliven, entsteint und in Streifen geschnitten
1 Eßl. Kapern
2 Eßl. rote, gehackte Peperoni oder Peperoncini
Salz, Pfeffer
1 Teel. Zitronensaft
Kalorien:
35 kcal/146 kJ
je Person

Die Cornichons in kleine Würfel schneiden. Die Oliven entsteinen und in feine Streifen schneiden. Große Kapern halbieren. Peperoni oder Peperoncini ganz klein würfeln. Den Quark verrühren. Alle Zutaten dazumischen. Mit Salz, Pfeffer und Zitronensaft abschmecken.

Warme Vorspeisen und Kleingerichte

Zucchetti auf Blätterteig

Den Blätterteig ½ cm dick auswallen. 8 rautenförmige Rechtecke schneiden (etwa 5 cm Seitenlänge). Auf ein kalt abgespültes Blech legen und in den Kühlschrank stellen. Tomaten kurz in kochendes Wasser tauchen, schälen, halbieren, etwas auspressen und in Stücke schneiden. Mit grobgeschnittener Zwiebel in der eingesottenen Butter ziehen lassen, bis sie zerfallen. 2 Knoblauchzehen, Petersilie, 8 Basilikumblätter, Fenchelkraut und Lorbeerblatt mitkochen. Die Tomaten durch ein feines Sieb passieren. Das erkaltete Püree mit Salz, Koriander und Pfeffer abschmecken. Mit Weißwein in ein kleines Pfännchen geben. Langsam eindicken lassen. Zucchetti ungeschält in Stäbchen schneiden (etwa wie Pommes frites). In der restlichen eingesottenen Butter anziehen lassen. Unter Wenden auf mittlerem Feuer leicht braten, bis sie knapp gar sind. Mit Salz, Pfeffer, restlichem gehacktem Basilikum und durchgepreßtem Knoblauch würzen. Die Blätterteigrechtecke mit Eigelb bestreichen und mit Sesamsamen bestreuen. Im Backofen 7 bis 8 Minuten bei 250 °C goldgelb backen. Die Tomatensauce auf 4 Teller gießen. Die Zucchetti darauf verteilen. Mit je 2 Blätterteigrechtecken garnieren.

Tip Es lohnt sich, etwas mehr Tomatensauce (Coulis de tomates) herzustellen. Sie läßt sich einige Tage im Kühlschrank aufbewahren oder in Bülacher Flaschen heiß einfüllen und konservieren.

Variation Gurken oder Auberginen auf diese Art zubereiten.

V Kann weitgehend vorbereitet werden
Arbeitsaufwand:
20 Minuten
Backzeit:
7 bis 8 Minuten
Kalorien:
340 kcal/1423 kJ
je Person

Für 4 Personen
200 g Blätterteig
1 kg schöne, sehr reife Tomaten
1 große Zwiebel
2 Eßl. eingesottene Butter
3 Knoblauchzehen
2 bis 3 Zweiglein Petersilie
8 bis 10 Basilikumblätter
1 Zweiglein Fenchelkraut
1 Lorbeerblatt
Salz, schwarzer Pfeffer aus der Mühle
1 Prise Koriander
4 Eßl. Weißwein
500 g kleine, zarte Zucchetti
1 Eigelb
1 Eßl. Sesamsamen

Diese lecker aussehende Vorspeise wird besonders gut, wenn man kleine, zarte Zucchetti dazu verwenden kann.

Gefüllte Zucchetti

V Kann vorbereitet werden
Arbeitsaufwand: 20 Minuten
Kochzeit: 5 Minuten
Backzeit: 10 Minuten
Kalorien: 253 kcal/1059 kJ je Person

Für 4 Personen
4 kleine Zucchetti (etwa 600 g)
1 Eßl. Butter
1 dl Gemüsebouillon
500 g frischer Spinat (oder 350 g tiefgekühlter)
200 g Ricotta
1 Ei
Salz, Pfeffer, Muskatnuß
1 Knoblauchzehe, durchgepreßt
2 Salbeiblätter
50 g Parmesan, frisch gerieben
1 Eßl. Olivenöl
Butter für die Form

Die Zucchetti halbieren und mit einem Apfelausstecher vom Stielansatz her aushöhlen. Butter erhitzen, die halben Zucchetti rasch darin anziehen lassen, Bouillon zufügen und zugedeckt etwa 3 Minuten garen.
Den Spinat säubern, in einen Topf geben und ohne Wasser erhitzen, bis die Blätter zusammenfallen, dann gut abtropfen lassen, ausdrükken und mit dem Wiegemesser hacken.
Ricotta mit dem Ei und dem Spinat gut mischen. Mit Salz, Pfeffer, Muskatnuß und den gehackten Salbeiblättern und Knoblauch abschmekken. Eine Gratinplatte mit Butter bestreichen. Die Zucchetti darauf anordnen. Die Füllung in einen Dressiersack geben und die Zucchetti damit füllen. Etwas Kochsud zufügen und 10 Minuten bei 200 °C garen. Mit Parmesan bestreuen, mit Olivenöl beträufeln und 5 bis 10 Minuten bei Oberhitze überbacken.

Tip Bei Verwendung von größeren Zucchetti diese ungeschält in etwa 4 cm lange Stücke schneiden und so aushöhlen, daß 1 cm dicke Wände und ein Boden stehenbleiben.

Variation Ricotta durch Rahmquark ersetzen.

Zucchini oder Zucchetti?

In der Schweiz ist die Bezeichnung Zucchetti gebräuchlich. In Deutschland und in Italien nennt man die länglichen, grünen Gemüsekürbisse Zucchini. Zucchetto und Zucchino sind Verkleinerungsformen des Wortes Zucca (Kürbis).

Die Zucchini ähneln den Freilandgurken, unterscheiden sich aber durch ihre dunkelgrüne, meist hell gesprenkelte Haut und ihren sechseckigen Stiel. Beim Einkauf muß man darauf achten, daß sich die Früchte griffig anfühlen.

Beim Säubern werden sie nicht geschält, sondern nur gründlich gewaschen. Bei großen Zucchetti sollte man, je nach Verwendung, die Kerne entfernen. Zucchini können roh als Salat oder gedünstet gegessen werden. Am allerbesten kommt ihr Aroma zur Geltung, wenn man sie in Rädchen oder Stäbchen schneidet und bei Mittelhitze unter Wenden so dünstet, daß kein Saft austritt. Sie dürfen dabei leicht anbraten. Sie eignen sich auch sehr gut für Mischgemüse wie Ratatouille oder Peperonata.

Beliebt sind auch gefüllte Zucchini (mit Reis, Peperonata, Tofu usw.). Hervorragend zum Füllen eignen sich Rondini, eine bei uns neu angepflanzte, kugelförmige Sorte, die in Italien schon lange bekannt ist.

Kleine, dekorative Gemüsepuddings, die sich auf einer Gemüseplatte gut ausmachen.

Zucchettiflans

Kleine Timbaleförmchen mit Butter bestreichen. Von den ungeschälten Zucchetti mit dem Spargelschäler oder auf dem Gemüsehobel der Länge nach sehr dünne Scheiben schneiden. Die Scheiben in Butter beidseitig rasch anziehen lassen. Die Förmchen übers Kreuz mit den Zucchettischeiben auslegen. Das Zucchettifleisch kleinschneiden und mit dem Wiegemesser hacken. Kleingeschnittenen Camembert, Eier, Eigelb und Rahm mischen. Mit dem Zucchettifleisch im Mixer pürieren. Mit Salz, Pfeffer, durchgepreßtem Knoblauch und Thymian abschmecken. Die Masse in die Förmchen einfüllen. Im Backofen im Wasserbad 30 Minuten bei 180 °C garen. Die Köpfchen auf vorgewärmte Teller stürzen.

Tip Die Flans können 5 bis 10 Minuten im Wasserbad warmgehalten werden. Nach Belieben kann man die Flans mit einer Tomaten- oder Buttersauce (s. S. 308, Beurre blanc) servieren.

V Kann weitgehend vorbereitet werden
Arbeitsaufwand: 15 Minuten
Garzeit: 30 Minuten
Kalorien: 195 kcal/816 kJ je Person

Für 4 Personen
1 Eßl. Butter
300 g kleine Zucchetti
50 g Camembert
2 Eier
2 Eigelb
3 Eßl. Rahm
Salz, Pfeffer
1 Knoblauchzehe, durchgepreßt
½ Teel. Thymian, gehackt
Butter für die Förmchen

Ob diesem Gericht soll ein großer Sultan vor Entzücken in Ohnmacht gefallen sein. Es schmeckt auch für unsere europäischen Gaumen sehr gut!

«Imam Bayaldi» Auberginenauflauf

V Kann vorbereitet werden
Arbeitsaufwand: 35 Minuten
Backzeit: 60 Minuten
Kalorien: 356 kcal/1490 kJ je Person

Für 5 Personen
50 g Rosinen
3 Eßl. Cognac (nach Belieben)
3 große Auberginen
4 Eßl. Olivenöl
500 g Zwiebeln
2 Knoblauchzehen
500 g Tomaten
¼ l Gemüsebouillon oder Rotwein
4 Lorbeerblätter
Salz, Pfeffer
Je 1 Prise Nelkenpulver und gemahlener Thymian
1 Teel. Paprika edelsüß
Olivenöl für die Form
100 g schwarze Oliven
50 g gehobelte Mandeln
1 Eßl. gehackte Petersilie

Die Rosinen waschen, in eine kleine Schüssel geben und mit Cognac begießen. Die Auberginen in eine feuerfeste Form legen, halbhoch mit Wasser bedecken und im Ofen bei 180 °C weich dämpfen (etwa 40 Minuten). Inzwischen das Öl erhitzen. Die Zwiebeln und den Knoblauch hacken und darin anziehen lassen. Bei kleiner Hitze zugedeckt 20 Minuten schmoren lassen. Die Tomaten kurz in heißes Wasser tauchen, schälen und kleinschneiden.
Die kleingeschnittenen Tomaten mit dem Wein und den Lorbeerblättern zugedeckt weich kochen. Mit Salz, Pfeffer, Nelkenpulver, Thymian und Paprika abschmecken.
Die Auberginen etwas auskühlen lassen. Eine große Auflaufform mit Öl bestreichen. Die Hälfte des Tomatenmuses hineingeben. Die abgekühlten Auberginen längs halbieren, die Hälfte davon in die Form legen, mit Salz und Pfeffer bestreuen und mit gegarten und abgeschmeckten Zwiebeln belegen. Die restlichen halben Auberginen ebenfalls würzen und so über die Hälften legen, daß die Früchte wieder ihre ursprüngliche Form erhalten. Die Rosinen mit dem Cognac darüber verteilen. Das restliche Tomatenmus mit den halbierten und entkernten Oliven mischen. Über die Auberginen verteilen. Mit Mandeln bestreuen, in den Ofen geben und bei 200 °C heiß werden lassen (rund 15 Minuten). Mit gehackter Petersilie bestreuen.

Tip Wein und Cognac in diesem Rezept lassen einen gewissen französischen Einfluß erkennen. Wer das Gericht originalgetreu zubereiten möchte, kann diese beiden nicht orientalischen Zutaten einfach weglassen.

Dieses farbenfrohe Gericht eignet sich lauwarm oder kalt als Vorspeise oder für ein kaltes Buffet. Ergänzt durch ein feines Risotto, wird es zu einem Hauptgericht.

Auberginenkranz

Auberginen so in 3 mm dicke Rädchen schneiden, daß sie unten noch zusammenhängen. Mit Salz bestreuen und mit den Einschnitten nach unten in ein Salatsieb legen. Nach 30 Minuten mit kaltem Wasser abspülen, gut abtropfen und mit Küchenpapier etwa trocknen. Tomaten kurz in heißes Wasser tauchen, schälen und in Scheiben schneiden. Mit wenig Salz, viel Pfeffer, einem Eßlöffel Petersilie, Basilikum und durchgepreßtem Knoblauch bestreuen. Peperoni in 2½ cm große Stücke schneiden. Backofen auf 200 °C einstellen.
Einen Eßlöffel Olivenöl in eine Auflaufform geben. Auberginen mit den Einschnitten nach oben hineinlegen. Bei einer runden Auflaufform ringförmig anordnen. Die Einschnitte abwechslungsweise mit Tomatenscheiben, Peperonistükken und dünnen Mozzarellascheiben füllen. Nochmals mit wenig Salz und viel Pfeffer bestreuen. Restliches Olivenöl darüberträufeln. Die Auberginen mit Aluminiumfolie abdecken und 50 Minuten bei 200 °C schmoren lassen. Folie entfernen. 10 Minuten weiterbacken.
Mit restlicher Petersilie bestreuen und in der Form auf den Tisch bringen.

Tip Peperonistücke können zur Abwechslung auch durch Zucchettischeiben ersetzt werden.

Variation Tofu in Scheiben schneiden, in wenig Olivenöl, Basilikum und Knoblauch marinieren und ebenfalls in die eingeschnittenen Auberginen einsetzen.

V Kann vorbereitet werden
Arbeitsaufwand: 40 Minuten
Backzeit: 60 Minuten
Kalorien: 254 kcal/1063 kJ je Person

Für 4 Personen
4 mittelgroße Auberginen, etwa 600 g (dunkle, schlanke Sorte)
Salz
4 Tomaten
Schwarzer Pfeffer, grob gemahlen
2 Eßl. Petersilie, gehackt
1 Eßl. Basilikum, gehackt
2 Knoblauchzehen
2 grüne Peperoni
2 Eßl. Olivenöl
200 g Mozzarella

Die in Vergessenheit geratene Hirse kommt in diesem einfachen, aber gut schmeckenden Gericht wieder zum Zug.

Gefüllte Tomaten

V Kann vorbereitet werden
Arbeitsaufwand: 30 Minuten
Kochzeit: 5 bis 10 Minuten
Bratzeit: 20 Minuten
Kalorien: 323 kcal/1352 kJ je Person

Für 4 Personen
125 g Goldhirse
12 Tomaten, gleichmäßig groß
1 Zwiebel
1 Teel. Butter
2 Teel. gemischte, frische Kräuter, fein gehackt
150 g Weichkäse (z. B. Azurro, Tomme vaudoise usw.)
100 g Speise- oder Rahmquark
Wenig Salz und Pfeffer
Butter für die Form

Die Hirse mit ¼ l Wasser aufkochen, die Pfanne zudecken und die Hirse bei kleinster Hitze 5 bis 10 Minuten quellen lassen. Die Tomaten schälen, aushöhlen, salzen und mit der Öffnung nach unten etwas abtropfen lassen. Die Zwiebel hacken und in der Butter glasig dünsten. Mit dem Hirsebrei, Kräutern, in Würfel geschnittenem Weichkäse und Quark und mit wenig Salz und Pfeffer abschmecken. Die Tomaten damit füllen, den Deckel darauflegen, in eine bebutterte ofenfeste Form stellen und bei 180 °C im Backofen 20 Minuten garen.

Tip Peperoni lassen sich auf dieselbe Art füllen. (Die ausgehöhlten Peperoni kurz vorkochen.)

Ein goldgelb überbackener Gratin ist immer ein Erfolg. Hier eine Variante mit Brokkoli.

Brokkoligratin mit Quark

V Kann vorbereitet werden
Arbeitsaufwand: 15 Minuten
Koch- und Backzeit: 18 Minuten
Kalorien: 282 kcal/1180 kJ je Person

Für 4 Personen
500 g Brokkoli
Salz, Pfeffer
100 g Rahmquark
2 Eigelb
2 dl Rahm
1 Tomate, geschält
80 g geriebener Greyerzer Käse
Butter für die Gratinplatte

Vom Brokkoli die Röschen abtrennen. Den Strunk in 2 cm dicke Stücke schneiden. ½ l leicht gesalzenes Wasser aufkochen. Den Brokkoli hineingeben und 3 bis 4 Minuten kochen. Abgießen, gut abtropfen lassen. Eine flache Gratinform mit Butter bestreichen. Den Brokkoli hineingeben. Den Quark mit den Eigelben und dem Rahm gut verrühren. Mit Salz und Pfeffer abschmecken. Die Tomaten schälen, halbieren, entkernen und klein würfeln. Den Brokkoli mit dem Quarkguß begießen. Die Tomatenwürfelchen darüber verteilen. Den Gratin 10 Minuten bei 220 °C backen. Die Form kurz herausnehmen und den geriebenen Käse darübergeben. Nochmals in den Ofen schieben und überbacken, bis der Käse schmilzt (etwa 4 Minuten).

Tip Blumenkohl auf diese Art zubereiten.

Wenn Sie mit einem Gemüsegärtner gut stehen, können Sie ihm vielleicht einige Zucchettiblüten entlocken. Im folgenden Rezept sind sie mit einer leichten Champignonmasse gefüllt.

Gefüllte Zucchettiblüten an Champignonsauce

V Kann weitgehend vorbereitet werden
Arbeitsaufwand: 60 Minuten
Kochzeit: 15 Minuten
Kalorien: 259 kcal/1084 kJ je Person

Für 4 Personen
4 Zucchettiblüten
Butter für den Siebeinsatz
200 g Champignons
2 Eßl. Butter
1 kleiner Zucchetto
1 Eßl. gehackte Schalotten
1 Eigelb
2 Eßl. Rahm
Salz, Pfeffer
1 Prise Origano, gehackt

Sauce:
100 g Champignons
1 dl Gemüsebouillon
2 Eßl. Schalotten, gehackt
1 dl Weißwein
1 ½ dl Rahm
20 g Butterflocken
Salz, Pfeffer

Die Champignons kalt abspülen, säubern und in Stücke schneiden. Mit dem Wiegemesser hacken. Die Butter erhitzen, die Champignons hineingeben und unter Wenden 5 Minuten dünsten. Den Zucchetto mitsamt der Schale in winzig kleine Würfel schneiden. Zu den Champignons geben und beides bei guter Hitze weiterdünsten, bis keine Flüssigkeit mehr vorhanden ist.
Die Schalotten zugeben, gut wenden. Das Eigelb mit dem Rahm mischen. Die Pfanne von der Herdplatte wegziehen und die Eigelbmischung zufügen.
Mit den noch warmen Champignons gut mischen, bis das Eigelb leicht stockt. Mit Salz, Pfeffer und Origano abschmecken. Für die Sauce 100 g Champignons säubern, in Scheiben schneiden, fein hacken und mit Gemüsebouillon, Schalotten und Wein 10 Minuten kochen. Abgießen und die Pilze gut ausdrücken, damit kein Saft verlorengeht.
Die Zucchettiblüten mit Küchenpapier leicht abtupfen. Wenn irgend möglich, nicht waschen, bestenfalls nur kalt abspülen und sofort zum Trocknen auf Küchenpapier legen. Die Blütenblätter sorgfältig etwas auseinanderziehen, den Stempel entfernen und mit der Champignonmasse füllen. Einen Siebeinsatz mit wenig Butter bestreichen. Die gefüllten Blüten darauf anordnen. Einen passenden Topf ein Drittel hoch mit heißem Wasser füllen, zum Kochen bringen, das Sieb daraufstellen und den Deckel aufsetzen. Die gefüllten Blüten 15 Minuten im Dampf garen. Inzwischen den Champignonfond auf etwa 2 Eßlöffel Flüssigkeit einkochen. Den Rahm zufügen, weiter einkochen, bis die Sauce sämig wird. Die kalte Butter unter die

Zucchiniblüten
an Champignonsauce
mit Trüffeln

Sauce arbeiten und mit Salz und Pfeffer abschmecken.
Die Sauce auf nicht zu heiß vorgewärmte Teller verteilen. Je eine gefüllte Blüte daraufsetzen.

Tip Es gibt Zucchettiblüten, die mit einem kleinen Zucchetto verwachsen sind. Sie sehen besonders hübsch aus, und man kann die Frucht mitessen. In diesem Fall nach 15 Minuten garen im Dampf mit einer Nadel prüfen, ob der Mini-Zucchetto gar ist.

Variationen
- Man kann feingehackte Trüffel unter die Champignonmasse mischen.
- Als Dekoration winzig kleine Zucchettowürfelchen oder Kugeln, die vorher gegart wurden, zur Sauce legen oder darüberstreuen.

Zucchettiblüten

Den Südländern tut es leid, die schönen, gelben Blüten der Zucchetti wegzuwerfen oder verdorren zu lassen. Zucchettiblüten sind in Italien, in Südfrankreich und auch im Tessin eine Delikatesse. Bei uns ist es ein bißchen schwieriger, solche Blüten zu bekommen. Liebenswürdige Gärtner, die Zucchetti anpflanzen, sind aber bereit, diese Blüten auf Bestellung abzugeben. Auf großen Märkten, die exklusive Restaurants beliefern, findet man sehr kleine Blüten, die zum Teil mit einem Zucchetto versehen sind. Sie sind als Attraktion gedacht und kosten daher auch etwas mehr.

Zucchettiblüten halten nicht lange. Man sollte sie, wenn möglich, einige Stunden nach dem Pflücken zubereiten. Es empfiehlt sich, sie nicht zu waschen, da die Blütenblätter sonst zusammenfallen.

Oft werden die Blüten gefüllt, durch Teig gezogen oder paniert und danach schwimmend ausgebacken. Ich habe mir für dieses Buch ein besonderes Rezept ausgedacht. Zucchettiblüten mit einer Füllung aus Champignons, im Dampf gegart und an einer sehr feinen Champignonsauce serviert (s. S. 113).

Eine delikate, warme Vorspeise, die auch für Ungeübte im Kochen keine Hexerei ist.

Kleine Brokkolisoufflés

V Kann teilweise vorbereitet werden
Arbeitsaufwand: 40 Minuten
Backzeit: 30 Minuten
Kalorien: 193 kcal/807 kJ je Person

Für 4 Personen
250 g Brokkoli
25 g Butter
25 g Mehl
⅛ l Milch
3 Eßl. Rahm
2 Eigelb
2 Eiweiß
Salz, Pfeffer
Butter und Mehl für die Formen

Den Brokkoli in ein Sieb legen und zugedeckt auf kochendem Wasser im Dampf garen. Die Butter und das Mehl mit einer Gabel gut mischen, bis ein Klumpen entsteht.
Die Milch aufkochen und die Mehlbutter flockenweise unter Rühren zugeben. Unter Rühren 10 Minuten kochen. Den gedämpften Brokkoli mit dem Rahm im Cutter pürieren. Die Milch zum Püree geben und die Mischung durch ein feines Sieb streichen. Etwas auskühlen lassen und die Eigelbe nach und nach darunterrühren. Die Eiweiße mit etwas Salz steif schlagen. Den Eischnee unter die Masse heben.
6 kleine Timbale- oder Soufflèförmchen bis an den Rand hinauf ausbuttern und mit Mehl bestreuen. Die Form dabei drehen, damit Boden und Wände ganz bemehlt werden. Die Masse dreiviertel hoch einfüllen. Im Umluftofen 30 Minuten bei 175 °C backen. Im konventionellen Backofen die Förmchen in ein Wasserbad von 1 cm Höhe stellen und bei 200 °C ebenfalls 30 Minuten backen.

Tip Der Backofen darf während 20 Minuten nicht geöffnet werden, sonst fallen die Soufflés zusammen. Um zu prüfen, ob die Masse gar ist, kann man eine Nadelprobe machen. Eine Stricknadel muß nach dem Herausziehen noch blank sein.

Eierschwämme oder Pfifferlinge

Pilze werden immer mit dem Herbst in Zusammenhang gebracht. Der Eierschwamm oder Pfifferling erscheint aber in unseren Breitengraden im Sommer. Der Laubwaldpfifferling ist hell in der Farbe und besonders groß. Häufig anzutreffen ist der kleinere Nadelwaldpfifferling.

Am liebsten mag ich diesen Pilz, wenn er nur ganz rasch bei Mittelhitze gedünstet wird, und zwar so, daß nicht allzuviel Flüssigkeit austreten kann, was man mit der Einstellung der Hitze reguliert. Auf diese Art bleibt der volle Geschmack erhalten. Empfohlen wird er von Kennern als Mischpilz. Ernährungswissenschaftler bezeichnen ihn als schwerverdaulichen Pilz und raten deshalb, ihn nur in kleinen Portionen zu essen. Durch das Tiefkühlen werden Eierschwämme bitter und zäh. Auch das Trocknen ist nicht empfehlenswert. Eierschwämme sollten auch nicht roh gegessen werden.

Ein delikates Pilzragout mit Spinat auf Toasts — eine gute Vorspeise oder ein kleines Nachtessen.

Eierschwämmchen mit Spinat auf Croûtons

Die Pilze säubern und große Exemplare längs halbieren. Den Blattspinat säubern und in feine Streifen schneiden. Die Schalotten in Butter anziehen lassen. Pilze und Spinatstreifen zufügen und alles bei guter Hitze anziehen lassen. Darauf achten, daß die Temperatur so eingestellt wird, daß keine Flüssigkeit austritt. Die Pilze mit dem Mehl bestreuen, gut wenden, dann mit Weißwein begießen.

Den Rahm zugeben und 1 bis 2 Minuten weiterköcheln lassen, bis die Sauce sämig wird. Mit Portwein, Salz und Pfeffer abschmecken. Die Brot- oder Briochescheiben beidseitig rasch in Butter rösten und die Pilze darauf anrichten.

Tip Man kann beliebige Pilze auf diese Art zubereiten.

V Kann vorbereitet werden
Arbeitsaufwand: 25 Minuten
Koch- und Backzeit: 12 Minuten
Kalorien: 220 kcal/920 kJ je Person

Für 4 Personen

250 g Eierschwämme (Pfifferlinge)
100 g zarter Blattspinat
1 Eßl. gehackte Schalotten
2 Eßl. Butter
½ Teel. Mehl
1 Eßl. Weißwein
2 Eßl. Rahm
1 Eßl. weißer Portwein
Salz, Pfeffer
4 Scheiben Toastbrot oder Brioche
20 g Butter

Ein gut aussehender Gratin in nicht alltäglicher Zusammensetzung — Zuckerschoten mit Ei, Tomaten und Käse.

Kefen-Tomaten-Gratin mit verlorenen Eiern

V Kann vorbereitet werden
Arbeitsaufwand: 30 Minuten
Kochzeit: 10 Minuten
Kalorien: 262 kcal/1096 kJ je Person

Für 4 Personen
750 g zarte Kefen
2 Eßl. Zwiebeln, gehackt
2 Eßl. eingesottene Butter
2 Eßl. Gemüsebouillon (s. S. 312)
Salz, Pfeffer
2 reife Tomaten
1 Teel. Origano, gehackt
4 Eßl. Greyerzer, gerieben
2 Eßl. Essig
4 frische Eier

Die Kefen abfädeln, waschen und abtropfen lassen. Zwiebeln in einem Eßlöffel Butter anziehen lassen. Kefen beifügen und mit Bouillon ablöschen. Mit Salz und Pfeffer würzen. 10 Minuten zugedeckt dünsten. Tomaten in Scheiben schneiden. Kerne und Saft auspressen.
Eine feuerfeste, nicht zu hohe Form mit einem Eßlöffel Butter ausstreichen. Die Kefen gut abtropfen (Saft auffangen). Die Hälfte der Kefen in die Form geben. Mit einigen Tomatenscheiben belegen. Mit wenig Origano, Pfeffer und einem Eßlöffel Greyerzer Käse bestreuen. Mit den restlichen Kefen und Tomatenscheiben belegen. Wiederum würzen und einen Eßlöffel Greyerzer Käse darüberstreuen. Den Kochsaft der Kefen auf die Hälfte einkochen lassen, dann über das Gemüse verteilen. Im Backofen bei 200 °C ungefähr 10 Minuten überbacken. Unterdessen einen Liter Wasser mit dem Essig aufkochen. Die Eier einzeln in eine Tasse aufschlagen und ins kochende Wasser gleiten lassen. 3 Minuten ziehen lassen. Die Eier sorgfältig mit der Schaumkelle aus dem Topf heben und auf Küchenpapier abtropfen lassen. Den Gratin rasch aus dem Ofen nehmen. Mit einem Suppenlöffel vier Vertiefungen anbringen und die Eier sorgfältig hineinlegen. Mit dem restlichen Greyerzer Käse bestreuen und nochmals für ungefähr 5 Minuten in den Ofen schieben. Der Käse soll zerfließen und darf praktisch keine Farbe annehmen.
Das Gericht in der Form servieren. Man kann auch Portionen-Eierpfännchen mit dem Gemüse füllen, das Ei in die Mitte setzen und jedem Gast seinen eigenen Gratin servieren.

Tip Sehr gut schmeckt dieser Gratin auch, wenn er mit Brokkoli anstelle der Kefen zubereitet wird.

Kalte und warme Suppen

Diese attraktive Suppe läßt sich im Sommer kühl und in den anderen Jahreszeiten warm servieren. Sie schmeckt nicht nur gut, sondern wirkt auch festlich.

Kalte Avocadosuppe mit Mandeln

Schalotten fein hacken und in Butter 2 bis 3 Minuten dünsten. Avocados schälen, längs halbieren, den Kern entfernen. Das Avocadofleisch mit Rahm und Schalotten im Mixer pürieren. Mandelscheibchen in einer trockenen Bratpfanne hellgelb rösten. Bouillontassen kühl stellen.
Gemüsebouillon aufkochen. Avocadopüree zugeben. Gut mischen. Erkalten lassen. Mit Salz, Pfeffer aus der Mühle, Cayennepfeffer und Whisky abschmecken. In die vorgekühlten Bouillontassen einfüllen. 2 bis 3 Stunden im Kühlschrank kalt stellen.
4 Eßlöffel Rahm steif schlagen. In einen Dressiersack mit gezackter Tülle einfüllen. Die Suppe mit je einer Rahmrosette dekorieren. Mit Mandelscheibchen bestreuen und sofort servieren.

Tips Die angegebene Menge reicht für 6 kleine Portionen. Es lassen sich daraus natürlich auch 4 größere Portionen anrichten.
Diese Suppe sollte nicht allzulange im voraus zubereitet werden, sondern nur so, daß sie gut durchkühlen kann, sonst wird sie gerne bitter. Dies gilt auch, wenn man diese Suppe heiß servieren will.

Variationen
- Rahm durch etwas gewürzten Rahmquark ersetzen.
- ⅓ der Avocados sehr klein würfeln und als Einlage in die Suppe geben.

V Kann vorbereitet werden
Arbeitsaufwand: 25 Minuten
Kühlzeit nicht vergessen
Kalorien: 197 kcal/824 kJ je Person

Für 6 Personen
3 Schalotten
1 Teel. Butter
2 reife Avocados
⅛ l Rahm
1 Eßl. Mandelscheibchen
⅓ l Gemüsebouillon
Salz, Pfeffer
1 Prise Cayennepfeffer
1 Eßl. Whisky (nach Belieben)
4 Eßl. Rahm

Avocados — die nahrhaften Exotinnen

Diese in spanisch sprechenden Ländern *aguacate* genannte Frucht stammt ursprünglich aus dem tropischen Amerika. Heute kommen die Avocados vor allem aus Mexiko und aus südamerikanischen Ländern zu uns. Die birnenförmige Frucht mit dem großen Stein gibt es in verschiedenen Sorten; die einen haben eine glatte, relativ weiche Haut, die anderen eine dunkle, rauhe, leicht genarbte Schale. Das glatte Fleisch ist grünlich und von buttriger Konsistenz. Nur reife Avocados schmecken gut. Zur Geltung kommt das Aroma durch Zusatz von Zitronensaft, Salz und Pfeffer oder Zucker.

Beim Einkauf läßt sich die Reife prüfen. Das Fruchtfleisch soll auf leichten Fingerdruck nachgeben. Schnell reif werden die Avocados, wenn man sie zusammen mit einem Apfel in einen Plastiksack legt und bei Zimmertemperatur ein bis zwei Tage liegen läßt.

Beim Aufschneiden verfärbt sich das Fruchtfleisch sehr rasch. Man sollte den Anschnitt sofort mit etwas Zitronensaft bestreichen. Das Fruchtfleisch soll sich erst verfärben, wenn der Stein entfernt wird.

Eine schmackhafte, eisgekühlte Suppe, die man in der warmen Jahreszeit bei vielen Gelegenheiten servieren kann.

Kalte Lauchsuppe mit Joghurt

V Kann vorbereitet werden
Arbeitsaufwand: 15 Minuten
Kochzeit: 15 Minuten
Kalorien: 186 kcal/778 kJ je Person

Die Kartoffeln schälen und würfeln. Den weißen Teil des Lauchs in Rädchen schneiden. 7 dl Bouillon aufkochen. Das Gemüse zufügen und weich kochen. Inzwischen den grünen Teil des Lauchs in etwa 4 cm lange Stücke teilen und längs in feine Streifen schneiden. Die Lauchstreifen in der restlichen Bouillon knapp weich dünsten. Die Suppe durch die Passiermaschine treiben oder im Mixer pürieren. Mit dem Joghurt vermischen und mit Salz, Pfeffer und Majoran abschmecken. Mindestens 1 Stunde kühl stellen. In vorgekühlten Suppentassen anrichten und mit den Lauchstreifen bestreuen.

Tip Die Lauchstreifen können auch durch Schnittlauch ersetzt werden. In diesem Fall den Majoran weglassen.

Für 4 Personen
300 g Kartoffeln
250 g Lauch (weißer Teil)
7½ dl Gemüsebouillon
1 Lauchstengel (zarter, grüner Teil)
2 Joghurt nature
Salz, Pfeffer
1 Eßl. Majoran, fein gehackt

Reife Melonen schmecken auch gut, wenn man sie pikant würzt. Ein Beispiel dafür ist dieses kalte Süppchen, das mit Portwein verfeinert wird.

Kalte Melonensuppe

Die Melonen halbieren. Zuerst die Kerne und Fäden herauskratzen, dann das Fruchtfleisch mit einem Löffel aus der Schale stechen und in einen Mixer geben.
Das Fruchtfleisch mit dem Zitronensaft im Mixer pürieren (wenig als Garnitur zurückbehalten und in kleine Würfel schneiden). Mit Portwein, Pfeffer und Salz abschmecken und kühl stellen. Die Melonenwürfelchen unter die Suppe mischen. In Suppentassen verteilen und mit je einem Zitronenmelissenblättchen garnieren.

Tip Darauf achten, daß die Melonen reif sind. Beim Einkauf prüfen, ob die Enden weich sind und etwas eingedrückt werden können, und an der Frucht riechen. Sie soll einen vollen Melonengeschmack abgeben.

Variationen
- Mit wenig Doppelrahm (Crème fraîche) garnieren.
- Sesamcroûtons dazureichen.

V Kann vorbereitet werden
Arbeitsaufwand: 10 Minuten
Kalorien: 70 kcal/293 kJ je Person

Für 4 Personen
2 Melonen (ohne Schale und Kerne etwa 1 kg)
Saft von ½ Zitrone
3 Eßl. Portwein
1 Prise Pfeffer
1 Prise Salz
4 Blättchen Zitronenmelisse

Ein kühles Süppchen, das gut abgeschmeckt werden muß. Mit einer Dillblüte garniert sieht es sehr attraktiv aus.

Kalte Gurkensuppe

V Kann vorbereitet werden
Arbeitsaufwand:
15 Minuten
Kalorien:
172 kcal/720 kJ
je Person

Für 4 Personen
500 g Salatgurke
100 g Joghurt
1 Eßl. Sauerrahm
6 Eßl. Rahm
2 Eßl. gehackter Dill
Salz, Pfeffer

Die Gurke schälen, halbieren und mit einem Teelöffel die Kerne herauskratzen und in ein Sieb geben. Mit einem Holzlöffel das mit den Kernen ausgekratzte Fleisch passieren, so daß im Sieb nur die trockenen Kerne übrigbleiben. Die Gurkenhälften in Würfel schneiden und zusammen mit dem Joghurt und dem passierten Gurkenfleisch im Mixer pürieren. Dill, Sauerrahm und Rahm beifügen und die Suppe mit Salz und Pfeffer abschmecken. Kühl stellen.

Tip In Suppentassen verteilen und mit wenig Dill oder, noch besser, mit einer Dillblüte (Dolde auf den Unterteller legen) garnieren.

Variation Joghurt und Rahm durch Doppelrahm (Crème fraîche) ersetzen. Mit einigen Tropfen Zitronensaft abschmecken. Die Suppe wird dadurch feiner, aber auch nahrhafter.

Diese nach Provence duftende Suppe kann nach Lust und Laune mit Gemüse bereichert werden.

Gemüsesuppe mit Basilikum

V Kann vorbereitet werden
Arbeitsaufwand:
25 Minuten
Kochzeit: 30 Minuten
+ 10 Minuten
(im Schnellkochtopf nur 10 Min.)
Kalorien:
319 kcal/1335 kJ
je Person

Für 6 Personen
300 g Cocobohnen

Die Cocobohnen in 3 cm lange Stücke schneiden. In ½ l Gemüsebouillon 30 Minuten (im Schnellkochtopf nur 10 Minuten) garen. Die Karotten schälen und in Scheiben schneiden. Den gesäuberten Sellerie und den Lauch in kleine Stücke, Zucchini in Rädchen schneiden. Diese Gemüse mit den feingeschnittenen Zwiebeln in 2 Eßlöffeln Olivenöl unter Wenden leicht dünsten. Mit der restlichen Bouillon ablöschen, aufkochen und Teigwaren zugeben. 10 Minuten bei kleiner Hitze kochen. Inzwischen die Tomaten schälen, entkernen und kleinschneiden. Das Basilikum in Streifen schneiden und den Knoblauch schälen. Das Basilikum mit dem Knoblauch und 4 Eßlöffeln Olivenöl im Mixer pürieren. Die Tomatenstücke beifügen und kurz weitermixen, bis ein gleichmäßiges Püree entsteht. Nach Ende der Kochzeit mit den Cocobohnen samt Kochflüssigkeit zur Suppe zugeben. Mit Salz, Pfeffer und Zucker abschmecken.

Tip Die Gemüse können nach Saison variiert werden. Man kann die Teigwaren auch durch rohe Kartoffelscheiben ersetzen, die mit dem Gemüse gegart werden.

(frische, grüne, breite Bohnen)
1,2 l Gemüsebouillon
2 Karotten
1 Zweig Bleichsellerie
1 zarter Lauch
2 kleine Zucchetti
2 große Zwiebeln
6 Eßl. Olivenöl
200 g kleine Teigwaren in Muschelform
4 große, reife Tomaten
20 Basilikumblätter
4 Knoblauchzehen
Salz, Pfeffer
1 Prise Zucker

Curry — immer beliebter

Es gibt Hunderte, wenn nicht Tausende von Currymischungen. Indische Hausfrauen bereiten ihre Currymischungen zu Hause. Dazu kommen noch verschiedene Mischungen aus anderen fernöstlichen Ländern. Die in Europa nachempfundenen Currys enthalten meistens folgende Gewürze: Ingwer, Kardamome, Koriander, Kurkuma, Kreuzkümmel, Nelken, Pfeffer, Muskatblüten (Macis) und Zimt. Manchmal sind noch Bockshornklee, Piment und scharfer Paprika dabei, was die Mischung besonders «heiß» macht. Ihre gelbliche Farbe verdankt die Currymischung der Kurkumawurzel. Meistens wird Curry wegen seiner Lichtempfindlichkeit in Blechdosen angeboten. Auch die Aromastoffe bleiben so am besten erhalten.

Die richtige Currysorte zu empfehlen ist schwierig. Ich persönlich habe meistens zwei bis drei verschiedene Mischungen zu Hause, die ich nach Lust und Laune wiederum untereinander mische. Sehr aromatisch ist Madrascurry. Finde ich die Sauce zu mild, gebe ich noch etwas schärferen Curry zu. Viele Currys der indischen Küche sind vegetarisch. Davon können wir uns inspirieren lassen. So schmecken Hülsenfrüchte, Tofu und Gemüse besonders gut, wenn sie mit Curry gewürzt sind.

Gerade richtig für einen schönen Sommerabend — die kalte, pikante Currysuppe, die jeder Tischgast nach Belieben variieren kann.

Kalte Currysuppe

V Kann vorbereitet werden
Arbeitsaufwand:
20 Minuten
Kühlzeit nicht vergessen
Kalorien:
331 kcal/1385 kJ
je Person

Für 4 Personen
2 mittelgroße Zwiebeln
1 Knoblauchzehe
1 Eßl. eingesottene Butter
1 Apfel
2 Eßl.Curry,
z. B. Madras
1 l Gemüsebouillon
½ l Milch
Salz
4 Eßl. Rahm

Beilagen:
2 Eßl. Schnittlauch, feingeschnitten
2 Eßl. leicht geröstete und geriebene Haselnüsse
1 Peperone
1 Ei
100 g Mango-Chutney
50 g Sojabohnen-Keimlinge (kurz vorgedünstet)

Zwiebeln und Knoblauch fein hacken und in der Butter anziehen lassen. Apfel schälen, raffeln und zugeben. Curry beifügen und kurz anziehen lassen. Mit Bouillon und Milch ablöschen und mit Salz würzen. 20 Minuten leise köcheln lassen. Durch ein Sieb passieren und mit dem Rahm verfeinern. Kühlstellen.
Schnittlauch fein schneiden. Peperone ohne Kerne in kleine, regelmäßige Stückchen schneiden. Ei hart kochen, abschmecken, schälen und vierteln. Sojabohnen-Keimlinge gut abtropfen lassen. Alle Beilagen in passende Schälchen abfüllen und bis zum Gebrauch mit Klarsichtfolie abdecken.

Tips Durch die separate Bereitstellung der Beilagen kann jeder Gast die Suppe so ergänzen, wie sie seinem Geschmack entspricht. Ich würde auch zusätzlich Currypulver auf den Tisch geben, damit Curryfans die Möglichkeit haben, noch etwas nachzuwürzen.
Sie wissen natürlich längst, daß Curry nirgends wächst, sondern die berühmteste Gewürzmischung ist und aus 12 bis 30 verschiedenen Zutaten (u. a. Pfeffer, Ingwer, Piment, Paprika, Nelke, Koriander, Kardamom, Muskat, Zimt, Kurkuma und Cayennepfeffer) besteht. Curry ist sehr bekömmlich und macht nicht durstig. Am liebsten habe ich persönlich ein Gemisch von mildem und scharfem Curry.
Bei Curry ist allerdings nicht die Schärfe, sondern die Qualität der Mischung maßgebend; es lohnt sich, ein gutes Markenprodukt zu kaufen.

Eine Suppe, die man nur mit wirklich reifen, fleischigen Tomaten zubereiten sollte.

Tomatensuppe mit Basilikum

Die Tomaten einige Sekunden in kochendes Wasser tauchen. Mit kaltem Wasser abschrekken und die Haut abziehen.
Die Zwiebeln hacken und in der Butter anziehen lassen. Die Tomaten kleinschneiden, zugeben, mit den Zwiebeln vermischen und 30 Minuten unter öfterem Wenden bei mittlerer Hitze dünsten. Es soll ein konzentriertes Mus entstehen. Die Bouillon zugeben und die Suppe im Mixer pürieren oder durch die Passiermaschine treiben. Die Suppe wieder aufsetzen. 2 Basilikumblätter in Streifen schneiden und zur Suppe geben. Mit Zucker, Salz, Pfeffer und dem Kirsch abschmecken. Die Suppe in vorgewärmte Suppentassen oder -teller verteilen. Den Rahm steifschlagen und je einen Eßlöffel davon daraufgeben. Mit je einem Basilikumblatt garnieren.

Tips Man kann weniger Bouillon beifügen, so daß eine Tomatensauce entsteht, die ausgezeichnet zu Piccata, Gemüse oder Teigwaren paßt. In diesem Fall Rahm und Kirsch weglassen.
Auch geröstete Brotwürfelchen passen gut zu dieser Suppe.

Variationen
- Sehr raffiniert sieht es aus, wenn 2 dl Suppe mit geschlagenem Rahm und nach Belieben feingehackten Kräutern vermischt und auf die restliche, angerichtete Suppe verteilt werden.
- Eventuell vor dem Pürieren mit einem Schaumlöffel eine Tasse voll Tomatenwürfel herausheben und erst am Schluß wieder in die Suppe geben.
- Die Suppe kann im Sommer auch gut gekühlt serviert werden.
- Statt mit Basilikum kann man sie auch mit anderen Kräutern würzen.

V Kann vorbereitet werden
Arbeitsaufwand: 20 Minuten
Kochzeit: 30 Minuten
Kalorien: 226 kcal/946 kJ je Person

Für 4 Personen
800 g frische Tomaten
2 große Zwiebeln
1 Eßl. Butter
2½ dl Gemüsebouillon
6 frische Basilikumblätter
1 Prise Zucker
Salz, Pfeffer
4 Eßl. Kirsch
1 dl Rahm

Ein delikates Süppchen als Auftakt zu einem besonders gepflegten Essen — eine etwas aufwendige, aber lohnende Zubereitung.

Tomatenessenz

V Kann vorbereitet werden
Arbeitsaufwand: 25 Minuten
Kochzeit: 150 Minuten
Kalorien: 153 kcal/640 kJ je Person

Für 4 Personen
1 kg reife Tomaten
1 Eßl. Butter
1 Eßl. Tomatenpüree
100 g kleingewürfeltes Gemüse (Karotte, Lauch, Sellerie, Zwiebel)
1 l Gemüsebouillon
½ Lauchstange
1 Stück Knollensellerie
5 Eiweiß
Salz, Pfeffer
1 Teel. Zucker

Die Tomaten in kleine Stücke schneiden. In Butter anziehen lassen. Das kleingewürfelte Gemüse zugeben und 2 bis 3 Minuten mitdünsten. Das Tomatenpüree zufügen und kurz anziehen lassen. Die Gemüsebouillon beifügen und das Ganze 30 Minuten kochen.
Die Suppe durch die feinste Scheibe der Passiermaschine drehen, dann kalt stellen. Den Lauch und den Sellerie reinigen und sehr fein hacken. Die Eiweiße leicht verquirlen und damit mischen. Die Mischung kalt stellen.
Die erkaltete Suppe wieder aufstellen, die Eiweißmischung zugeben und bei kleiner Hitze sehr langsam bis vor den Siedepunkt bringen. Dabei darauf achten, daß die Eiweißmischung nicht ansitzt und anbrennt.
Die Temperatur reduzieren und die Suppe zirka 10 °C unter dem Siedepunkt 2 Stunden ziehen lassen. Die Suppe durch ein Tuch passieren. Mit Salz, Pfeffer und Zucker abschmecken. Die klare Tomatenessenz vor dem Servieren erhitzen, ohne kochen zu lassen.

Tips Im Haushalt hat man meistens zuviel Eiweiß, besonders wenn man backt. Da lohnt es sich, auch Eiweiß tiefzukühlen und auf diese Art zu verwerten.
Wo Passiertücher erhältlich sind, können Sie im Rezept «Karottenessenz» (s. S. 52) nachlesen.

Variationen
- Als Einlage kleine, gut ausgedrückte Tomatenwürfelchen zufügen.
- Die gelbe Haut einer gut gewaschenen Orange abschälen, in sehr feine Streifen schneiden, 1 bis 2 Minuten kochen (blanchieren) und als Einlage zur Suppe geben.

Mit frischen Erbsen zubereitet, ist diese Suppe eine Delikatesse.

Frische Grünerbssuppe

Die Erbsen enthülsen. Die Schalotten hacken und in einem Eßlöffel eingesottener Butter anziehen lassen. Drei Viertel der Erbsen zufügen, gut wenden, dann mit der Bouillon ablöschen. 15 Minuten kochen. Die Suppe im Mixer pürieren. Das Brot in sehr kleine Würfel schneiden und in der restlichen Butter goldgelb ausbacken.

Die Erbsensuppe wieder aufsetzen und die noch ganzen Erbsen und die Milch beifügen. 5 bis 8 Minuten bei kleiner Hitze kochen, bis die ganzen Erbsen knapp weich sind. Das Eigelb mit dem Rahm gut verklopfen. Unmittelbar vor dem Servieren zur Suppe geben und unter Rühren nur noch bis knapp vors Kochen bringen. Mit Salz, Pfeffer und Zucker abschmecken. Mit Pfefferminzblatt garnieren.

Tips Die Pfefferminzblätter können auch gehackt über die Suppe gestreut werden, wenn man diesen Geschmack mag.

Man kann das Eigelb weglassen und den Rahm steifgeschlagen unter die Suppe ziehen.

Variationen

- Man kann diese Suppe auch mit tiefgekühlten Erbsen zubereiten. Dann braucht es 500 g (400 g pürieren und 100 g ganz lassen).
- Dieses Rezept läßt sich auch mit frischem, jungem Lattich oder Kopfsalat zubereiten. In diesem Fall etwa 500 g Gemüse verwenden (Lattich und Kopfsalat fallen stark zusammen). Man kann auch nur die grünen Kopfsalatblätter nehmen und das Innere für Salat verwenden.
- Die Pfefferminzblätter weglassen.
- Die Suppe mit einem Eßlöffel steifgeschlagenem Rahm belegen, mit wenig Curry bestreuen und im Ofen kurz überbacken.

V Kann vorbereitet werden
Arbeitsaufwand: 25 Minuten
Kochzeit: 20 Minuten
Kalorien: 504 kcal/2110 kJ je Person

Für 4 Personen
1 kg frische, grüne Erbsen
4 Schalotten
3 Eßl. eingesottene Butter
½ l Gemüsebouillon
150 g Weißbrot
¼ l Milch
1 Eigelb
2 Eßl. Rahm
Salz, weißer Pfeffer aus der Mühle
1 Prise Zucker
1 Zweiglein frische Pfefferminzblätter

Ein Gericht, das am Tisch von den Gästen gekocht wird.

Gemüse-«Fondue»

V Kann vorbereitet werden
Arbeitsaufwand: 40 Minuten
Kochzeit: 10 bis 15 Minuten
Kalorien: 551 kcal/2306 kJ je Person

Für 4 Personen
2 Kohlrabi
4 Karotten
2 Peperoni (grün, rot oder gelb)
1 Stangensellerie
2 mittelgroße Fenchelknollen
2 Auberginen
2 kleine Zucchetti
1 kleiner Blumenkohl

Sauce:
4 Frühlingszwiebeln oder Schalotten
8 Knoblauchzehen
1 dl Olivenöl
2 Teel. Paprika edelsüß
2 Eßl. feingeriebener Meerrettich
2 dl Weißwein
1½ Eßl. Gemüsebouillon
1½ Eßl. grüner Pfeffer (in Salzlake eingelegt, Qualität aus Madagaskar)
2 dl Rahm
20 g frische Butter
Wenig Salz

Die Kohlrabi und Karotten schälen und in Stengelchen schneiden. Die Peperoni halbieren, entkernen und in 2 cm breite Streifen schneiden. Stangensellerie und Fenchel säubern und in 1½ cm breite Stücke schneiden. Die Auberginen und die Zucchetti ungeschält in Scheiben schneiden. Den Blumenkohl in Röschen teilen (in Salzwasser halbgar kochen, dann gut abtropfen). Alle Gemüse auf Teller oder Platten hübsch anrichten.
Für die Sauce die Zwiebeln und den Knoblauch fein hacken. Im Olivenöl hellgelb anziehen lassen. Paprika, Meerrettich, Weißwein und Gemüsebouillon zufügen und aufkochen lassen. Den grünen Pfeffer in ein kleines Sieb geben, kalt abspülen, leicht zerdrücken und zufügen. Die Sauce auf die Hälfte einkochen lassen. Rahm und Butter zufügen. Nach Bedarf etwas Salz zugeben. Mit Rahm verfeinern. Die Sauce in einen vorgewärmten Caquelon oder in ein Kupferpfännchen geben und auf ein Fonduerechaud stellen.
Jeder Gast taucht nach Belieben Gemüse in die Sauce. Darauf achten, daß die Sauce immer sehr heiß bleibt.

Tips Man sollte Fondue- und Eßgabeln zum Teller legen, damit man sich den Mund nicht verbrennt. Die Fonduegabel wird zum Garen des Gemüses benützt, welches dann auf den Teller abgestreift und mit der normalen Gabel gegessen wird.
Für dieses Gericht grundsätzlich sehr junges, zartes Gemüse verwenden. Härteres Gemüse wie Rüebli (Karotten) oder Blumenkohl eventuell

vorher kurz blanchieren und Peperoni, wenn sie schon zu groß und fest sind, im Ofen grillieren und anschließend schälen.

Variationen

- Das Gemüse kann auch ganz serviert und von den Gästen selber in Stücke der gewünschten Größe geschnitten werden.
- Die Gemüseauswahl läßt sich beliebig erweitern. Sehr originell und gut geeignet ist Topinambur; aber auch Radicchio rosso und sehr kleine, in Viertel geschnittene Artischocken passen gut.
- Wer das Knoblaucharoma etwas diskreter haben möchte, legt den in Scheibchen geschnittenen Knoblauch vor der Verwendung für einige Stunden in kalte Milch. Bevor er gehackt wird, mit Küchenpapier trockentupfen.

Kohlrabi

Aus Freilandkulturen kommen Kohlrabi im Juni auf den Markt. Als eines der ersten Frühlingsgemüse werden sie aus dem Gewächshaus geliefert. Eine zweite Ernte gibt es im Herbst. Der Kohlrabi ist nicht etwa eine Wurzelknolle, sondern die rübenartig verdickte Stengelbasis. Es gibt grünliche und blauviolette Knollen, die beide sehr ähnlich schmecken. Dieses Gemüse hat keine große geschichtliche Vergangenheit; man kennt es erst seit dem 19. Jahrhundert. Mit Vorteil kauft man junge Kohlrabi, denn ältere Exemplare sind gerne holzig.

Als Beilage schmecken sie gedämpft mit Kräutern und wenig frischer Butter besonders gut. Als Hauptgericht lassen sie sich zur Abwechslung auch füllen oder an einer leichten Käsesauce servieren.

Gemüsecouscous

Couscous — was ist das?

Der Couscous ist das Nationalgericht der nordafrikanischen Staaten Algerien, Tunesien und Marokko, wo dieses traditionelle Gericht in Variationen zubereitet wird. Die Basiszutaten sind Hartweizengrieß, manchmal auch Gerste oder Grünkern. Bereits vorbehandeltes Grieß ist in Spezialgeschäften erhältlich. Zu diesen Gerichten gehören meistens auch Kichererbsen, viele Gemüse, Fleisch oder Fisch — alles sehr pikant und etwas orientalisch gewürzt und mit roter, scharfer Pfefferpaste (Harissa) abgeschmeckt. Für dieses Buch habe ich eine algerische Variante mit vielen Gemüsen (s. unten) ausgesucht. Heute wird, von den Originalgerichten Nordafrikas inspiriert, an fast allen Mittelmeerküsten Couscous zubereitet und von Perpignan über Marseille und Livorno bis zum südlichsten Zipfel Italiens gegessen. Es ist ein wunderschönes Hauptgericht, das auch den heutigen Vorstellungen über moderne Ernährung entspricht. Es enthält in der vegetarischen Form Getreide, Hülsenfrüchte, viele Gemüse und anregende Gewürze.

Ein sehr interessantes, aus der marokkanischen Küche abgeleitetes Gericht: Gemüse mit Kichererbsen an einer rasanten Sauce.

Gemüsecouscous

V Kann vorbereitet werden
Arbeitsaufwand: 60 Minuten
Kochzeit:
Couscous: 1 Stunde
Gemüse: 35 Minuten (im Schnellkochtopf nur 20 Min.)
Kalorien: 720 kcal/3010 kJ je Person

Die Eier 8 bis 9 Minuten kochen. Den Couscous-Grieß in eine Schüssel geben. ½ Teelöffel Salz in 5 dl lauwarmes Wasser auflösen. Über den Grieß verteilen und gut umrühren. Die Körner zwischen den Händen reiben, bis keine Klümpchen mehr vorhanden sind. 10 Minuten aufquellen lassen. Den feuchten Couscous-Grieß in ein feines Sieb geben und über dem Dampf eine Stunde aufquellen lassen.
Die Karotten schälen und in kleine, ½ cm große Würfel schneiden. Die Aubergine und den Zuc-

chetto ungeschält ebenfalls klein würfeln. Die Peperoni halbieren, entkernen und in 1½ cm breite Streifen schneiden. Die Zwiebeln hacken. Die Bohnen in 2 cm lange Stücke schneiden. Die Hälfte der Tomaten im Mixer pürieren (bei Dosentomaten den Saft mit verwenden). 2 Eßlöffel Olivenöl erhitzen. Zuerst die Aubergine- und die Zucchettowürfel darin leicht anbraten. Sobald sie halbgar sind, mit der Bratschaufel etwas zusammendrücken, so daß ein Teil des Öls wieder austritt, dann aus der Pfanne nehmen. Einen Eßlöffel Öl mit Karotten, Bohnen, Peperoni und gehackter Pfefferschote zugeben. Unter Wenden 5 bis 8 Minuten dünsten. Diese Gemüse zu der Aubergine und dem Zucchetto geben. Die Zwiebel mit dem restlichen Öl in die Pfanne geben, 2 bis 3 Minuten andünsten, dann die noch ganzen Tomaten kleinschneiden und mit dem durchgepreßten Knoblauch zugeben. 5 bis 6 Minuten dünsten, dann alle Gemüse zufügen. Zugedeckt 10 bis 15 Minuten bei kleiner Hitze schmoren lassen. In einem kleinen Topf das Tomatenmus mit den Rosinen, der Bouillon, dem marokkanischen Kümmel, Paprika und wenig Salz und Pfeffer ungedeckt 10 Minuten kochen. Die Sauce pikant mit Harissa abschmecken. Die Eier schälen und längs halbieren. Die Kichererbsen in der Dosenflüssigkeit erwärmen. Den Couscousgrieß auf eine große Platte anrichten. In der Mitte eine Vertiefung anbringen. Die Gemüse mit Salz und Pfeffer abschmecken, mit den abgetropften Kichererbsen mischen und hineingeben. Mit etwas Sauce begießen. Mit den halben Eiern garnieren. Die restliche Sauce separat dazu servieren.

Tip Zum Aufquellenlassen des Grießes eignet sich der Dampfkochtopf sehr gut. Den gelochten Einsatz mit einer nichtimprägnierten Gaze oder mit einem Mulltüchlein auslegen und den feuchten Couscous-Grieß daraufgeben. Den Siebeinsatz auf einem Dreibein oder einer umgedrehten Tasse auf den mit 3 bis 4 cm kochendem Wasser gefüllten Topf aufsetzen. Erhitzen, bis der Druckanzeiger schwach auf den ersten Ring kommt, und 20 Minuten unter Druck (wenn möglich auf der Schonstufe) quellen lassen.

Für 6 Personen
6 Eier
500 g Couscous-Spezialweizengrieß
Salz, Pfeffer
2 Karotten
1 große Aubergine
1 Zucchetto
1 grüner Peperone
1 gelber Peperone
1 kleine rote, scharfe Pfefferschote (Peperoncino)
2 Zwiebeln
300 g Cocobohnen
8 große Tomaten, geschält (evtl. aus Dose)
4 Eßl. Olivenöl
2 Knoblauchzehen
2 Eßl. Rosinen
1 dl Gemüsebouillon (s. S. 312)
1 Teel. marokkanischer Kümmel (Kemun)
2 Teel. Paprika, edelsüß
1 Teel. Harissa (scharfe, rote Würzpaste)
300 g Kichererbsen, vorgekocht (oder aus Dose)

Was ist Tofu?

Dieses ursprünglich aus Japan stammende Sojaprodukt hat in kürzester Zeit unseren Markt erobert. Früher nur in Reformhäusern erhältlich, hat es nun auch den Weg in den Lebensmittelhandel gefunden. Tofu wird in hermetisch abgeschlossenen Schalen frisch oder pasteurisiert verkauft.

Tofu wird folgendermaßen hergestellt: Die trockenen Sojabohnen werden 12 Stunden in Wasser eingeweicht. Dabei saugen sie sich voll. Danach werden sie püriert und mehrmals mit Wasser aufgekocht. Durch diesen Prozeß trennen sich die Faserstoffe von den löslichen Stoffen, die beim Auspressen in einem Leinensack ablaufen. Die Flüssigkeit ist Sojamilch, der zurückbleibende feste Stoff wird Okara genannt. Es handelt sich um einen gehaltvollen Nährstoff, der weiterverarbeitet werden kann. Die Sojamilch wird mit einem natürlichen Magnesiumchlorid zum Gerinnen gebracht. Es entstehen so eine Art Käse und Molke. Nun braucht die «Käse»-Masse nur noch gepreßt zu werden, und der Tofu ist fertig.

Tofu ist für die vegetarische Ernährung sehr geeignet, weil er ernährungsphysiologisch günstig zusammengesetzt ist. Er enthält viel hochwertiges Pflanzeneiweiß, wenig Fett aus hochungesättigten Fettsäuren, wenig Kohlenhydrate, dafür wertvolle Vitamine und Mineralstoffe. Tofu ist kalorienarm (100 g = 129 kcal/ 450 kJ), leicht verdaulich und cholesterinfrei.

Tofu ist ein sehr vielseitiges Nahrungsmittel. Er kann roh als Schnitzel gegessen, gebacken, gekocht, gedämpft, fritiert, paniert, geschnetzelt und gehackt werden. An sich ist Tofu praktisch ohne Geschmack. Es gibt aber auch Tofu, der mit Kräutern, Gewürzen oder Gemüse angereichert ist. Das macht die Zubereitung interessanter. Angebrochene Tofupackungen müssen immer mit Wasser bedeckt im Kühlschrank aufbewahrt werden.

Ein Gemüseragout, das dank Tofu besonders reich an Eiweiß ist. Die Sauce wird besonders gewürzt, und die Datteln geben dem Gemüse eine aparte Note.

Gemüse mit Tofu

Den Tofu in kleine Würfel schneiden. Die Zwiebeln hacken. Mit einem Eßlöffel Butter dünsten, bis sie hellgelb und weich sind. Die Tomaten kleinschneiden, mit der kleingeschnittenen, entkernten Pfefferschote zufügen und 20 Minuten weiterdünsten, bis ein Mus entsteht. Den Reis in gesalzenem Wasser *al dente* kochen. Inzwischen die Zucchetti waschen und ungeschält in kleinfingerdicke Stäbchen schneiden. Einen Eßlöffel voll Butter in einer Bratpfanne erhitzen. Die Zucchettistäbchen hineingeben und — bei öfterem Wenden — allseitig leicht anbraten. Die Hitze so regulieren, daß die Stäbchen keine Flüssigkeit abgeben. Die Zucchetti zu den Tomaten geben. Einen Eßlöffel Butter in die Pfanne geben und die Tofuwürfelchen darin rasch anziehen lassen. Gemüse und Tofu mit Salz und Pfeffer abschmecken.
Den Reis gut abtropfen lassen und anrichten. Eine Vertiefung anbringen. Die Tofuwürfelchen darin anrichten. Die Sauce darüber verteilen. Die Datteln entsteinen, kleinschneiden und rasch in der frischen Butter anziehen lassen. Über das Gericht verteilen.

Tips Noch besser wird dieses Gericht, wenn man den Reis nach dem Abtropfen im schwach geheizten Backofen etwas trocknet.
Wenn keine frischen Datteln erhältlich sind, können sie auch durch getrocknete ersetzt werden.
Besonders interessant wird dieses Gericht, wenn man etwas marokkanischen Kümmel (Kemun) hinzugibt.

V Kann vorbereitet werden
Arbeitsaufwand: 30 Minuten
Kochzeit: 20 Minuten
Kalorien: 518 kcal/2168 kJ je Person

Für 4 Personen
400 g Tofu
2 große Zwiebeln
3 Eßl. Butter
500 g geschälte Tomaten (evtl. aus Dose)
1 kleine Pfefferschote, scharf, rot (Peperoncino)
Salz, Pfeffer
250 g Langkornreis
500 g Zucchetti
150 g frische Datteln
1 Teel. frische Butter

Ein praktisches, südliches Teigwarengericht, das erst noch farbenfroh aussieht.

Grüner Nudelgratin

V Kann vorbereitet werden
Arbeitsaufwand:
50 Minuten
Koch- und Backzeit:
15 Minuten
Kalorien:
643 kcal/2691 kJ
je Person

Für 4 Personen
Teig:
200 g Spinatblätter
Nudelteig (s. S. 314)
3 Eßl. Mehl

2 große Tomaten, geschält
8 Basilikumblätter
2 Knoblauchzehen
30 g Butter
200 g Mascarpone mit Gorgonzola
Salz, Pfeffer

Den Spinat säubern und waschen, gut abtropfen und in einen vorgeheizten Topf geben. Dünsten, bis er zusammenfällt. Den Spinat mit dem Wiegemesser sehr fein hacken. Den Teig nochmals kurz durcharbeiten. 10 bis 15 Minuten kalt stellen, dann in Portionen teilen, zu Streifen ausrollen und durch die Teigwarenmaschine (größte Öffnung) drehen. Dann die Teigstreifen nochmals durch die zweitkleinste Öffnung drehen. Vor dem Durchdrehen der Teigstreifen immer etwas Mehl auf den Teig streuen, damit er nicht klebt. Die Teigstreifen auf ein bemehltes Tuch legen und eine Stunde antrocknen lassen. Dann auf der Teigwarenmaschine oder von Hand 1 cm breite Nudeln schneiden.
3 Liter Salzwasser aufkochen und die Nudeln darin *al dente* kochen. In ein Sieb gießen und kalt abspülen.
Inzwischen die Tomaten halbieren, etwas auspressen und in kleine Würfel schneiden. Das Basilikum in feine Streifen schneiden, den Knoblauch durchpressen.
Mit den Tomatenwürfeln in einem Eßlöffel Butter anziehen lassen. Mit Salz und Pfeffer abschmecken. Die Nudeln in der restlichen Butter unter Wenden erwärmen. Auf vier feuerfeste Teller oder Eierpfännchen verteilen. Die Tomatenmischung darunterziehen und mit wenig Salz und Pfeffer nachwürzen.
Den Mascarpone mit Gorgonzola mit einer Gabel fein zerdrücken, auf die Nudeln verteilen und im Ofen bei 250 °C kurz überbacken, bis der Käse schmilzt. Er darf keine Farbe annehmen.

Tips Ist kein Mascarpone mit Gorgonzola erhältlich, kann man Mascarpone nature mit etwas Rahmgorgonzola mischen.
Anstelle von Mascarpone kann man auch sauren Halbrahm oder Doppelrahm verwenden.

Festlich zubereitete Eier — dank den Trüffelscheiben, die nicht alltäglich sind.

Wachsweiche Eier mit Trüffel

Den Peperone halbieren, entkernen und in winzige Würfelchen schneiden. Die Schalotten mit dem Weißwein 5 Minuten kochen, dann durch ein feines Sieb passieren. Dabei die Schalotten gut ausdrücken. Den Weißwein bis auf ½ dl einkochen. Den Rahm zufügen und reduzieren, bis eine sämige Sauce entsteht. Inzwischen die Eier 6 Minuten kochen. Kalt abschrekken und schälen. Wenn nötig, in heißem Wasser warm halten. Wermut und Senf zur Sauce geben. Die Trüffel schälen, in Scheiben schneiden, und die beiden Enden hacken. Die Hälfte der gehackten Trüffel zur Sauce geben und 2 bis 3 Minuten bei kleiner Hitze ziehen lassen. Die Butter in Flocken darunterschwingen. Mit Salz und Pfeffer abschmecken. Die Sauce auf vier vorgewärmte Teller verteilen. Je 2 Eier darauflegen und mit Trüffelscheiben belegen. Die restlichen Trüffel- und Peperoniwürfelchen über das Gericht verteilen. Mit der Petersilie bestreuen und mit frischem Pariserbrot servieren.

Tip Dieses Gericht läßt sich auch mit pochierten Eiern zubereiten.

V Kann teilweise vorbereitet werden
Arbeitsaufwand: 20 Minuten
Kochzeit: 6 Minuten
Kalorien: 434 kcal/1817 kJ je Person

Für 4 Personen
1 kleiner, roter Peperone
4 Schalotten, gehackt
2 dl Weißwein
2 dl Rahm
1 Teel. Dijon-Senf
8 Eier
2 Eßl. trockener Wermut (z. B. Noilly Prat)
1 schwarze Trüffel
20 g frische Butter
Salz, Pfeffer
1 Eßl. gehackte Petersilie

Trüffel — die Geheimnisvolle

Diese unterirdisch wachsenden Pilze, die sich in Symbiose mit verschiedenen Bäumen, hauptsächlich der Eiche, entwickeln, können weder gesät noch gepflanzt werden. Um sie zu finden, werden Schweine oder Hunde mitgeführt, die zu scharren beginnen, wenn sie den Geruch dieses Pilzes wahrgenommen haben. Sorgfältig wird dann der Trüffelsucher nach dem Auffinden des Pilzes die Erde wieder glattstampfen, so daß der Ort als Geheimtip gewahrt bleibt und weitere Trüffel dort ungestört reifen können.

Im Mittelalter sah man in der schwarzen Trüffel eine Erscheinung des Teufels, später, am Hof Ludwigs XIV., wurden sie als kulinarische Leckerbissen bereits in unzähligen Variationen zubereitet. Heute werden echte Trüffel praktisch mit Gold aufgewogen. Es gibt allerdings verschiedene Ursprungsregionen. Die besten kommen aus dem Périgord, ihre Erntezeit dauert vom Dezember bis zum Februar. Weitere Sorten dieser schwarzen unscheinbaren Knollen wachsen im Tricastin (unteres Rhonetal in Frankreich), in Norcia (Italien) und in Spanien.

Eine weitere Rarität sind die weißen Trüffel aus dem Piemont, wo sie von Oktober bis Januar mit der Apothekerwaage gewogen und über Nudeln und Risotto gehobelt werden. Die weiße Trüffel sieht sehr unscheinbar aus, hat eine bräunliche Schale und einen sehr aufdringlichen Geschmack, der sich — mit einem Gericht vermengt — zu etwas Einmaligem entwickelt.

Trüffel sind das ganze Jahr in Konserven erhältlich, die den Vergleich mit den frischen nicht aufnehmen können, aber für einfachere Gerichte durchaus brauchbar sind.

Feine, kleine Pfannkuchen in Butter goldgelb gebacken und mit einem delikaten Pilzragout gefüllt — etwas für Gourmets.

Kleine Pfannkuchen mit Eierschwämmchen

V Kann teilweise vorbereitet werden
Arbeitsaufwand: 30 Minuten
Kalorien: 447 kcal/1871 kJ je Person

Eier und Milch gut verrühren. Mehl und Salz beifügen und zu einem glatten Teig schlagen. Rahm dazugeben und mindestens 1 Stunde ruhen lassen. Die Pilze gut waschen und auf Küchenpapier trocknen lassen. Schalotten und Kräuter hacken. 50 g Eierschwämme mit Weinbrand im Mixer pürieren.

Schalotten in 1 Eßlöffel Butter anziehen lassen. Restliche Eierschwämme zufügen und kurz mitdünsten, bis alle Flüssigkeit verdampft ist. Mit den pürierten Eierschwämmchen ablöschen. Majoran und Petersilie zufügen und nochmals aufkochen. Rahm zufügen und einkochen, bis die Sauce sehr sämig wird. Mit Salz und Pfeffer abschmecken. 2 kleine, mit Teflon beschichtete Bratpfannen mit eingesottener Butter ausstreichen und dünne, kleine Pfannkuchen backen. Die Omelettchen mit den Eierschwämmchen füllen, zusammenklappen und auf vorgewärmte Teller anrichten.

Tip Die Pfannkuchen zwischen zwei Tellern auf einen Topf mit kochendem Wasser warm halten

Variation Sehr gut werden diese Crêpes auch, wenn man sie mit gemischten Pilzen füllt.

Für 4 Personen

Für die Crêpes:
2 große Eier
¼ l Milch
125 g Mehl
Salz
5 Eßl. Rahm

Füllung:
250 g Eierschwämme (Pfifferlinge)
60 g Schalotten (kleine Zwiebeln)
1 Teel. frischer Majoran, gehackt
1 Teel. frische Petersilie, gehackt
1 Eßl. Weinbrand (nach Belieben)
1 Eßl. Kochbutter
⅛ l Rahm
Salz, Pfeffer
1 Eßl. eingesottene Butter

Grüne Erbsen mit knackigen Schoten

Wie herrlich schmecken doch frisch ausgehülste Erbsen! Die Arbeit lohnt sich, denn frische Erbsen sind unvergeßlich im Geschmack, zart und frisch in der Farbe. Allerdings muß man auch beim Kochen sorgsam mit ihnen umgehen. Sie brauchen wenig Hitze. Eine Prise Zucker und wenig Butter bringen ihre natürliche Süße zur Geltung. Besonders fein sind auch Süppchen aus frischen Erbsen (s. S. 127). Frische Erbsen lassen sich kurz vor Ende der Garzeit unter einen Risotto oder unter Teigwaren mischen. Das schmeckt nicht nur gut, es sieht auch sehr schön aus. In Spanien enthülsen die Marktfrauen die Erbsen nebenbei, hinter ihren Körben sitzend. So kann man sie pfundweise bereits pfannenfertig kaufen. Es gibt auch gute, tiefgekühlte Erbsen, die kaum noch gekocht werden müssen und außerhalb der Saison gute Dienste leisten.

Ein delikates Schnellrezept!

Nudeln mit grünen Erbsen und Tomaten

V Kann vorbereitet werden
Arbeitsaufwand:
20 Minuten
Kochzeit:
2 bis 7 Minuten
Kalorien:
704 kcal/2947 kJ
je Person

Für 4 Personen
500 g Eiernudeln
2 reife, geschälte Tomaten
1 Eßl. Olivenöl
200 g grüne Erbsen (frisch oder tiefgekühlt)
2 Knoblauchzehen
50 g Butter
50 g Sbrinz oder Parmesan, frisch gerieben
Salz, Pfeffer

Die Nudeln in viel Salzwasser al dente kochen. Die Tomaten halbieren, entkernen und in kleine Würfel schneiden. In Olivenöl anziehen lassen. Die Erbsen zufügen und unter öfterem Wenden 3 bis 4 Minuten dünsten. Den Knoblauch dazupressen. Die Butter erwärmen, bis sie flüssig wird. Die gut abgetropften Nudeln darin wenden.
Die Erbsen und die Tomaten daruntermischen. Mit Salz und Pfeffer abschmecken, anrichten und mit dem frischgeriebenen Käse bestreuen.

Tip Wer gerne pikant ißt, kann feingehackte Peperoncini unter die Tomaten mischen.

Variation Die Erbsen durch kleine, vorgedünstete Brokkoliröschen ersetzen.

Ein farbenfroher Kuchen mit südlichem Einschlag. Je nach Menü kann er als Vorspeise oder als Hauptgericht dienen.

Pikanter Provencekuchen

V Kann vorbereitet werden
Arbeitsaufwand:
30 Minuten
Backzeit:
25 bis 30 Minuten
Kalorien:
474 kcal/1984 kJ
je Person

Für ein großes rechteckiges Blech 8 Portionen
600 g geriebener Teig (s. S. 316)
3 Peperoni (rot, gelb, grün)
2 große Zwiebeln

Peperoni halbieren, entkernen und in 2 cm breite Streifen schneiden. Zwiebeln grob hakken. Auberginen und Zucchetto in Rädchen von ½ cm Dicke schneiden, in 2 Eßlöffeln Olivenöl anbraten und unter Wenden 5 Minuten dünsten. Aus der Pfanne nehmen. Restliches Öl hineingeben und Zwiebeln- und Peperonistreifen auf die gleiche Art halbgar werden lassen. Tomaten zugeben. Saft auf großem Feuer verdampfen lassen. Gemüse mit Tomatenpüree, durchgepreßtem Knoblauch, Lorbeerblatt, Pfefferminzblättchen, Rosmarin und Thymian mischen. Etwas erkalten lassen.
Den Teig 3 mm dick auswallen und ein geöltes Blech damit auslegen. Gemüse darauf vertei-

len. Rahm und Eier verquirlen, die Mischung salzen und pfeffern und über die Gemüse verteilen. Mit schwarzen Oliven garnieren, in den gut vorgeheizten Ofen schieben. Wenn nötig, mit Folie abdecken, damit die Oberfläche nicht zu dunkel wird. Lauwarm oder kalt servieren.

Tip Der Kuchen darf nicht zu lange stehen, damit der Teigboden nicht aufgeweicht wird.

1 mittelgroße Aubergine
1 Zucchetto
3 Eßl. Olivenöl
2 große Tomaten, geschält
1 Eßl. Tomatenpüree
3 Knoblauchzehen
1 Lorbeerblatt
2 bis 3 gehackte Pfefferminzblättchen
Je 1 Prise Rosmarin und Thymian
2 dl Rahm
3 Eier
Salz, grobgemahlener Pfeffer
100 g schwarze Oliven

Zarte Kohlrabi, gefüllt mit einer Tomatenscheibe und mit Käse überbacken. Dieses Gericht kann sowohl Vorspeise als auch Hauptgericht sein.

Gefüllte Kohlrabi

Tomaten schälen und in 8 Scheiben schneiden. Die Kohlrabi schälen und in der Bouillon 15 Minuten kochen. Sie sollen knapp gar werden und dürfen nicht zerfallen.
Eine Gratinplatte mit Butter bestreichen. Die Kohlrabi quer halbieren. Mit je einer Tomatenscheibe füllen und in die Form stellen. 10 Minuten bei 180 °C im Ofen erhitzen. Unterdessen den Käse mit Weißwein, Senf, Rahm, durchgepreßtem Knoblauch und vier Umdrehungen Pfeffer mischen. Die Kohlrabi kurz aus dem Ofen nehmen und die Käsemasse mit einem Löffel über die einzelnen Kohlrabi verteilen. Nochmals in den Ofen schieben, bis der Käse zerfließt (er soll keine Kruste bekommen).

Tip Die Kohlrabi lassen sich im Schnellkochtopf garen (⅓ der normalen üblichen Kochzeit). Für dieses Gericht müssen die Kohlrabi jung und zart sein! Sind keine ganz kleine erhältlich, kann man auch größere verwenden. In diesem Fall reichen 4 Stück, und die gekochten Kohlrabi werden nicht nur halbiert, sondern jede Hälfte nochmals quer durchschnitten. Der Durchmesser der Tomaten soll ungefähr demjenigen der Kohlrabi entsprechen.

Variation Spinatblätter und große gescheibelte Champignons in die Kohlrabi legen.

V Kann teilweise vorbereitet werden
Arbeitsaufwand: 15 Minuten
Kochzeit: 45 Minuten
Kalorien: 157 kcal/657 kJ je Person

Für 4 Personen
8 sehr kleine Kohlrabi
2 Tomaten
3 Eßl. Weißwein
1 Eßl. scharfer Senf (Dijon)
5 dl Gemüsebouillon
Butter für die Form
100 g geriebener Käse
3 Eßl. Rahm
1 Knoblauchzehe
Pfeffer aus der Mühle

Gemüserisotto

Ein herrlicher Risotto, gemischt mit Gemüsen, die nicht verkocht werden und Farbe in das Gericht bringen.

Gemüserisotto

Den Reis unter Rühren in einem Eßlöffel Butter leicht rösten. Die Zwiebel hacken, zufügen und kurz mitdünsten. Mit dem Wein ablöschen. Sobald er vom Reis aufgesogen wurde, 5 dl Bouillon nach und nach zugeben. 10 Minuten unter öfterem Rühren kochen. Inzwischen den Peperone halbieren, entkernen und in sehr kleine Würfel schneiden. Die Tomaten entkernen, etwas ausdrücken und kleinschneiden. Zucchetto und Aubergine ungeschält sehr klein würfeln. Die restliche Butter in einer Bratpfanne erhitzen. Die Gemüsewürfelchen zufügen und unter Wenden anziehen lassen, bis sie knapp gar sind. Mit Salz, Pfeffer und einer durchgepreßten Knoblauchzehe abschmecken. Das Gemüse unter den Reis ziehen und 5 Minuten weiterkochen lassen. Die restliche Bouillon nach Bedarf zufügen. Restlichen Knoblauch durchpressen. Mit Mascarpone, Basilikum und zerdrücktem Gorgonzola mischen. Die Creme über den angerichteten Risotto verteilen oder nach Belieben darunterziehen. Den Käse dazu servieren.

Tip In großen Lebensmittelabteilungen gibt es oft Mascarpone, der bereits mit Gorgonzola gemischt ist.

Variationen

- Mascarpone durch frische Butter ersetzen, die mit gehacktem Basilikum und durchgepreßtem Knoblauch gemischt wurde.
- 50 g geriebenen Pecorino unter den Reis ziehen. Das Aroma wird dadurch kräftiger.

V Kann weitgehend vorbereitet werden
Arbeitsaufwand:
20 Minuten
Kochzeit:
etwa 18 Minuten
Kalorien:
683 kcal/2859 kJ
je Person

Für 4 Personen
300 g Reis (Vialone)
3 Eßl. Butter
1 große Zwiebel
2 dl Weißwein
8 dl Gemüsebouillon
1 grüner Peperone
2 große, reife Tomaten, geschält
1 kleiner Zucchetto
1 kleine Aubergine
Salz, Pfeffer aus der Mühle
2 Knoblauchzehen
150 g Mascarpone
3 Eßl. feingeschnittenes Basilikum
50 g Gorgonzola
50 g Parmesan oder Sbrinz, gerieben

Eine etwas ungewohnte Zusammenstellung: Kohlrabi und Morcheln — aber sie schmeckt sehr gut und apart.

Kohlrabigratin mit Morcheln

V Kann vorbereitet werden
Arbeitsaufwand: 15 Minuten
Koch- und Gratinierzeit: 40 Minuten
Kalorien: 332 kcal/1390 kJ je Person

Für 4 Personen
20 g Morcheln, getrocknet (ohne Stiel)
750 g junge Kohlrabi
2 Schalotten
1 Eßl. Butter
3 dl Milch
Salz, weißer Pfeffer
Butter für die Form
1½ dl Rahm
2 Eigelb
1 Teel. Maisstärke
1 Teel. frischer Majoran, gehackt
80 g Mascarpone (italienischer Rahmfrischkäse)
1 Prise Muskatnuß, gerieben

Die Morcheln in 2 dl kaltes Wasser einlegen. Die Kohlrabi schälen und in etwa 6 mm dicke Scheiben schneiden. Die Schalotten fein hakken, in einem Eßlöffel Butter anziehen lassen und beiseite stellen. Die Milch leicht salzen, aufkochen und die Kohlrabi beifügen. 15 Minuten bei kleiner Hitze kochen lassen. Die Kohlrabischeiben dürfen nicht zerfallen und sollen nur halbgar werden. Das Einlegewasser der Morcheln durch einen Kaffeefilter in ein Pfännchen gießen. Die Morcheln kalt abspülen, damit kein Sand mehr zurückbleibt. Große Exemplare längs halbieren, dann im passierten Einlegewasser 10 Minuten kochen. Die Morcheln abgießen, etwas auspressen und den Sud auffangen.
Eine Gratinform mit Butter bestreichen. Die abgetropften Kohlrabi und Morcheln schichtweise hineingeben. Morchelsud, Rahm, Eigelb, gedünstete Schalotten, Maisstärke, Mascarpone, Majoran, Salz, Pfeffer und Muskatnuß gut mischen. Über die Kohlrabi verteilen und den Gratin im vorgeheizten Backofen bei 190 °C 30 Minuten gratinieren.
Den Gratin in der Form servieren. Er kann auch in Portionen-Eierpfännchen gebacken werden.

Tip Wird der Gratin als Vorspeise aufgetragen, reicht die angegebene Menge für 8 Personen. In diesem Fall kann man ihn vor dem Überbacken mit etwas Käse (am besten Gruyère) bestreuen.

Variationen Blumenkohl, in Röschen zerteilt, läßt sich auf dieselbe Art zubereiten. Mit frischen Morcheln schmeckt dieser Gratin natürlich noch feiner.

Ein attraktiver Kuchen, der je nach Saison bunt mit Gemüse belegt wird und dank dem Eierguß als sättigendes Hauptgericht serviert werden kann.

Gemüsekuchen

Die Karotten schälen, den Blumenkohl in Röschen zerteilen und die Champignons reinigen. Die Paprika waschen, vierteln, Stielansatz und weiße Rippen entfernen. In Streifen schneiden. Die Bohnen säubern und in etwa 3 cm lange Stücke schneiden. Karotten und ungeschälte Zucchetti in dünne Rädchen schneiden. Alle Gemüse (mit Ausnahme der Champignons) im Salzwasser 3 bis 4 Minuten vorkochen. Sie sollen immer noch knackig sein. Die Champignons mit dem Zitronensaft, wenig Salz und Wasser kurz dünsten und in Scheiben schneiden.
Den Blätterteig ausrollen und ein kalt abgespültes Blech von rund 30 cm Durchmesser damit belegen. Mit einer Gabel mehrmals einstechen. Eier, Rahm, Salz, Pfeffer und Muskatnuß miteinander verquirlen. Die Karotten dachziegelartig dem Rand entlang auf den Teig legen. In der zweiten Reihe Zucchetti auf die gleiche Art einschichten. Dann die übrigen Gemüse (Blumenkohlröschen, Peperonistreifen, grüne Bohnen und in der Mitte Champignons). In den auf 200 °C vorgeheizten Backofen schieben und 10 Minuten anbacken. Die Hälfte des Gusses über den Kuchen verteilen, nach weiteren 15 Minuten den Rest. Nach insgesamt 40 Minuten Backzeit den Kuchen herausnehmen.
Auf eine runde Platte gleiten lassen und sofort heiß servieren.

Tip Wenn dieser Kuchen etwas größer gebakken wird, bildet er ein vollständiges Nachtessen oder eine vegetarische Hauptmahlzeit. Selbstverständlich lassen sich auch andere Gemüsesorten dafür verwenden, z. B. Kefen, Spinat, Tomaten, Brokkoli, Rosenkohl, Kohlrabi usw., je nachdem, was Garten und Markt anbieten.

V Kann vorbereitet werden (mit Ausnahme des Backens)
Arbeitsaufwand: 20 Minuten
Backzeit: 40 Minuten
Kalorien: 406 kcal/1700 kJ je Person

Für 6 Personen (als Vorspeise)
300 g Karotten
1 kleiner Blumenkohl
2 bis 3 große Champignons
1 kleiner roter Peperone
100 g grüne Bohnen
2 Zucchetti
Salz, Pfeffer, Muskatnuß
1 Eßl. Zitronensaft
300 g Blätterteig
2 Eier
¼ l Rahm

Zur Abwechslung einmal italienisch — ein Gemüsegericht voller Überraschungen, das mit knusprig gebratenen Grießschnittchen ergänzt wird.

Fritto misto mit Gemüse und Grießschnitten

V Kann teilweise vorbereitet werden
Arbeitsaufwand:
45 Minuten
zusätzlich Zeit für das Erkaltenlassen des Grießbreis
Kalorien:
558 kcal/2335 kJ je Person

Für 4 Personen
¾ l Milch
Salz, Pfeffer aus der Mühle
110 g Grieß
3 Eier
750 g Spinat
1 Zucchetto
1 Aubergine
1 roter, grüner oder gelber Peperone
1 Banane
3 Eßl. Mehl
4 Eßl. eingesottene Butter
1 Eßl. gemischte Kräuter (Basilikum, Origano, Petersilie)
1 Knoblauchzehe
20 g Kochbutter

Milch mit wenig Salz aufkochen. Grieß unter Rühren beigeben. 5 Minuten auf kleinem Feuer zu einem dicken Brei kochen. 1 Eigelb verquirlen und unter den Grießbrei ziehen. Erkalten lassen. Spinat waschen, ohne Flüssigkeit knapp weich dünsten. Zucchetto und Aubergine in Rädchen, Peperone in Vierecke schneiden. Banane zuerst längs, dann quer halbieren.
Grieß in viereckige Plätzchen schneiden. Eier verquirlen und leicht salzen. Gemüse, Bananen- und Grießscheiben zuerst mit Mehl bestäuben (am besten mit einem Mehlsieb), dann durch das verquirlte Ei ziehen. Alle Stücke beidseitig in der heißen Butter goldgelb ausbacken. Spinat ausdrücken, mit Salz, Pfeffer, italienischer Kräutermischung und durchgepreßtem Knoblauch würzen, mit wenig Butter erwärmen.

Tip Grießschnitten dachziegelartig anrichten. Die ausgebackenen Gemüse und die Banane ringsum anordnen. Den Spinat dazu servieren. Eingesottene Butter erträgt größere Hitze. Sie ist deshalb zum Braten und Ausbacken geeignet und verleiht delikaten Gerichten den gewünschten Buttergeschmack. Dies ist bei diesem Fritto misto aus Gemüsen besonders wichtig.

Variation Grieß durch Polentaschnitten ersetzen.

Ein leichtes Reisgericht, welches mit allen Gemüsen des Sommers zubereitet werden kann.

Reis nach venezianischer Art

Den Spargel säubern und in 2 cm lange Stücke schneiden (dicke Stangen längs halbieren). Die Spargelspitzen für die Garnitur in etwas längere Stücke schneiden. In der Gemüsebouillon knapp garen, dann abgießen und die Bouillon aufheben. Die Erbsen enthülsen, waschen und abtropfen lassen.
Die Cherrytomaten vierteln. In einem Eßlöffel Olivenöl rasch anziehen lassen. Eine Knoblauchzehe dazupressen und mit Salz und Pfeffer abschmecken. Die Zwiebeln hacken und im restlichen Olivenöl anziehen lassen. Mit einem Liter Bouillon auffüllen. Aufkochen lassen und den Reis hineinrieseln lassen. Unter häufigem Umrühren bei Mittelhitze kochen. Nach 10 Minuten die kleinen Spargelstücke und die Erbsen zufügen. Inzwischen die Spargelspitzen in der restlichen Bouillon langsam erwärmen. Den Reis vor dem Anrichten mit Salz und Pfeffer abschmecken. Die Butter in Flocken schneiden. Mit der Hälfte des Käses, den Kräutern und den Cherrytomaten unter den Reis ziehen. Den restlichen Käse dazu servieren. Den Reis mit den Spargelspitzen garnieren.

Tip Man kann pochierte Eier auf den Reis anrichten und mit Kräutern bestreuen.

Variationen

- Den Spargel durch kleine Brokkoliröschen ersetzen.
- Tiefgekühlte Erbsen verwenden und zarte Lauchringe unter den Reis ziehen.

V Kann vorbereitet werden
Arbeitsaufwand: 25 Minuten
Garzeit: 18 Minuten
Kalorien: 623 kcal/2607 kJ je Person

Für 4 Personen
500 g Spargel, grüner oder weißer
1 ¼ l Gemüsebouillon
750 g frische grüne Erbsen (mit Schoten)
12 Cherrytomaten
2 Eßl. Olivenöl
1 Knoblauchzehe
Salz, Pfeffer aus der Mühle
2 große Zwiebeln
250 g Reis (Arborio)
40 g frische Butter
100 g Parmesan, gerieben
1 Eßl. Thymian, gehackt
1 Eßl. Petersilie (wenn möglich flachblättrige)

Eine Gemüseplatte, die durch den Blumenkohl mit der leichten Wermutsauce gehaltvoller wird.

Blumenkohl im Gemüsebett

V Kann weitgehend vorbereitet werden
Arbeitsaufwand:
30 Minuten
Kochzeit:
15 bis 20 Minuten
Kalorien:
273 kcal/1142 kJ
je Person

Für 4 Personen
1 kg Blumenkohl
Salz, weißer Pfeffer
250 g junge Karotten
250 g weiße Rübchen *(navets)* oder junge Kohlrabi
250 g Zucchetti
30 g Kochbutter
1 Teel. Zucker
1 Eigelb
⅛ l saurer Halbrahm
1 Eßl. trockener weißer Wermut
(z. B. Noilly Prat)
1 Eßl. Schnittlauch, fein geschnitten

Den Blumenkohl säubern, die untersten Röschen abtrennen, im übrigen aber ganz belassen. Mit den Röschen nach unten 15 Minuten in Salzwasser legen, damit eventuelle Unreinheiten austreten. Karotten und weiße Rübchen oder Kohlrabi schälen. Zucchetti ungeschält lassen. Die Gemüse in gleichmäßige, oval abgerundete Stengelchen schneiden (die Abschnitte für eine Gemüsesuppe weiterverwenden).
Die Gemüsestengelchen und die abgetrennten Blumenkohlröschen tropfnaß in eine Chromstahlpfanne mit gut schließendem Deckel geben. Bei kleinster Hitze 20 Minuten knapp garen. Darauf achten, daß die Röschen nicht verkochen. Das Gemüse soll leicht knackig bleiben. Aus der Pfanne nehmen. Die Pfanne kurz waschen, dann Butter mit dem Zucker darin schmelzen. Die Gemüsestengelchen wieder in die Pfanne geben und unter Rühren mit einer Holzkelle «glacieren». Durch die Butter-Zucker-Mischung werden sie leicht glänzend. Nach Bedarf etwas salzen. Inzwischen den ganzen Blumenkohl auf einem Siebeinsatz im Dampf garen.
Eigelb, Rahm, Wermut und Butter mit wenig Salz im Wasserbad zu einer sämigen Sauce schlagen. Sobald diese die Konsistenz einer Sauce hollandaise bekommt, von der heißen Platte wegziehen.
Den Blumenkohl in die Mitte einer runden Platte anrichten, mit der Sauce begießen und mit Schnittlauch bestreuen. Die bunten Gemüse ringsum verteilen.

Dieses Gericht habe ich in Italien gegessen und seither immer wieder einmal auf meine Art so gekocht, daß die Auberginen ihr ganzes Aroma entfalten können.

Spaghetti mit Auberginen

Die Auberginen schälen, dann in kleine, etwa 6 mm dicke Stäbchen schneiden. In kochende, leicht gesalzene Milch geben und 1 Minute kochen. Gut abtropfen.
Die Spaghetti al dente kochen, dann gut abtropfen. Die Auberginenstäbchen im Olivenöl leicht anbraten. Zerzupfte Basilikumblätter, durchgepreßten Knoblauch und winzig klein gewürfelten Peperoncino zufügen und alles kurz dünsten. Spaghetti zugeben und wenden, bis sie heiß sind. Mit Salz und Pfeffer aus der Mühle abschmecken und sofort anrichten.

Tip Man kann beim Erwärmen der Spaghetti zum Verfeinern 1½ dl Rahm zufügen.

Variationen
- Zucchini anstelle der Auberginen verwenden.
- Das Gericht mit kleinen, kurz gedünsteten Tomatenwürfelchen garnieren.

V Kann vorbereitet werden
Arbeitsaufwand: 20 Minuten
Kochzeit: 20 Minuten
Kalorien: 746 kcal/3122 kJ je Person

Für 4 Peronen
500 g Spaghetti
1 kg Auberginen
Salz
½ l Milch
½ dl gutes Olivenöl
4 bis 5 Basilikumblätter
3 Knoblauchzehen
1 Peperoncino (scharfe, kleine Pfefferschote)
Pfeffer aus der Mühle

Limetten — die kleinen grünen Zitronen

Limetten oder Limes, wie die etwas größeren Exemplare genannt werden, sind grüner als die herkömmlichen Zitronen und feiner im Aroma. Limes aus Israel sind besonders saftig und kommen bei uns im August und September auf den Markt. Wegen ihrer dunkelgrünen Schale sind die Limes besonders dekorativ; ihr Saft ergibt aromatische Saucen und erfrischende Sommerdrinks, Desserts und Eisspezialitäten.

Auberginen sind mehr als ein Beilagegemüse. In Scheiben geschnitten, paniert und in Butter gebraten und von einer aparten Sauce begleitet, werden sie zu einem feinen Hauptgericht.

Auberginenschnitzel mit Limonenbutter

V Kann weitgehend vorbereitet werden
Arbeitsaufwand: 20 Minuten
Kalorien: 435 kcal/1820 kJ je Person

Für 4 Personen
2 mittelgroße Auberginen
Saft von 1 ½ Zitronen
½ l Milch
150 g feingeriebenes Toastbrot oder Paniermehl
6 Basilikumblätter
2 Eier
4 Eßl. eingesottene Butter
150 g frische Butter
Saft von 1 Limone (dünnschalige westindische Zitrone)
1 Teel. feingehackte Pfefferminzblätter
2 Teel. feingehackte Zitronenmelisse
Salz, Pfeffer

Die frische Butter aus dem Kühlschrank nehmen und etwas weich werden lassen.
Die Auberginen schälen und mit dem Saft von einer Zitrone einreiben. Zuerst quer halbieren, dann der Länge nach in etwa ½ cm dicke Scheiben schneiden. In die kalte Milch geben und einmal gut aufkochen lassen. Mit einer Schaumkelle herausheben und auf Küchenpapier abtropfen lassen. Mit wenig Salz und Pfeffer bestreuen. Das feingeriebene Toastbrot oder Paniermehl mit dem gehackten Basilikum mischen. Die Auberginenschnitzel durchs Ei ziehen und anschließend panieren. In der eingesottenen Butter beidseitig goldbraun braten.
Für die Limonenbutter die frische Butter schaumig schlagen. Saft der Limone und den restlichen Zitronensaft daruntermischen. Mit Salz und Pfeffer abschmecken. Pfefferminzblätter und Zitronenmelisse daruntermischen. Die Limonenbutter separat servieren.

Tip Besonders hübsch sieht es aus, wenn die Limonenbutter mit dem Dressiersack dekorativ in ausgehöhlte Tomaten gespritzt wird. Anschließend wenn möglich noch im Kühlschrank kühl stellen.

Variation Limonenbutter durch Basilikumbutter (s. S. 305) oder Tomatensauce (s. S. 303) ersetzen.

Auberginenschnitzel
mit
Limonenbutter

Spätzli mit Vollmehl zubereitet sind kräftiger im Geschmack. Sie lassen sich mit verschiedenen Gemüsen zu interessanten Hauptgerichten kombinieren.

Vollkornspätzli mit Mangold und Tomaten

V Kann vorbereitet werden
Arbeitsaufwand: 40 Minuten
Kochzeit: 3 bis 4 Minuten je Portion
Kalorien: 541 kcal/2264 kJ je Person

Für 4 bis 6 Personen
500 g Vollmehl
5 Eier
Salz
5 dl lauwarmes Wasser
250 g Mangold- oder Spinatblätter
1 Salbeiblatt
3 Eßl. Butter
1 Knoblauchzehe
½ Dose geschälte Tomaten (Pelati)
1 gehackte Zwiebel

Das Mehl in eine große Schüssel sieben. Eine Vertiefung anbringen. Verquirlte Eier, Salz und Wasser hineingeben und alles mit einer Lochkelle zu einem glatten Teig verarbeiten (evtl. mit dem Rührwerk). Den Teig schlagen, bis er Blasen wirft. Den Teig portionenweise auf ein Spätzlibrett geben, mit einem Messer Spätzli abschneiden und ins kochende Wasser geben. Sobald eine Portion Spätzli obenauf schwimmt, diese mit der Schaumkelle herausnehmen und in kaltes Wasser legen.
Die Mangold- oder Spinatblätter ohne Beigabe von Flüssigkeit erhitzen, bis sie zusammenfallen. Gut abtropfen und in Streifen schneiden. Mit dem gehackten Salbeiblatt in einem Eßlöffel Butter gar dünsten. Die Knoblauchzehe anschneiden, an eine Gabel stecken und ab und zu den Spinat damit umrühren. Die Tomaten gut abtropfen lassen, in kleine Stücke schneiden und in einem Eßlöffel Butter mit den gehackten Zwiebeln 10 Minuten andünsten. Die restliche Butter in eine große Bratpfanne geben. Die gut abgetropften Spätzli darin erwärmen. Die Mangold- oder Spinatstreifen beifügen und alles gut mischen. Die Spätzli anrichten und die Tomaten darüber verteilen.

Tip Etwas weicher werden die Spätzli, wenn man für den Teig 2 ½ dl Milch und gleich viel Wasser nimmt.

Variationen
- Die Spätzli mit gedünsteten und mit viel Knoblauch und gehackter Petersilie gewürzten Steinpilzen mischen.
- Die Spätzli mit Pilzragout aus verschiedenen Sorten servieren.
- Mit grünen, roten und gelben geschälten Peperonistreifen mischen.

Ein saftiger Quarkkuchen, der erst noch sehr schön aussieht.

Tomaten-Quark-Kuchen

Den Teig 3 mm dick auswallen. Das Kuchenblech mit Butter bestreichen und mit dem Teig auslegen. Mit einer Gabel mehrmals einstechen. Mit Backfolie abdecken und mit den weißen Bohnen beschweren. 30 Minuten kühl stellen. 25 Minuten bei 180 °C vorbacken.
Die Tomaten in etwa 7 mm dicke Scheiben schneiden, auf Küchenpapier legen, mit wenig Salz bestreuen und Saft ziehen lassen. Danach mit Küchenpapier trockentupfen.
Eier verquirlen. Mit Rahmquark, Rahm und Kräutern gut mischen. Den Raclettekäse auf der groben Seite der Röstiraffel reiben und zugeben. Mit Salz und Pfeffer abschmecken.
Tomatenscheiben auf den Kuchenboden legen. Mit der Quarkmischung bedecken, dann die restlichen Tomatenscheiben in Kreisform darauf anordnen. Die Oberfläche mit flüssig gemachter Butter bepinseln und den Kuchen bei Oberhitze nochmals rund 30 Minuten bei 180 °C backen.
Mit 2 bis 3 Basilikumblättern garnieren und warm servieren.

Tips Den vorgebackenen Teigboden erst unmittelbar vor dem Fertigbacken füllen, damit er nicht aufgeweicht wird.
Dieser Kuchen sollte warm oder lauwarm serviert werden.

Variation

– Mit diesem pikanten Kuchen zaubern Sie sommerliche Mittelmeerstimmung auf den Tisch: Blätterteigboden vorbacken, in Olivenöl gedünstete Auberginenwürfel und Tomaten darauf verteilen. Verquirlte Eier und Rahm, mit vielen Kräutern gemischt, darübergießen und nochmals 10 bis 15 Minuten backen.

V Kann vorbereitet werden
Arbeitsaufwand: 35 Minuten
Backzeit: 55 Minuten
Kalorien: 534 kcal/2235 kJ je Person

Für ein Kuchenblech von 26 cm Ø (4 bis 6 Personen)
300 g geriebener Teig (s. S. 316)
Butter für das Blech
300 g weiße Bohnen zum Beschweren
500 g reife Tomaten
Salz, Pfeffer
2 Eier
150 g Rahmquark
3 Eßl. Rahm
2 Eßl. gemischte Kräuter, frisch gehackt (Rosmarin, Basilikum, Bohnenkraut, Majoran, Thymian)
200 g Raclettekäse (evtl. Fontina)
1 Eßl. Butter
2 bis 3 Basilikumblätter für die Garnitur

Tomaten-Quark-Kuchen

Besonders gut schmeckt dieser Kuchen, wenn junge, zarte Zucchetti verwendet werden.

Zucchetti-Kuchen

V Kann vorbereitet werden
Arbeitsaufwand: 15 Minuten
Garzeit: 10 Minuten
Backzeit: etwa 30 bis 35 Minuten
Kalorien: 541 kcal/2264 kJ je Person

Für 4 Personen (Blech von 26 cm Ø)
750 g Zucchetti
2 Eßl. Butter
Salz, Pfeffer, Dill
1 Teel. Butter für die Form
300 g geriebener Teig (s. S. 316)
100 g Rahmquark
⅛ l Sauerrahm
3 Eier
20 g frische Butter

Die Zucchetti ungeschält in kleine Würfel schneiden. In 2 Eßlöffeln Butter halbgar dünsten. Dabei die Hitze so regulieren, daß die Zucchetti keine Flüssigkeit abgeben. Mit Salz, Pfeffer und Dill würzen. Ein rundes Blech mit Butter bestreichen und mit dem 3 mm dick ausgewallten Teig belegen. Mit einer Gabel mehrmals einstechen. Quark, Sauerrahm und Eier verrühren. Mit Salz und Pfeffer abschmecken. Über die Zucchetti verteilen und mit Butterflokken belegen. Im vorgeheizten Backofen bei 200 °C 30 bis 35 Minuten backen.

Tip Man muß unbedingt darauf achten, daß die Zucchetti richtig vorgedünstet werden und dabei keinen Saft verlieren. Sie dürfen sogar leicht anbraten — das erhöht den Geschmack.

Beilagen

Eine aromatische Gemüsebeilage.

Fenchel mit Tomaten

Die Fenchelknollen reinigen (große halbieren) und auf einen Siebeinsatz legen, auf einen passenden Topf, der halbhoch mit Wasser gefüllt ist, setzen, zudecken und 15 Minuten im Dampf garen. Die Zwiebeln in feine Streifen schneiden. Die Tomaten schälen, vierteln und die Kerne ausdrücken. Die Zwiebelstreifen im Olivenöl anziehen lassen. Die Fenchelknollen darauflegen, die Tomaten und das Lorbeerblatt zufügen, 2 dl Bouillon zugeben und zugedeckt bei kleiner Hitze 15 Minuten garen. Das Gemüse mit Thymian, Salz und Pfeffer abschmecken, abgießen und warm stellen. Den Kochsud wieder in die Pfanne geben und 5 Minuten einkochen lassen. Den Saft über das Gemüse geben. Das Gericht zuletzt mit dem Käse bestreuen.

Tip Für dieses Gericht muß der Fenchel ausnahmsweise sehr gar werden. Erst dann entwickelt sich der richtige Geschmack. Er kann auch im Schnellkochtopf vorgegart werden; danach den Fenchel für die Zubereitung weiterverwenden.

V Kann vorbereitet werden
Arbeitsaufwand: 20 Minuten
Kochzeit: 35 Minuten
Kalorien: 242 kcal/1013 kJ je Person

Für 4 Personen
4 kleine Fenchelknollen (etwa 700 g)
1 große Zwiebel
4 große, reife Tomaten
3 Eßl. Olivenöl
1 kleines Lorbeerblatt
2 dl Gemüsebouillon
½ Teel. Thymian
Salz, Pfeffer
50 g geriebener Greyerzer Käse

Die Fenchelknolle

In der Antike war der Fenchel nur als Arznei und Gewürz bekannt. Erst viel später entdeckte man die schönen, hellgrünen Knollen für die Küche. Lange Zeit wurde der Fenchel als Gemüse bei uns nicht sehr geschätzt. Bessere Kenntnisse über die italienische Küche ließen ihn auch bei uns nach und nach attraktiv werden. Hauptsaison für dieses Gemüse ist die Zeit von Juli bis September. Es wird roh als Salat gegessen und gekocht sehr oft mit Käse überbacken. Sein anisartiges Aroma bringt Abwechslung in unseren Speiseplan. Ein Fenchelsüppchen ist eine Delikatesse. Zum Würzen kann das feine grüne Laub verwendet werden. Es paßt zu vielen südlichen Gerichten als Ersatz für den wilden Fenchel, den man in Mittelmeerländern findet.

Eine kleine Beilage, die besonders gut zu Reis oder Teigwaren paßt.

Grilltomaten mit Kräuterkäse

V Kann vorbereitet werden
Arbeitsaufwand: 10 Minuten
Backzeit: 5 bis 7 Minuten
Kalorien: 150 kcal/628 kJ je Person

Für 4 Personen
4 große reife Tomaten
Salz, Pfeffer
50 g Butter
30 g Schabziger (Kräuterkäse)

Die Tomaten quer halbieren. Auf den Schnittflächen leichte Vertiefungen anbringen. Mit Salz und Pfeffer bestreuen. Butter mit Schabziger schaumig schlagen, mit Salz und Pfeffer abschmecken. Die Tomaten leicht auspressen, mit Schabzigerbutter bestreichen und im Ofen bei Oberhitze (200 °C) etwa 5 Minuten garen. Als Beilage servieren.

Tip Kleine, fleischige Tomaten verwenden.

Ein sehr einfacher Gratin, der sich als Beilage zu paniertem Gemüseschnitzel oder zu Teigwaren sehr gut eignet.

Tomaten-Auberginen-Gratin

V Kann vorbereitet werden
Arbeitsaufwand: 15 Minuten
Backzeit: 35 Minuten

Tomaten und Auberginen waschen und in etwa ½ cm dicke Scheiben schneiden. Eine Gratinplatte mit Butter bestreichen und die Gemüse abwechslungsweise dachziegelartig einschichten. Die Bouillon dazugießen. Weißbrot kleinschneiden und im Cutter zu Paniermehl verarbeiten. Mit durchgepreßtem Knoblauch und Kräutern vermischen. Das Gemüse mit wenig Salz und Pfeffer bestreuen. Die Kräutermischung darauf verteilen und die Oberfläche mit Butterflocken belegen. Die Platte auf dem Herd einmal aufkochen lassen und im Ofen bei 180 °C etwa 35 Minuten garen lassen. Wenn nötig mit Alu-Folie abdecken.

Tip Nur fleischige, reife Tomaten verwenden.

Variation Zucchetti anstelle der Auberginen verwenden.

Kalorien:
147 kcal/615 kJ
je Person

Für 4 Personen
4 mittelgroße Tomaten
1 Aubergine (200 g)
1 Teel. Butter
3 dl Gemüsebouillon
2 Scheiben Weißbrot ohne Rinde
1 Knoblauchzehe, durchgepreßt
2 Eßl. gemischte Kräuter, gehackt (Basilikum, Majoran, Thymian)
Salz, Pfeffer
40 g Butter

Eine besonders delikate Kombination — zarte Kefen mit Zwiebelpüree.

Kefengratin

Die Kefen säubern und abfädeln. In Salzwasser 1 bis 2 Minuten kochen (blanchieren), abgießen und mit kaltem Wasser abschrecken. Trokkentupfen und mit Salz, Pfeffer und Bohnenkraut bestreuen.
Für das Zwiebelpüree die Zwiebeln in Scheiben schneiden und in der Butter zugedeckt weich dünsten. Mit abgetropften, kalt abgespülten Pfefferkörnern, Senf und Bouillon im Mixer pürieren. Die Eiweiße mit wenig Salz zu steifem Schnee schlagen und unter das Püree ziehen. Lagenweise Kefen/Zwiebelpüree/Kefen usw. in eine leicht bebutterte Auflaufform füllen und im vorgeheizten Backofen bei 180 °C 15 Minuten überbacken.

Tip Wird der Gratin (bei halbierten Zutaten) nur für zwei Personen zubereitet, können die Kefen kreisförmig auf zwei Teller angeordnet und Zwiebelpüree in die Mitte gegeben werden, was einen sehr schönen, blumenähnlichen Effekt ergibt.

V Kann vorbereitet werden
Arbeitsaufwand:
35 Minuten
Backzeit: 15 Minuten
Kalorien:
131 kcal/548 kJ
je Person

Für 4 Personen
600 g Kefen (Zuckerschoten)
Salz, Pfeffer
1 Teel. Bohnenkraut
200 g Zwiebeln
1 Eßl. Butter
2 Teel. grüne Pfefferkörner
2 Teel. Dijon-Senf
1 dl Bouillon
4 Eiweiß
Butter für die Form

Eine Ratatouille wird meistens mit den gleichen Gemüsen zubereitet, schmeckt aber je nach Koch immer verschieden. Hier meine Zubereitung, die ihren guten Geschmack kleinen Details verdankt.

Ratatouille auf meine Art

V Kann vorbereitet werden
Arbeitsaufwand: 25 Minuten
Kochzeit: 35 Minuten
Kalorien: 166 kcal/695 kJ je Person

Für 6 Personen
400 g kleine, feste Auberginen
400 g kleine Zucchetti
500 g reife Tomaten
2 große Zwiebeln
1 grüner oder roter Peperone
6 Eßl. Olivenöl
2 Eßl. Rotwein
Salz, Pfeffer aus der Mühle
1 Prise gehackter Thymian
3 Knoblauchzehen
2 Eßl. feingeschnittene Basilikumblätter

Die Auberginen schälen und mit den ungeschälten Zucchetti in etwa 2 cm große Würfel schneiden. Die Tomaten kurz in kochendes Wasser tauchen, herausnehmen und kalt abspülen, dann schälen, halbieren, etwas ausdrücken und ebenfalls würfeln. Alle Gemüsesorten getrennt beiseite stellen. Die Zwiebeln halbieren und in 2 cm breite Streifen schneiden und diese quer halbieren. Der Peperone und die Zwiebeln in 2 Eßlöffeln Olivenöl 20 Minuten schmoren lassen. Die Tomatenwürfel in eine separate Bratpfanne geben und in einem Eßlöffel Olivenöl kurz unter Wenden dünsten. Sobald keine Flüssigkeit mehr austritt, die Tomaten aus der Pfanne nehmen. 2 Eßlöffel Olivenöl nachgeben und die Auberginenwürfel darin leicht anbraten. Dabei immer wieder mit der Bratschaufel wenden. Nach etwa 7 Minuten aus der Pfanne nehmen und die Zucchettiwürfel ebenfalls auf diese Art dünsten. Das Gemüse, sobald es knapp gar ist, aus der Pfanne nehmen. Alle Gemüse zusammen mit dem restlichen Olivenöl in einen Topf geben. Den Bratenfond der verschiedenen Gemüse mit dem Rotwein lösen und über die Ratatouille verteilen. Salz, Pfeffer, Thymian, durchgepreßten Knoblauch und Basilikum zufügen und die Ratatouille ungedeckt noch etwa 5 Minuten ziehen lassen. Die Gemüse müssen weich sein, dürfen aber nicht zerfallen.

Tip Diese Zubereitungsart ist ein bißchen aufwendig, aber die Mühe lohnt sich. Die Gemüse werden auf diese Art nicht zerkocht, behalten ihre Farbe und vor allem ihren unvergleichlichen Geschmack.

Variationen

- Aus dieser Ratatouille läßt sich die nordafrikanische Spezialität «Chachouka» zubereiten: Das Gemüse mit wenig marokkanischem Kümmel (Kemun) abschmecken. Kleine Eierpfännchen mit etwas Ratatouille füllen. Eine Vertiefung in der Mitte anbringen und je ein Ei hineinschlagen. Mit Salz und Pfeffer bestreuen. Mit Aluminiumfolie abdecken und etwa 3 Minuten im Backofen bei 200 °C ziehen lassen. Danach die Folie entfernen und 2 Minuten weiterbacken. Das Eigelb soll flüssig bleiben.
- Die Ratatouille auf gebratene Maisschnitten anrichten, nach Belieben mit geriebenem Käse bestreuen und 3 bis 4 Minuten unter der Grillschlange überbacken. Der Käse soll nicht braun werden, sondern nur zerfließen.
- Die Ratatouille auf frischgekochte Teigwaren anrichten.
- Man kann die Ratatouille auch kalt oder lauwarm essen.

Eine nicht alltägliche Kartoffelbeilage, die die etwas langweilig gewordenen Bratkartoffeln vorteilhaft ersetzt.

Kartoffelfladen mit Majoran

Die Kartoffeln waschen, schälen und fein raffeln. Mit verquirlten Eiern, gehackter Zwiebel und dem Majoran mischen. Mit Salz und Pfeffer abschmecken. Die Butter erhitzen und portionenweise kleine, knusprige Fladen ausbacken. Die Kartoffelküchlein dachziegelartig auf einer flachen Platte anrichten.

Variation Majoran durch Dill oder Kerbel ersetzen.

V Kann nur teilweise vorbereitet werden
Arbeitsaufwand: 15 Minuten
Kalorien: 158 kcal/661 kJ je Person

Für 4 Personen
4 große Kartoffeln
2 Eßl. Majoran
1 Zwiebel, gehackt
2 Eier
Salz, Pfeffer
2 bis 3 Eßl. eingesottene Butter

Pikante, kalt servierte Curryspezialität, die sich bei einer Gartenparty oder auf einem Balkonfest gut ausmacht.

Curryfrüchte

V Kann vorbereitet werden
Arbeitsaufwand: 20 Minuten
Kalorien: 58 kcal/243 kJ je Person

Für 8 Personen
1 Apfel oder Birne
200 g Steinfrüchte (z. B. Aprikosen, Pfirsiche, Pflaumen usw.)
100 g Ananas oder exotische Früchte
100 g Trauben oder feste Beeren
1 Eßl. Cognac
2 Eßl. Zwiebeln, gehackt
1 Teel. Currypulver Madras, scharf
1 Eßl. Currypulver, mild
2 Eßl. Milch
6 Eßl. Sauermilch oder saurer Halbrahm
Salz, Pfeffer

Den Apfel oder die Birne schälen, das Kernhaus entfernen und das Fruchtfleisch scheibeln. Die Steinfrüchte halbieren und entsteinen. Die Ananas oder andere exotische Früchte in kleine Stücke schneiden. Die Trauben je nach Größe halbieren und entkernen. Zwiebeln, Currypulver und Milch gut mischen. Unter Rühren bei kleiner Hitze rund 5 Minuten kochen. Erkalten lassen. Sauermilch oder sauren Halbrahm mit dem Schwingbesen daruntermischen. Mit Salz und Pfeffer würzen. Die Früchte darunterziehen. Mindestens ½ Stunde kühl stellen.

Tip Die Früchte in hübsche Schalen anrichten. Paßt gut für ein Salatbuffet.

Krautstiel oder Stielmangold

Nicht alle Leute wissen, daß die Blätter der Krautstiele verwendet werden können. In gewissen Gegenden der Schweiz und auch des Auslands wiederum schätzt man die Stengel dieses Gemüses wenig, und deshalb werden nur die Blätter dieser Pflanze genutzt. Es gibt auch einen roten, sehr dekorativen Krautstiel, der allerdings nicht ganz hält, was er verspricht. Die schöne rote Farbe verwandelt sich beim Kochen in ein nicht sehr appetitliches Graurot. Vermeiden kann man es, wenn der Krautstiel über dem Dampf gegart wird. Ganze Krautstiele, im Dampf gegart, lassen sich wie Spargel servieren.

Die Stengel müssen vor dem Kochen geschält werden, indem die oberste Hautschicht abgezogen wird. Die weißen Stengel haben ein zartes Aroma. Sie schmecken sehr gut in Butter gedünstet oder, wie zu Großmutters Zeiten, an einer weißen Sauce mit Käse überbacken. Die Blätter schmecken etwas bitterer als der Spinat. Sie werden vor allem für die Zubereitung von regionalen Spezialitäten geschätzt.

Der Stielmangold sollte nicht mit dem Schnittmangold verwechselt werden. Schnittmangold sieht ähnlich aus wie Spinat und ist auch den ganzen Sommer erhältlich. Er wird wie Spinat geschnitten und auf dieselbe Art zubereitet. Sein Geschmack ist etwas herber.

Eine sehr einfache, aber aromatische Beilage, die auch einen Gemüseteller bereichern kann.

Krautstiele mit Kräutern

Die Blätter von den Krautstielen entfernen. 2 bis 3 Blätter waschen und fein hacken. Die Rippen wenn nötig leicht schälen und die Enden abschneiden. In 4 bis 5 cm lange Stücke schneiden.

Die Milch mit 3 dl Wasser und wenig Salz aufkochen. Die Krautstiele 10 bis 15 Minuten darin weich garen. Die Butter erhitzen. Sobald sie zu schäumen beginnt, das gehackte Blattgrün und die Kräuter zufügen. Wenig Salz und Pfeffer beigeben.

Die Krautstiele abtropfen und anrichten. Die Butter mit Blattgrün und Kräutern darüber verteilen.

Tip Die Butter läßt sich auch durch eine feine Kräuter-Rahmsauce ersetzen.

V Kann weitgehend vorbereitet werden
Arbeitsaufwand: 15 Minuten
Kochzeit: 10 bis 15 Minuten
Kalorien: 186 kcal/778 kJ je Person

Für 4 Personen (als Beilage)
750 g Krautstiele
2 dl Milch
Salz, Pfeffer
40 g frische Butter
1 Eßl. Kräuter, gehackt (Petersilie, Kerbel, Schnittlauch)

Süße Gerichte

Eine erfrischende, recht sommerliche Süßspeise.

Zweifarbige Melonensuppe

V Kann vorbereitet werden
Arbeitsaufwand: 20 Minuten
Kalorien: 304 kcal/1272 kJ je Person

Für 4 Personen
½ Wassermelone (etwa 1 kg)
1 größere oder 2 kleinere Zuckermelonen (etwa 1 kg)
2 dl Weißwein
2 Eßl. Zitronensaft
1 bis 2 Eßl. Zucker
1 Eßl. Grand Marnier
1 dl Doppelrahm (Crème de Gruyère)
4 Zitronenmelissenblättchen

Aus der Wassermelone mit dem Pariser Löffel Kugeln ausstechen. Darauf achten, daß sich keine Kerne im Fleisch befinden. Das restliche Fruchtfleisch entkernen und in einen Krug geben. Die Hälfte des Weines, des Zitronensaftes, des Grand Marnier und des Zuckers beifügen und alles mit dem Stabmixer pürieren. Die Zuckermelone halbieren und mit einem Löffel die Kerne und Samenfäden herauskratzen. Mit einem Pariser Löffel ebenfalls eine beliebige Anzahl Kugeln herausstechen (evtl. etwas kleiner als diejenigen der Wassermelone).
Das restliche Fruchtfleisch ebenfalls von der Schale lösen und in Stücken in einen zweiten Krug geben. Mit dem restlichen Wein, Zitronensaft, Grand Marnier und nach Belieben wenig Zucker oder Assugrin pürieren. Zum Anrichten gleichzeitig von beiden Saucen von zwei Seiten her einen Teil in Suppenteller gießen. Die Melonenkugeln darauf verteilen. Auf jeden Teller einen Tupfer Doppelrahm geben und diesen mit je einem Zitronenmelissenblatt garnieren.

Tips Für süße Melonengerichte kann ohne weiteres wenig künstlicher Süßstoff verwendet werden. Allerdings mit Zucker und Süßstoff sehr sparsam umgehen, da reife Melonen an sich schon sehr süß sind. Etwas Zitronensaft bringt ihren Geschmack noch besser zur Geltung.
Ein Vorteil der Melonen: Sie verfärben sich praktisch nicht und können daher auch im voraus zubereitet werden.

Variationen

- Die einfachste Art, Melonen zu servieren, besteht sicher darin, kleine Früchte zu halbieren, die Kerne und Samenfäden herauszukratzen und je Person eine halbe Melone als Vorspeise oder Dessert zu servieren. Dazu eine Flasche Portwein am Tisch zirkulieren lassen. Jeder Gast gießt sich Portwein in seine vorgekühlte Melonenhälfte.
- Von kleinen oder größeren Melonen auf etwa zweidrittel Höhe einen Deckel abschneiden, Kerne und Samenfäden entfernen. Mit kleingewürfelten, mit Zucker, Zitronensaft und nach Belieben einem Likör marinierten Früchten füllen. Ein leichtes, aber sehr attraktives Dessert!

Melonen müssen herrlich duften ...

Die Melone stammt ursprünglich aus Asien; sie ist seit tausend Jahren in China bekannt und wird seit der Antike auch in den südlichen Ländern Europas geschätzt. Sie wurde von Charles VIII. aus Cantalupo, einer Domäne der Päpste in der Nähe von Rom, nach Frankreich gebracht, wo sie dann in der Umgebung von Avignon, ebenfalls auf kirchlichen Gütern, angebaut wurde.

Die Hauptanbaugebiete der Melone liegen in Spanien, Frankreich, Italien und Israel. Man unterscheidet grob zwischen Wasser- und Zuckermelonen; je nach Herkunft und Jahreszeit gibt es viele verschiedene Sorten. Im Süden gilt die Wassermelone, die leicht an ihrer Größe, ihrem roten Fleisch und den schwarzen Kernen erkennbar ist und eher fade schmeckt, als beliebter Durstlöscher. Feinschmecker ziehen die Zuckermelonen vor, deren Aussehen, Größe, Geschmack und Gestalt je nach Herkunft variieren.

Am bekanntesten und beliebtesten sind bei uns die Cantaloup-Melonen, die vorwiegend aus Cavaillon (Provence) und Umgebung stammen und orangegelbes Fleisch sowie deutlich sichtbare Rippen aufweisen. Die Sorte Charentais hat eine hellgrüne Schale und ist äußerlich praktisch glatt. Aus Spanien kommen große ovale Melonen mit grünlicher oder gelber (netzförmig gezeichneter) Schale und hellem, grünlichem Fleisch. Wenn sie reif sind, können sie hervorragend schmecken und löschen angenehm den Durst.

Bei allen Melonenarten ist es sehr wichtig, daß sie nur reif konsumiert werden. Ohne Anfassen ist eine gute Wahl unmöglich: Man muß die Melone zur Nase führen und feststellen, ob sie wirklich nach Melone riecht. Zudem prüfe man, ob die Stelle beim Stielansatz und auf der gegenüberliegenden Seite auf Fingerdruck etwas nachgibt. Sind diese Stellen steinhart, ist die Melone mit Sicherheit noch nicht reif.

Früher wurde das Aussuchen der Melonen von einem Spezialisten, der im Dienste der Exporteure oder Großhändler stand, dem «Melonier», vorgenommen. Heute muß man als Konsument oft ganze Berge solcher Kugeln durchwühlen, bis man im besten Falle eine saftige, süß duftende Melone gefunden hat. Als Geheimtip gilt, daß weibliche Melonen besonders aromatisch sind. Man erkennt sie am pigmentierten Kreis an der oberen, gewölbten Seite.

Umstritten ist die Frage nach der idealen Serviertemperatur. Während die einen meinen, die Melone müsse immer gut gekühlt aus dem Kühlschrank aufgetragen werden, behaupten die andern, sie entwickle viel mehr Geschmack, wenn sie nicht allzu kalt serviert werde.

Dieser Auflauf, der sich wie ein Kuchen stürzen läßt, kann aus Vollkornbrot vom Vortag zubereitet werden und findet Anklang bei groß und klein.

Kirschenauflauf nach Großmutterart

60 g Butter bei Küchentemperatur weich werden lassen. Die Milch erhitzen. 200 g Brot in Stücke brechen und in die Milch geben. Sobald es weich ist, durch eine Passiermaschine (Passe-vite) drücken. Restliches Brot in sehr kleine Würfelchen schneiden. In der restlichen Butter hellgelb rösten. Den Zucker mit den Eigelben sämig rühren. Brot, Brotwürfelchen, Kirschen, Mandeln und Bittermandelaroma unter die Eiercreme mischen. Die Eiweiße steif schlagen und unter die Masse ziehen. Die Springform mit Butter bestreichen und mit Paniermehl bestäuben. Die Masse hineingeben und 1 Stunde bei 180 °C backen. Aus dem Ofen nehmen, etwas abkühlen lassen, dann den Auflauf mit einem Messer sorgfältig vom Rand der Form lösen, den Ring entfernen und auf eine Platte geben. Mit Puderzucker bestreuen und lauwarm servieren.

Tip Am besten mischt man zuerst nur die Hälfte des Eischnees unter die Masse und hebt den Rest anschließend locker darunter.

V Kann vorbereitet werden
Arbeitsaufwand: 25 Minuten
Backzeit: 70 Minuten
Kalorien: 451 kcal/1888 kJ je Person

Für eine Springform von 26 cm Ø (8 Portionen)

80 g Kochbutter
2 dl Milch
270 g altbackenes Vollkornbrot
120 g Zucker
4 Eier
1 kg entsteinte schwarze Kirschen
100 g geriebene Mandeln
1 Teel. Bittermandelaroma
Butter für die Form
1 Eßl. Paniermehl
Puderzucker zum Bestreuen

Eine Mehlspeise aus unserem Nachbarland Österreich, die wir als Dessert zu schwer empfinden. Sie ist gerade richtig für ein süßes Nachtessen.

Marillenknödel

V Kann vorbereitet werden
Arbeitsaufwand: 40 Minuten
Kochzeit: etwa 3 Minuten je Portion
Kalorien: 588 kcal/2461 kJ je Person

Für 6 Personen (rund 24 Knödel)

1 kg Kartoffeln
250 g Mehl
50 g Butter
1 bis 2 Eier
½ Teel. Salz
1 kg Aprikosen
20 bis 25 Stück Würfelzucker
1 Gläschen Pflümliwasser oder Kirsch (nach Belieben)
150 g Paniermehl
100 g Tafelbutter
50 g Grießzucker
1 Teel. Zimt

Die Kartoffeln im Dampftopf weich kochen, noch warm schälen und durch die Passiermaschine treiben. Sofort mit Mehl, Butter, Eiern und Salz zu einem festen Teig verarbeiten. Eine dicke Rolle formen und diese in dünne Scheiben schneiden. Die Aprikosen seitlich so aufschneiden, daß sie noch verbunden sind. Den Stein durch ein Stück Würfelzucker, das mit Pflümliwasser oder Kirsch beträufelt wurde, ersetzen. Die Aprikosen gut zusammendrücken und in die möglichst dünn ausgewallten Teigrollen einpakken. Die Knödel vorsichtig in leicht gesalzenes, siedendes Wasser geben und ziehen lassen, bis sie obenauf schwimmen. Mit der Schaumkelle herausnehmen, gut abtropfen. Butter zerfließen lassen, das Paniermehl darin kurz dünsten und die Knödel in dieser Mischung wenden. Grießzucker mit Zimt mischen, die Knödel damit bestreuen und sofort servieren.

Tip Auf dieselbe Art lassen sich auch Zwetschgenknödel zubereiten. Besonders gut werden die Knödel, wenn man frischgeriebenes Brot dafür verwendet (Weißbrot am Vortag im Cutter mahlen).

Herbst

Für Kochbegeisterte ist der Herbst bestimmt die schönste und dankbarste Zeit. Vieles, was im Spätsommer auf dem Markt zu sehen ist, können wir auch jetzt noch kaufen. Dazu kommen die typischen farbenfrohen Herbstgemüse wie Peperoni, Auberginen, schöne große Artischocken, der erste Feld- oder Nüßlisalat, interessante Gemüse wie Pâtisson, Zuckermais und Stachys, aber auch Steinpilze und die kugelrunden Rondini. Dazu kommen wunderschöner grüner Wirsing, der erste Rosenkohl, roter und grüner Kohl und die attraktiven Zwiebelzöpfe.

Zwetschgen, Pflaumen, Äpfel, Birnen und Trauben, herrlich duftende Melonen, Brombeeren, Heidelbeeren, Holunder und Preiselbeeren ergänzen vegetarische Gerichte aufs beste.

Salate und kleine Vorspeisen

Dieser kleine Salat an einer köstlichen Sauce ist eine dekorative Ouvertüre zu einem einfachen oder festlichen Mahl.

Endiviensalat mit Nüssen

Den Strunk des Salatkopfes abschneiden. Die Blätter lösen und, wenn sie zu lang sind, in der Mitte entzweireißen.
In Salzwasser einlegen. Nach 10 Minuten gut ausschwingen. Es darf kein Wasser zurückbleiben.
Für die Sauce Essig und Zitronensaft mit etwas Salz verrühren. Cognac, Senf und Öl zufügen. Alles gut mischen und mit Pfeffer und Kerbel abschmecken.
Eine große Schüssel mit der angeschnittenen Knoblauchzehe gut ausstreichen. Unmittelbar vor dem Essen die Sauce und den Salat hineingeben. 2 bis 3 Minuten gut durchmischen. Mit Nüssen bestreuen.

Tip Bauernbrot oder Roggenbrot mit Butter paßt gut dazu.

Variation Man kann auch Nüßlisalat (Feldsalat) auf diese Art zubereiten.

V Kann vorbereitet werden
Arbeitsaufwand:
10 Minuten
Kalorien:
228 kcal/954 kJ
je Person

Für 4 Personen
1 großer Kopf krause Endivie
1 Eßl. Weißweinessig
1 Teel. Zitronensaft
Salz, Pfeffer
1 Eßl. Cognac
6 Eßl. kaltgepreßtes Baumnußöl
1 Teel. scharfer Senf (Dijon)
1 Eßl. gehackter Kerbel
1 Knoblauchzehe
2 Eßl. grobgehackte Baumnüsse (Walnüsse)

Vom Umgang mit Pilzen

Pilze müssen möglichst frisch zubereitet werden. Man sollte sie nicht waschen, sondern leicht abschaben. Tannennadeln und Erdteilchen können mit dem Küchenmesser entfernt werden. Gewisse Pilze sind etwas klebrig; wenn Sand daran haften bleibt, kommt man nicht darum herum, sie kurz mit einem feuchten Schwamm zu reinigen. Muß man die Pilze doch waschen, dann empfiehlt es sich, sie anschließend gut auszudrücken.

Pilzspezialisten sagen, daß der Pilz nur sein Bestes hergibt, wenn man ihn blättrig schneidet. Deshalb sollten große Pilzhüte zuerst geviertelt, dann in Scheiben geschnitten werden. Die Stiele kann man einfach scheibeln. Allerdings sehen Pilzgerichte schöner aus, wenn die Pilze ganz oder nur halbiert belassen werden. Deshalb wähle ich für ein attraktives Pilzgericht, zum Beispiel für ein Feuilleté, mittelgroße Pilze aus, püriere einige davon mit etwas Rahm im Mixer und gebe dieses Püree der Sauce zu. Mit diesem Trick erhöht sich das Aroma des Gerichtes.

Pilzmischgerichte, so behaupten Kenner, sollten aus möglichst vielen Sorten bestehen. Ich habe dies, soweit es möglich war, mit fünf bis sechs Arten ausprobiert und muß zugeben, daß der Geschmack dieses Pilzragouts besonders kräftig war. Raffinierte Feinschmecker kochen manchmal bis zu dreißig Sorten zusammen!

Je nach Sorte müssen die Pilze in Butter ohne Beigabe von Flüssigkeit gedünstet werden. Dabei geben sie Saft ab, den man zum Schluß, nach dem Herausnehmen der Pilze, einkochen oder als Basis für die Sauce verwenden kann. Es gibt Pilze, die länger brauchen, bis sie gar sind. Sie werden einfach in ihrem eigenen Saft geschmort, bis sie ihr Aroma abgeben (aber nicht länger als 10 bis 12 Minuten).

Verfügt man über genügend Pilze zum Konservieren, empfiehlt sich das Tiefkühlen nur, wenn die Pilze nicht in Wasser vorgekocht werden; sonst werden sie zäh. Am besten dünstet man sie rasch in Butter an und läßt sie kurz durchschmoren. Nach dem Abkühlen kann man sie portionenweise in Beutel abfüllen und später für Saucengerichte verwenden.

Eine gute Art, Pilze zu konservieren, ist das Trocknen. Das geschieht am besten auf dem Dörrapparat bei schonenden Temperaturen. Getrocknete Pilze können im Cutter zu Pilzpulver gemahlen werden — ein interessantes Gewürz für Pilzgerichte!

Ein schöner Auftakt zur Pilzsaison. Die Pilze können je nach Erhalt variiert werden. Ein reichhaltiger Salat, der auch als festliche Vorspeise serviert werden kann.

Herbstlicher Pilzsalat

Die Pilze reinigen, sauber waschen, gut abtropfen lassen und mit 2 Eßlöffeln Zitronensaft beträufeln. Anschließend in feine Scheiben schneiden. Die Salate in mundgerechte Stücke teilen und ebenfalls gut waschen. Alle Zutaten für die Sauce mischen.

In einer Bratpfanne Butter erhitzen und die Pilze darin anziehen lassen. Mit Salz und Pfeffer würzen. Aus der Pfanne nehmen. Die Salatblätter auf 4 Teller anordnen. Mit etwas Sauce beträufeln. Die Pilze auf die Salate verteilen. Mit der restlichen Sauce beträufeln.

Tips Es gibt grünen und roten Lollo-Salat, der dem Lattughino ähnlich ist. Bei dieser Vorspeise bildet er zum tiefgrünen Nüßli- und dem gelben Frisée-Salat nicht nur geschmacklich, sondern auch optisch einen sehr schönen Kontrast.

Baumnuß- (Walnuß-) und Haselnußöl eignen sich für die Zubereitung dieses Salates.

Variationen

- Den Salat mit gerösteten Sesamsamen oder Sonnenblumenkernen bestreuen.
- Mit frischgebackenen Knoblauchcroûtons garnieren.

V Kann vorbereitet werden
Arbeitsaufwand:
20 Minuten
Kalorien:
208 kcal/870 kJ
je Person

Für 4 Personen

100 g Eierschwämme (Pfifferlinge)
100 g Steinpilze
100 g Champignons
2 Eßl. Butter
2½ Eßl. Zitronensaft
50 g roter Lollo-Salat
50 g Nüßlisalat (Feldsalat)
1 kleiner Frisée-Salat

Sauce:

2 Eßl. Weinessig
4 Eßl. Nuß- oder Distelöl
Salz, Pfeffer
1 Eßl. Schalotten, fein gehackt
1 Eßl. Schnittlauch, fein geschnitten

Ein rustikaler Zwiebelsalat aus besonders milden Zwiebeln aus dem Seeland.

Zwiebelsalat nach Seeländerart

V Kann vorbereitet werden
Arbeitsaufwand: 10 Minuten
Kochzeit: 1 bis 2 Minuten
Kalorien: 427 kcal/1787 kJ je Person

Für 4 Personen
4 große Zwiebeln (Zwiebelle)
100 g Magerspeck
2 Eßl. eingesottene Butter
2 Eßl. Weinessig
½ Teel. scharfer Senf
Salz, Pfeffer
1 Eßl. Sonnenblumenöl

Die Zwiebeln und den Speck fein scheibeln und in Bratbutter leicht anziehen lassen. Essig, Senf, wenig Salz und viel Pfeffer sowie Öl verrühren. Mit den noch warmen Zwiebeln vermischen. Nachwürzen und sofort servieren.

Tips Dieser Salat schmeckt lauwarm am besten.
Die «Zwiebelle», eine Neukreation aus dem Seeland, ist eine sehr große Zwiebel mit ausgesprochen mildem Geschmack. Deshalb eignet sie sich für diesen Salat hervorragend. Außerdem ist die Zwiebelle so mild, daß man beim Schneiden nicht mehr weinen muß!

Ein ganz raffinierter Salat aus rohen Steinpilzen.

Steinpilzsalat mit Apfel

V Kann vorbereitet werden
Arbeitsaufwand: 20 Minuten
Kalorien: 78 kcal/326 kJ je Person

Für 4 Personen
16 kleine, schöne Steinpilze
1 fester, kleiner Apfel (saure Sorte)
Saft von ½ Zitrone
1 kleine Zwiebel
2 Eßl. saurer Halbrahm
3 Eßl. Doppelrahm
1 Prise frischgehackter Thymian
Salz, weißer Pfeffer aus der Mühle

Die Pilze mit einem feuchten Tuch abreiben und darauf achten, daß eventuell noch daran haftende Erde weggewischt wird. Den erdigen Teil der Füße abschneiden. Die Pilze in sehr feine Scheiben schneiden (vom Hut nach unten). Den Apfel schälen, halbieren, entkernen und in sehr feine Schnitze schneiden. Bei großem Apfel die Schnitze halbieren. Die Apfelschnitze sofort mit wenig Zitronensaft beträufeln.
Die Zwiebel fein hacken und mit dem sauren Halbrahm und dem Doppelrahm mischen. Die Sauce mit etwas Zitronensaft, Salz und Pfeffer abschmecken. Mit den Pilzen und Apfelscheiben mischen. Mit Thymian bestreuen.

Tip Man kann diesen Salat auch nur mit Zitronensaft und Öl anmachen (Maiskeimöl, Traubenkernöl oder Sonnenblumenöl verwenden).

Viele wissen nicht, daß man dieses etwas nostalgische Gemüse auch roh essen kann.

Topinambursalat

V Kann vorbereitet werden
Arbeitsaufwand: 15 Minuten
Kalorien: 240 kcal/1004 kJ je Person

Für 4 Personen
600 g Topinambur
1 Eßl. Weinessig
Salz, Pfeffer
1 Eßl. Speiseöl
1 dl Rahm
2 Äpfel
1 Eßl. Zitronensaft
1 Eßl. Kräuter, gemischt (Petersilie, Majoran, Thymian)
1 Zwiebel, fein geschnitten

Die Topinambur unter fließendem Wasser gut abbürsten. Den Weinessig mit wenig Salz und Pfeffer, Öl und Rahm gut verrühren. Die Topinambur durch die grobe Seite der Bircherraffel direkt in die Sauce reiben und sofort damit vermischen. Die Äpfel schälen, ebenfalls raffeln, mit Zitronensaft beträufeln und zum Salat geben. Die Hälfte der gehackten Kräuter dazumischen. Nach Belieben nachwürzen. Mit den restlichen Kräutern und der Zwiebel bestreuen.

Tip Die etwas mühsame Arbeit des Schälens erübrigt sich, wenn man die Knollen mit einer harten Bürste gut abbürstet.

Das Comeback des Topinamburs

Diese Wurzelknolle einer Sonnenblumenpflanze soll ihren Namen von einem brasilianischen Indianerstamm erhalten haben, denn sie wurde im 17. Jahrhundert von Seefahrern aus Amerika mitgebracht. Sie verbreitete sich vor allem in Frankreich, wurde aber danach durch die Kartoffel verdrängt. Seit 1978 wird sie bei uns im Seeland wieder angebaut. Die buckligen, kartoffelgroßen Knollen lassen sich nicht wie die Kartoffeln einkellern, weil sie schnell Wasser verlieren. Wer dieses Gemüse einmal entdeckt hat, schätzt seinen nußartigen Geschmack. Topinambur wird deshalb auch roh als Salat zubereitet. Beim Kochen entwickeln die Topinambur einen artischockenähnlichen Geschmack.

Diese Knolle ist wegen ihrer knorrigen Form schwer zu schälen, aber es genügt, wenn man sie vor der Zubereitung gut wäscht. Aus Topinambur bereite ich Salat, Rösti und Gratins.

Gemüse-Hors-d'œuvres

Paprikaschoten in Olivenöl
Steinpilzsalat mit Apfel
Brüsseler Endivien mit Melonenkugeln
an Cocktailsauce
Einfacher Lauchsalat
Cherry-Tomaten mit Auberginenkaviar
Taboulé

Am schönsten ist diese Vorspeise, wenn man Peperoni in drei Farben verwendet.

Peperoni in Olivenöl

V Kann vorbereitet werden
Arbeitsaufwand: 35 Minuten
Garzeit: 5 bis 8 Minuten
Kalorien: 40 kcal/167 kJ je Person

Für 6 bis 8 Personen
6 Peperoni, rot, grün oder gelb (oder gemischt)
2 Eßl. Olivenöl
12 Basilikumblätter
Je 1 Prise Majoran und Thymian, gehackt
3 Knoblauchzehen
Salz, Pfeffer aus der Mühle

Die Peperoni in den Backofen unter die Grillschlange oder in den Grill legen. Backen, bis die Haut dunkle Flecken bekommt. Ab und zu wenden, damit alle Seiten gleichmäßig grilliert werden. Die Früchte in eine Schüssel legen, mit einem Tüchlein zudecken und etwas abkühlen lassen. Dann die Haut abziehen. Die Peperoni halbieren, entkernen und längs in 2 cm breite Streifen schneiden.
Die Peperoni in Olivenöl bei sehr kleiner Hitze 5 bis 8 Minuten dünsten. Das Basilikum mit dem Wiegemesser hacken, mit Majoran und Thymian zufügen. Den Knoblauch durchpressen. Alles gut mischen. Mit wenig Salz und viel Pfeffer bestreuen.
Lauwarm als Gemüse oder kalt (aber nicht aus dem Kühlschrank) als Vorspeise servieren.

Tip Getoastetes Bauernbrot, Oliven und hartgekochte Eier passen gut dazu.

Peperoni – eine Farbenpracht

Peperoni, auch Paprikaschoten oder Gemüsepaprika genannt, ist eines der schönsten Sommer- und Herbstgemüse. Portugiesische Seeleute sollen sie aus Südamerika zu uns gebracht haben. Was wir unter diesen Namen kaufen, ist der milde Paprika — große, kräftige Schoten von grüner, roter oder gelber Farbe. Die grünen sind bereits genußreif; danach färben sie sich in der Vollreife je nach Sorte rot oder gelb. Es gibt auch noch die etwas selteneren weißen und violetten Sorten. Die vollreifen Früchte sind süßlicher und aromatischer als die grünen.

Wunderbar im Geschmack sind die runden Tomatenpeperoni. Sie sind bei uns selten anzutreffen und haben einen süßlichen, apfelähnlichen Geschmack. Die Peperoni haben den höchsten Vitamin-C-Gehalt aller Gemüsearten. Außerdem enthalten sie als einziges Gemüse auch Vitamin P, welches sich günstig auf den Kreislauf auswirkt. Der einzige Nachteil dieser herrlichen Gemüsefrucht ist, daß sie von Magen- oder Leberempfindlichen oft nicht gut vertragen wird. Beschwerden können aber durch Schälen vermieden werden.

Auberginen einmal anders — fächerartig geschnitten, sorgfältig grilliert und mit einer pikanten Sauce serviert.

Auberginenfächer mit Knoblauchsauce

Die Auberginen mitsamt dem Stiel längs halbieren. Jede Hälfte mehrfach längs einschneiden, so daß die Scheiben noch zusammenhalten und sich ein Fächer bildet. Den Fächer etwas auseinanderziehen, auf eine Folie legen und mit Salz bestreuen. Etwa 15 Minuten ziehen lassen. Dann den ausgetretenen braunen Saft mit Küchenpapier abtupfen. Einen Grill mit Aluminiumfolie belegen. Die Auberginenfächer darauflegen, mit viel Pfeffer bestreuen und mit Öl beträufeln. Beidseitig je nach Größe 8 bis 10 Minuten grillieren. 5 Minuten vor Ende der Grillzeit mit feingehacktem oder durchgepreßtem Knoblauch und Basilikum oder Petersilie bestreuen. Wenn nötig, noch etwas Öl darüber verteilen.

Für die Sauce den durchgepreßten Knoblauch und die Mandeln unter den Joghurt mischen und nach Belieben mit Salz und Pfeffer würzen. Separat zu den Auberginen servieren.

Tip Nur für Knoblauchliebhaber! Man kann den Knoblauch durch Würfelchen aus roten, scharfen Pfefferschoten (Peperoncini) ersetzen.

V Kann weitgehend vorbereitet werden
Arbeitsaufwand:
15 Minuten
Grillzeit:
8 bis 10 Minuten
Kalorien:
115 kcal/481 kJ
je Person

Für 4 Personen (als Beilage)
2 mittelgroße Auberginen
Salz, schwarzer Pfeffer aus der Mühle
1 bis 2 Eßl. Olivenöl
2 Knoblauchzehen
2 Eßl. Basilikum oder Petersilie, gehackt

Sauce:
3 bis 5 Knoblauchzehen
1 Becher Joghurt nature
2 Eßl. geschälte, geriebene Mandeln
Salz, Pfeffer

Melonencocktail mit Ingwer

Eine vorzügliche Vorspeise für festliche Menüs.

Melonencocktail mit Ingwer

Die Melone halbieren und entkernen. Das Melonenfleisch mit einem Pariser Löffel in Form von kleinen Kugeln ausstechen. Die Brüsseler Endivie säubern, die Blätter lösen, 4 davon für die Garnitur behalten und den Rest in 1 cm breite Streifen schneiden. Bei Verwendung einer Fenchelknolle den Rest ebenfalls quer in ½ cm breite Streifen schneiden.
Die Melonenkugeln mit dem Salat mischen. Die Ingwerwurzel schälen und auf der Bircherraffel direkt dazureiben. Alles gut mischen. Die Mayonnaise mit dem Rahm, dem Ketchup und dem Cognac mischen. Den steifgeschlagenen Rahm unterziehen und die Sauce mit wenig Salz und Cayennepfeffer pikant abschmecken. Die Melonenkugeln mit den Endivien oder dem Fenchel gut abtropfen. Einen Eßlöffel Melonensaft (der sich beim Ausstechen der Kugeln gebildet hat) unter die Sauce mischen. Die Hälfte der Sauce mit dem Melonensalat mischen, in schöne Gläser füllen. Mit der restlichen Sauce begießen. Mit 2 bis 3 Melonenkugeln und einem Pfefferminzblatt garnieren. Kühl servieren.

Tip Man kann die Mayonnaise durch sauren Halbrahm oder noch etwas mehr steifgeschlagenen Rahm ersetzen. Die Sauce wird dadurch leichter, aber etwas weniger gehaltvoll.

Variationen

- Die Melonen durch gemischte Orangen- oder Grapefruitfilets ersetzen. Große Filets können halbiert werden.
- Brüsseler Endivien oder Fenchel durch frisch abgekochte, in Stücke geschnittene grüne Spargeln ersetzen.

Für 4 Personen
1 reife Zuckermelone (am besten Cantaloup)
1 Brüsseler Endivie oder 1 kleine Fenchelknolle
1 Stück frische Ingwerwurzel
3 Eßl. Mayonnaise
4 Eßl. saurer Halbrahm
2 Teel. Ketchup
1 Teel. Cognac
2 Eßl. steifgeschlagener Rahm
Salz
1 Prise Cayennepfeffer
4 Pfefferminzblätter
Kalorien:
152 kcal/636 kJ
je Person

Artischocken nach allen Regeln der Kunst vorbereitet und gekocht, serviert an einer aromatischen Vinaigrette.

Gekochte Artischocken mit Vinaigrette

V Kann vorbereitet werden
Arbeitsaufwand:
10 Minuten
Kochzeit:
20 bis 35 Minuten
Kalorien:
127 kcal/531 kJ
je Person

Für 4 Personen
4 große Artischocken
½ Zitrone

Vinaigrette:
1 Eßl. Aceto Balsamico oder Rotweinessig
Salz, Pfeffer aus der Mühle
4 Eßl. Olivenöl, kalt gepreßt
1 Eßl. feingehacktes Basilikum
1 kleines Stück Peperoncino, sehr fein gehackt (nach Belieben)

Das obere Drittel der Artischocken mit einem scharfen Messer abschneiden. Die Stiele abbrechen. Die Schnittfläche sofort mit der halbierten Zitrone abreiben. Die Artischocken in einen hohen Topf geben, mit leicht gesalzenem Wasser bedecken und 20 bis 35 Minuten kochen. Sie sind gar, wenn die Blätter mühelos herausgezogen werden können. Im Sud erkalten lassen. Inzwischen den Essig mit etwas Salz und Pfeffer verrühren. Die restlichen Zutaten beigeben und bei Küchentemperatur stehenlassen.
Die Artischocken abgießen, gut abtropfen, das Innere (sogenanntes Heu) herauszupfen und lauwarm servieren. Die Vinaigrette dazureichen.

Tip Die Artischocken nie eiskalt aus dem Kühlschrank servieren. Wenn nötig, im Sud etwas erwärmen. Auf diese Art werden sie geschmackvoller und besser. Die Artischocken lassen sich auch im Schnellkochtopf kochen. Ausnahmsweise dieses Gemüse ebenfalls mit Salzwasser bedecken. (Kochzeit 7 bis 12 Minuten, je nach Größe und Qualität.)

Variationen Gekochte Artischocken können auch mit folgenden Saucen serviert werden: Mangosauce (s. S. 302), Sauce hollandaise, leichte Sauerrahmsaucen, verschiedene Dip-Saucen (s. S. 104 ff.).

Warme Vorspeisen und Kleingerichte

Aus dieser Kürbisart (auch Bischofsmütze genannt), die unseren Urgroßmüttern bestens bekannt war, läßt sich ein gehaltvoller Gratin zubereiten.

Pâtissongratin

Die Pâtissons halbieren und entkernen. Die Schale wegschneiden und das Fruchtfleisch in Stengelchen schneiden.
Die Zwiebeln in der Butter anziehen lassen. Die Pâtissonstengelchen zufügen, kurz mitdünsten, mit der Bouillon ablöschen und 5 Minuten garen lassen.
Für die Sauce die Butter mit dem Mehl einige Minuten dünsten. Die Milch dazugießen und aufkochen. Den Rahm beifügen, 10 Minuten weiterkochen und mit Salz, Pfeffer und Muskatnuß abschmecken.
Eine feuerfeste Form mit Butter ausstreichen und das Gemüse hineingeben. Mit der Hälfte des Käses bestreuen. Die Kochflüssigkeit des Pâtissons auf etwa ½ dl einkochen und zur Sauce geben. Die Sauce über das Gemüse gießen. Mit dem restlichen Käse bestreuen und 20 Minuten im Ofen bei 200 °C überbacken.

Tip Es gibt auch sehr kleine Pâtissons, die sich wie Peperoni oder Tomaten füllen lassen.

V Kann vorbereitet werden
Arbeitsaufwand: 25 Minuten
Kochzeit: 15 Minuten
Backzeit: 20 Minuten
Kalorien: 234 kcal/979 kJ je Person

Für 4 Personen
1 bis 2 Pâtissons
1 große Zwiebel, gehackt
2 Eßl. Butter
2 dl Bouillon
Butter für die Form
100 g Greyerzer Käse, gerieben

Sauce:
1 ½ Eßl. Butter
1 Eßl. Mehl
2 dl Milch
1 dl Rahm
Salz, Pfeffer
Muskatnuß

Der Pâtisson – ein nostalgischer Kürbis

Der Pâtisson — oft als Neuheit betrachtet — ist ein origineller Kürbis, der bereits in den Gärten unserer Urgroßmütter prächtig gedieh. Er ist wegen seiner skurrilen Form auch unter dem

Namen «Bischofsmütze» bekannt. Der Pâtisson ist flach und von gebrochen weißer Farbe. Er ist in verschiedenen Größen zu haben: vom Minikürbis bis zum größeren Exemplar von mehr als 20 cm Durchmesser. Seine männlichen Blüten werden ebenfalls sehr geschätzt. Sie werden wie Zucchettiblüten gefüllt und ausgebacken.

Das Aroma des Fruchtfleisches ist ähnlich wie jenes der Zucchetti; es läßt sich gut mit anderen Gemüsen kombinieren, weil es nicht aufdringlich ist. Pâtisson kann man gedünstet oder als Gratin servieren. Die ganz kleinen Exemplare sehen sehr hübsch aus, wenn man sie mit Gemüsen gefüllt auftischt.

Kleine Gemüsekuchen, die Freude machen. Sie lassen sich gut im voraus zubereiten und kurz vor dem Essen backen.

Kleine Gemüsequiches

V Kann vorbereitet werden
Arbeitsaufwand: 25 Minuten
Backzeit: etwa 20 Minuten
Kalorien: 225 kcal/942 kJ je Stück

Für 10 Stück à 10 cm Ø
1 Zucchetto (mittelgroß)
1 roter Peperone
5 mittelgroße Champignons
1 Eßl. Zitronensaft
40 g Butter
300 g geriebener Teig (s. S. 316)
2 dl Milch
1 dl Rahm
1 Ei
2 Eßl. Mascarpone
Salz, Pfeffer, Muskatnuß
1 Mokkal. Paprika edelsüß

Den Zucchetto in dünne Scheiben und den Peperone in feine Streifen schneiden. Die Champignons waschen, scheibeln und mit dem Zitronensaft beträufeln. Zucchetto und Peperone in 2 Eßlöffeln Butter einige Minuten anziehen lassen. Die Förmchen mit der restlichen Butter bestreichen. Den Teig auswallen und Rondellen von 12 cm Durchmesser ausstechen. Die Förmchen damit belegen. Das Gemüse nebeneinander einschichten. Aus Milch, Rahm, Ei und Mascarpone einen Guß rühren. Mit Salz, Pfeffer, wenig Muskatnuß und Paprika abschmekken. Über das Gemüse verteilen und die Tartelettes im vorgeheizten Backofen bei 180 °C 20 Minuten backen.

Tip Nach Belieben etwas feingeschnittenes Basilikum zufügen.

Kleine
Gemüsequiche

Eine farbenfrohe herbstliche Vorspeise, die — in der doppelten Menge zubereitet — auch ein Hauptgericht bilden kann.

Wachsweiche Eier auf Selleriescheiben an Peperonicoulis

V Kann vorbereitet werden
Arbeitsaufwand: 20 Minuten
Kochzeit: 10 Minuten und Zubereitungszeit für Coulis
Kalorien: 124 kcal/519 kJ je Person

Für 4 Personen (als Vorspeise)
Peperonicoulis (½ Rezept s. S. 303)
1 mittelgroßer Sellerieknollen (etwa 150 g)
Salz, Pfeffer
1 Teel. Zitronensaft
4 frische Eier
10 g frische Butter
1 Eßl. Basilikum, gehackt

Den Peperonicoulis zubereiten. Den Sellerie schälen, in vier 1 cm dicke Scheiben schneiden, Rondellen ausstechen und in ½ l Salzwasser mit Zitronensaft 8 bis 9 Minuten gar ziehen lassen. Die Eier 6 Minuten kochen, kalt abschrecken und noch warm schälen. Die Selleriescheiben in Butter beidseitig rasch anziehen lassen. Auf Teller verteilen und je ein wachsweiches Ei daraufsetzen. Mit Peronicoulis umgießen und mit Basilikum bestreuen.

Tip Der Sud und die Sellerieabschnitte können für eine Gemüsesuppe weiterverwendet werden.

Variation Anstelle von Selleriescheiben Toasts unter die Eier legen.

Diese Pilzterrine ist besonders leicht; sie läßt sich gut vorbereiten. Man kann dafür Champignons oder, je nach Saison, Eierschwämme oder Steinpilze verwenden.

Pilzterrine mit grüner Sauce

V Kann vorbereitet werden
Arbeitsaufwand: 30 Minuten
Garzeit: 40 Minuten
Kalorien: 492 kcal/2059 kJ je Person

Die Steinpilze in kaltes Wasser einlegen. Das Brot in Würfel schneiden, in Milch einweichen. Die Champignons fein hacken. In Butter dünsten, bis keine Flüssigkeit mehr austritt. Das Brot gut ausdrücken und passieren. Mit Champignons, Ei und Rahm mischen. Die Steinpilze im Einlegewasser 10 Minuten kochen, abtropfen und mit 2 Eßlöffeln Einlegeflüssigkeit mixen. Das Püree nach dem Erkalten zur Masse geben. Mit

Salz und Pfeffer abschmecken. Die Förmchen mit Butter bestreichen und mit der Masse dreiviertel hoch füllen. 40 Minuten im Wasserbad im Backofen bei 170 °C garen. Im Kühlschrank abkühlen lassen.
Für die Sauce Kräuter, Quark und Rahm gut mischen. Mit Zitronensaft, Salz und Pfeffer abschmecken. Die Sauce auf Teller verteilen. Die Pilzterrine stürzen und in die Tellermitte stellen. Mit wenig Paprika bestreuen und mit einem Majoranzweiglein garnieren.

Variationen

- Eierschwämme (Pfifferlinge) oder andere Pilze verwenden.
- Die Pilzterrine mit Peperonicoulis (s. S. 303) servieren.
- Terrine halbiert servieren, damit der «vergrabene» Champignon sichtbar wird.
- Mit Trüffelscheiben garnieren.

Für 4 Souffléformen von etwa 7 cm Ø
100 g Weißbrot ohne Rinde
20 g getrocknete Steinpilze
1 dl Milch
200 g Champignons und 4 kleine Champignonköpfe
1 Eßl. Butter
1 Ei
3 Eßl. Rahm
Salz, Pfeffer
Butter für die Förmchen

Sauce:
2 Eßl. frischgehackte Kräuter (Majoran, Thymian, Kerbel, Petersilie)
1 Eßl. Rahmquark
1/8 l Rahm
1 Teel. Zitronensaft
Salz, Pfeffer
Wenig Paprika
4 Zweiglein Majoran (für die Garnitur)

Eine russische Spezialität, die ausgezeichnet zu einer gehaltvollen Suppe paßt.

Pilz-Pirogen

Champignons mit dem Wiegemesser hacken. Mit Zitronensaft beträufeln und mit feingehackten Zwiebeln und Petersilie mischen. In Butter 5 Minuten dämpfen, mit Salz und Pfeffer würzen. Erkalten lassen. Mit Ei, Senf und vorgekochtem Reis mischen.
Den Teig 4 mm dick auswallen. Rondellen von rund 5 cm ausstechen. Auf jedes Teigplätzchen etwas Füllung legen. Den Rand mit Wasser bestreichen und mit einer zweiten Rondelle belegen. Gut verschließen, damit die Füllung beim Backen nicht herausquillt.
Auf ein Blech legen und 15 bis 20 Minuten bei 190 °C backen.

Tip Am besten schmeckt eine Mischung von verschiedenen Pilzen.

V Kann vorbereitet werden
Arbeitsaufwand: 35 Minuten
Backzeit: 15 bis 20 Minuten
Kalorien: 148 kcal/619 kJ je Person

Für etwa 14 Pirogen
400 g geriebener Teig (s. S. 316)
300 g Champignons oder andere frische Pilze
Saft von 1/2 Zitrone
1 große Zwiebel
2 Eßl. Petersilie, gehackt
1 Eßl. Butter
Salz, Pfeffer
1 Ei, hart gekocht
1 Teel. Senf
50 g Reis, vorgekocht

Brokkoliköpfchen
an
Nußsauce

Eine sehr aparte Vorspeise, welche auch Verwöhnten gefallen wird.

Brokkoliköpfchen an Nußsauce

Zuerst die Nußbutter zubereiten: 40 g weiche Butter mit den gemahlenen Nüssen zu einer Paste verarbeiten. Mit Eiswürfeln umgeben in den Kühlschrank stellen.
Den Brokkoli säubern und über Dampf oder in leicht gesalzenem Wasser knapp weich garen und sofort in Eiswasser abschrecken. Abtropfen lassen und im Mixer pürieren.
Den Rahm auf die Hälfte einkochen. Etwas abkühlen lassen, dann mit den Eigelben gut verrühren und mit dem Brokkolipüree mischen. Mit Salz und Pfeffer abschmecken. Timbale- oder Soufflèförmchen mit Butter ausstreichen. Die Masse einfüllen und im Wasserbad 15 bis 20 Minuten garen.
Für die Sauce die Schalotten in Butter anziehen lassen. Den Wein zugeben, kurz kochen und absieben. Die Flüssigkeit mit Rahm einkochen, bis die Sauce leicht sämig wird. Die eiskalte Nußbutter unter die Sauce schlagen. Mit Salz, Pfeffer und Cayennepfeffer abschmecken. Nach Belieben Nußlikör zufügen.
Die Sauce auf Teller verteilen und die Köpfchen daraufstürzen.

Tips Wenn der Brokkoli im Salzwasser gekocht wird, behält er die ganze Farbe, und die Köpfchen sehen besonders schön aus.
Man kann auch anderes Gemüse verwenden.

V Kann teilweise vorbereitet werden
Arbeitsaufwand:
20 Minuten
Garzeit:
15 bis 20 Minuten
Kalorien:
369 kcal/1544 kJ
je Person

Für 6 Personen
200 g Brokkoli
2 dl Rahm
2 Eigelb
Salz, Pfeffer
Butter für die Förmchen

Sauce:
40 g frische, weiche Butter
30 g gemahlene Nüsse (Baumnüsse, Haselnüsse, Pinienkerne oder verschiedene Sorten gemischt)
2 Schalotten, fein gehackt
1 Eßl. Butter
2 Eßl. Weißwein
2 dl Rahm
Salz, Pfeffer, Cayennepfeffer
1 Teel. Nußlikör (nach Belieben)

Eine originelle Art, Reste von Risotto zu präsentieren. Allerdings braucht es dazu reife, aromatische Tomaten.

Tomatenkugeln

Arbeitsaufwand:
25 Minuten
Backzeit:
15 bis 20 Minuten
Kalorien:
187 kcal/783 kJ
je Person

Für 4 Personen
4 große, feste, reife Tomaten, geschält
Risottoreste
Salz, Pfeffer
2 Eßl. Basilikum, gehackt
1 Knoblauchzehe
4 Eßl. Weißbrot, gerieben
2 Eßl. Olivenöl oder Butter

Von den Tomaten die Fliege wegschneiden. Die Frucht durch die entstandene Öffnung mit einem Pariser Löffel (Spezialmesser mit einem runden Ausstecher aus dem Haushaltsgeschäft) sorgfältig aushöhlen.
Die Tomaten außen und innen mit Salz und Pfeffer bestreuen. Mit Risotto füllen. Das Basilikum mit dem durchgepreßten Knoblauch und dem geriebenen Brot mischen. Die Tomaten mit wenig Olivenöl oder flüssiger Butter bestreichen. In der Basilikummischung drehen, mit der Öffnung nach unten auf ein Blech setzen, mit dem restlichen Öl oder mit Butter beträufeln und 15 bis 20 Minuten bei 180 °C in der Mitte des Ofens backen. Sollte die Brotmischung zu rasch Farbe annehmen, mit einer Folie abdecken.

Tip Man kann die Tomaten auch mit gekochtem Reis und kleinen Gemüsewürfelchen füllen.

Mais schmeckt in jeder Form gut. Diese kleinen Klößchen sehen gut aus und bringen Abwechslung.

Maisklößchen mit Tomaten und Lauch

V Kann vorbereitet werden
Arbeitsaufwand:
25 Minuten
Kochzeit: 10 Minuten
Kalorien:
222 kcal/929 kJ
je Person

Für 4 Personen
2 dl Milch
2 Eßl. Vollkornmehl

Die Milch aufkochen. Das Maismehl und das Vollkornmehl einrieseln lassen und unter Rühren 10 Minuten kochen. Den Brei vom Feuer nehmen und das verquirlte Eigelb daruntermischen. Erkalten lassen. Die Tomaten halbieren, Kerne ausdrücken und das Tomatenfleisch klein würfeln. Den Lauch säubern und sehr fein schneiden. Die beiden Gemüse in Butter anziehen lassen. Die eingesottene Butter erhitzen. Mit zwei Dessertlöffeln Klößchen formen und darin goldbraun braten. Das Tomaten-Lauch-Gemüse auf vorgewärmte Teller anrichten. Die Klößchen daraufsetzen. Den sauren Halbrahm erwärmen, aber nicht kochen. Mit Salz und Pfeffer abschmecken und mit dem Basilikum mischen. Die Klößchen mit der Sauce umgießen.

Tip Die Sauce kann weggelassen werden. Dafür die Klößchen mit etwas erhitzter Butter und Kräutern begießen.

40 g Maismehl
1 Eigelb
2 Tomaten, geschält
1 kleine Lauchstange
1 Eßl. Butter
1 Eßl. eingesottene Butter
1 ½ dl saurer Halbrahm
1 Eßl. gehacktes Basilikum
Salz, Pfeffer

Der Liebesapfel — unsere Tomate

Spanische Eroberer brachten die Tomate aus Südamerika nach Europa, wo sie sehr rasch Erfolg hatte. Zuerst wurde sie in südlichen Ländern angebaut. Dank ihrer schönen Farbe und Form erhielt sie hübsche Namen wie *pomodoro* in Italien, *pomme d'amour* in Frankreich, Liebes- und Paradiesapfel im deutschsprachigen Raum. Übrigens nennen die Österreicher die Tomate heute noch Paradeiser.

Die Tomate ist für mich eine ausgesprochen saisonale Frucht. Sie schmeckt nur in den Sommermonaten und nur dann wirklich gut, wenn sie unter günstigen Bedingungen gereift ist. Viele Treibhaustomaten sind wohl rot wie ein Paradiesapfel, weisen innen aber eine fade Färbung auf und schmecken auch so.

Roh gegessen schmecken die Fleischtomaten am allerbesten. Sie sind groß und — wie es der Name sagt — fleischig und aromatisch; sie haben wenig Samen. Die Oberfläche kann glatt oder gerippt sein.

Oft wird das Einmachen oder Tiefkühlen von Tomaten empfohlen. Dafür eignen sich aber nur aromatische Früchte, sonst lohnt sich die Arbeit nicht. Für die Zubereitung kräftiger Tomatensaucen oder zum Einmachen von Tomatenpüree gibt es die ovalen «Peretti»-Tomaten. Sie werden in Süditalien schon seit 200 Jahren angebaut und auch nach Neapel geliefert, wo daraus die berühmte

Tomatensauce zubereitet wird. Spaghetti alla napoletana schmecken dort ja am besten, dank diesen birnenförmigen, festen, leuchtend roten und sehr fleischigen Tomaten.

Mais — einmal anders zubereitet: in Form von pikant gefüllten Kroketten, begleitet von einer farbenfrohen Peperonisauce.

Maiskroketten an Peperonisauce

V Kann teilweise vorbereitet werden
Arbeitsaufwand: 30 Minuten
Kochzeit der Polenta: 40 bis 45 Minuten
Bratzeit: 10 Minuten
Kalorien: 424 kcal/1774 kJ je Person

Für 6 Personen
300 g Maisgrieß
1 ½ l Wasser
Salz
1 Eigelb
200 g Gorgonzola
1 Ei
4 Eßl. Haselnüsse, gemahlen
2 Eßl. eingesottene Butter

Peperonisauce:
Je 1 roter und grüner Peperone
Salz, Pfeffer
20 g frische Butter

Mit den angegebenen Zutaten eine Polenta nach Grundrezept zubereiten (s. S. 315). Die Polenta etwas abkühlen lassen, dann mit dem leicht verquirlten Eigelb mischen. Den Gorgonzola in kleine Stäbchen schneiden und in Maisbrei einhüllen. Längliche Kroketten formen, durch das verquirlte Ei ziehen und in den Nüssen panieren. In eingesottener Butter ausbakken.
Die Peperoni halbieren, entkernen, kleinschneiden und separat im Cutter pürieren, damit man eine rote und eine grüne Sauce erhält. Die beiden Pürees nacheinander durch ein feines Sieb streichen. Die Saucen in zwei Pfännchen aufkochen und etwas einkochen lassen. Mit Salz und Pfeffer abschmecken. Jeder Sauce 10 g Butter zufügen.
Zum Anrichten die beiden Saucen auf Teller geben und je 2 bis 3 Kroketten darauflegen.

Tip Die Polenta läßt sich im voraus zubereiten und füllen. Dann braucht man vor dem Essen nur noch die Kroketten zu braten. Instant-Mais verkürzt die Kochzeit.

Variation Nur rotes Peperonipüree zubereiten oder Tomatensauce dazu servieren.

Maiskroketten
an
Peperonisauce

Anstelle von Mehl kann man zum Pastetenbacken zur Abwechslung feines Maisgrieß verwenden. Das Gericht wird dadurch besonders geschmackvoll.

Maispastetli mit Pilzragout

V Kann teilweise vorbereitet werden
Arbeitsaufwand: 30 Minuten
Kochzeit der Polenta: 40 bis 45 Minuten
Backzeit: 5 bis 10 Minuten
Kalorien: 368 kcal/1540 kJ je Person

Für 5 Personen als Vorspeise:

300 g feiner Maisgrieß
1 ½ l Wasser
Salz
1 Ei
1 Eßl. Maisstärke
2 Eßl. Rahm
Butter für die Form
2 Eßl. eingesottene Butter
200 g gemischte Pilze oder Champignons
Salz, Pfeffer
20 g frische Butter
2 Schalotten, fein gehackt
1 Eßl. Kräuter, gehackt (Thymian, Salbei, Rosmarin)
2 Eßl. Marsala

Mit den angegebenen Zutaten eine Polenta nach Grundrezept zubereiten (s. S. 315). Ei mit Maisstärke und Rahm gut mischen. Unter die Polenta rühren. Die Hälfte der Polenta auf ein mit Butter bestrichenes Blech gießen. Etwas abkühlen lassen, dann Rondellen von etwa 7 cm Durchmesser ausstechen. Auf ein ebenfalls mit Butter bestrichenes Blech geben. Die restliche, noch warme Polenta in einen Spritzsack mit glatter Tülle einfüllen. Auf jedes Plätzchen einen Rand spritzen. Die Pastetchen fest werden lassen. Den Rand mit etwas flüssig gemachter eingesottener Butter bestreichen. Im vorgeheizten Backofen bei 160 °C 5 bis 10 Minuten backen.
Inzwischen die Pilze säubern, scheibeln und in der restlichen Bratbutter rasch anziehen. Marsala zugeben und 1 bis 2 Minuten kochen. Aus der Pfanne nehmen und warm stellen. Mit Salz und Pfeffer bestreuen.
Die frische Butter erhitzen. Schalotten kurz darin dünsten und Kräuter zufügen. Mit den Pilzen mischen. Die heißen Pastetchen damit füllen.

Tip Instant-Polenta verwenden und damit Zeit sparen.

Dank den grünen Brokkoliröschen wirkt diese Suppe sehr dekorativ. Ein kleiner Aufwand, der sich lohnt.

Blumenkohlsuppe mit Brokkoli

Den Blumenkohl und den Brokkoli reinigen, in Röschen teilen und kalt abspülen. Die Kartoffeln schälen und in Scheiben schneiden. Den Lauch in 2 cm dicke Rädchen schneiden.
Blumenkohlröschen mit den Kartoffel- und Lauchscheiben in Milch und Bouillon weich kochen. In einer anderen Pfanne in wenig Salzwasser die etwas zerkleinerten Brokkoliröschen knapp weich garen (Pfanne nicht zudecken). Die Suppe durch die Passiermaschine treiben. Wieder in die Pfanne geben und den Rahm zufügen. Nochmals aufkochen. Inzwischen die Brotscheiben in der Butter beidseitig goldgelb rösten.
Die frische Butter in Flocken schneiden und unter die Suppe schwingen. Mit Salz und Pfeffer nachwürzen. Den Brokkoli auf die Suppe streuen. Mit Brotcroûtons servieren.

Tip Wer Kalorien sparen will, kann die Suppe mit Halbrahm verfeinern.

Variationen
- Die Konsistenz der Suppe kann nach Belieben mit etwas Milch, Rahm oder Bouillon verändert werden.
- Wenn man die Zubereitung etwas vereinfachen möchte, kann man auf die Beigabe von Brokkoliröschen verzichten. In diesem Fall einige Blumenkohlröschen zurückbehalten und vor dem Servieren auf die Suppe geben.

V Kann vorbereitet werden
Arbeitsaufwand:
20 Minuten
Kochzeit:
20 bis 30 Minuten
Kalorien:
288 kcal/1205 kJ
je Person

Für 6 Personen
1 kleiner Blumenkohl
2 große Kartoffeln
2 Lauchstangen (nur das Weiße)
2 dl Milch
4 dl Gemüsebouillon
250 g Brokkoli
2 dl Rahm
6 Scheiben Pariserbrot, dünn geschnitten
1 Eßl. eingesottene Butter
40 g frische Butter
Salz, Pfeffer

Eine Minestrone mit eigenwilligem Geschmack.

Gemüsesuppe mit Reis und Kräuterkäse

V Kann vorbereitet werden
Arbeitsaufwand:
15 Minuten
Kochzeit: 60 Minuten
Kalorien:
289 kcal/1209 kJ
je Person

Für 4 Personen
2 Rüebli (Karotten)
1 große Selleriestange
1 Lauchstengel
2 Eßl. Butter
2 Zwiebeln, gehackt
2 Knoblauchzehen
4 kleine Tomaten, geschält
100 g Borlottibohnen, eingeweicht
1 ½ dl Gemüsebouillon
Salz, Pfeffer, Majoran, Rosmarin, Basilikum
50 g Reis
60 g Schabziger (Kräuterkäse), gerieben

Rüebli, Sellerie und Lauch säubern und kleinschneiden. Die Butter erhitzen. Zwiebeln darin dünsten. Durchgepreßten Knoblauch, gewürfelte Tomaten, Borlottibohnen und die kleingeschnittenen Gemüse zugeben und kurz mitdämpfen. Bouillon und Gewürze zugeben und zugedeckt ½ Stunde leicht kochen lassen. 15 Minuten vor Ende der Kochzeit Reis zugeben. Vor dem Anrichten den Kräuterkäse einstreuen.

Tip Man kann der Suppe anstelle des Kräuterkäses auch geriebenen Pecorino zufügen.

Ein gutes Süppchen ist die beste Ouvertüre zu einem gelungenen Mahl, wenn es so gut schmeckt wie diese Brokkolisuppe.

Brokkolicremesuppe mit Nüssen

V Kann vorbereitet werden
Arbeitsaufwand:
15 Minuten
Kochzeit: 30 Minuten
Kalorien:
233 kcal/975 kJ
je Person

Für 4 Personen
1 kleine Zwiebel
150 g Brokkoli
2 Eßl. Butter
½ l Gemüsebouillon
2 dl Milch
Salz, Pfeffer
1 dl Rahm
2 Eßl. grobgehackte Baumnußkerne (Walnüsse)

Die Zwiebel in Streifen schneiden. Den Strunk des Brokkolis scheibeln und die Röschen halbieren. Beides mit der Zwiebel in einem Eßlöffel Butter 2 bis 3 Minuten dünsten. Die Bouillon und die Milch zufügen. Bei kleiner Hitze 30 Minuten zugedeckt kochen.
Die Suppe im Mixer pürieren. Mit Salz und Pfeffer abschmecken. Nochmals in den Topf geben, mit Rahm verfeinern und erwärmen. Die Baumnußkerne in der restlichen Butter anziehen lassen. Die Suppe in Tassen anrichten und mit den Nüssen bestreuen.

Tip Man kann die Suppe auch mit Rahmrosetten garnieren und die Nüsse evtl. weglassen.

Eines meiner liebsten Süppchen. Zusammen mit knusprigem Bauernbrot genügt es mir als leichtes Abendessen.

Fenchelsüppchen

Die Schalotten hacken, die Fenchelknollen reinigen und in Scheiben schneiden. Etwas Fenchelkraut für die Garnitur beiseite legen. Die Kartoffel schälen und in Stücke schneiden.
Die Schalotten in der Butter anziehen lassen. Fenchel und Kartoffel dazugeben und kurz mitdünsten. Die Bouillon dazugießen und die Suppe etwa 30 Minuten kochen. Das Gemüse durch eine Passiermaschine drehen. Wieder in die Pfanne geben, nochmals aufkochen und mit Rahm, Salz und Pfeffer abschmecken.
Die Suppe in kleine Bouillontassen abfüllen. Je einen halben Eßlöffel geschlagenen Rahm daraufgeben und mit etwas Fenchelkraut bestreuen.

Tip Die Kartoffel bindet die Suppe. Man kann sie weglassen und etwas mit Bouillon verrührte Speisestärke zufügen.

Variationen

- Besonders festlich sieht es aus, wenn die angerichtete Suppe bei starker Oberhitze kurz überbacken wird. Dies setzt allerdings voraus, daß man ofenfeste Suppentassen besitzt.
- Den Schlagrahm und das Überbacken weglassen und die Suppe dafür mit einem Eigelb binden (nicht mehr kochen lassen!)
- Anstelle des Schlagrahms kleine Brotcroûtons (in Butter gebacken) zur Suppe reichen.
- Die Suppe mit Knoblauchbrot servieren: Pariser Brot in Scheiben schneiden. Mit Butter und durchgepreßtem Knoblauch bestreichen und im Ofen überbacken.

V Kann teilweise vorbereitet werden
Arbeitsaufwand: 15 Minuten
Kochzeit: 30 Minuten
Kalorien: 242 kcal/1013 kJ je Person

Für 4 Personen
3 Schalotten
500 g Fenchelknollen
1 Kartoffel
1 Eßl. eingesottene Butter
1 l Gemüsebouillon
5 Eßl. Rahm
Salz, Pfeffer
2 Eßl. Rahm, steif geschlagen, zum Garnieren

Eine Luxusvariante unserer braven Kartoffelsuppe. Mit frischgehacktem Majoran bestreut, präsentiert sie auch sehr schön.

Kartoffelrahmsuppe mit Steinpilzen und Majoran

V Kann vorbereitet weden
Arbeitsaufwand: 20 Minuten
Kochzeit: 20 Minuten
Kalorien: 364 kcal/1523 kJ je Person

Für 4 Personen
20 g Steinpilze, getrocknet
400 g Kartoffeln
1 Zwiebel, fein gehackt
2 Eßl. Butter
1 l Gemüsebouillon
1 Büschel Majoran
Salz, Pfeffer
2 dl Rahm

Die Steinpilze 10 Minuten in warmem Wasser einweichen. Die Kartoffeln schälen, halbieren und in Scheiben schneiden.
Die Zwiebel in einem Eßlöffel Butter glasig dünsten. Die Kartoffeln beigeben und mit der Bouillon ablöschen. Rund 20 Minuten leicht kochen lassen. Die Einweichflüssigkeit der Steinpilze durch ein Filterpapier in die Suppe gießen. Den Majoran hacken und die Steinpilze kleinschneiden, in der restlichen Butter anziehen lassen und mit wenig Salz und Pfeffer würzen. Die Suppe durch eine Passiermaschine geben und 1½ dl Rahm zugeben. Aufkochen lassen und vorsichtig mit wenig Salz und Pfeffer abschmekken. Den restlichen Rahm steif schlagen und in die Suppe geben.
Steinpilze und Majoran in vorgewärmte Suppentassen verteilen und mit der Suppe auffüllen.

Tip Besonders gut schmeckt die Suppe natürlich, wenn frische Steinpilze verwendet werden. Aber auch andere Pilze eignen sich für dieses Gericht. Der Majoran ist für diese Suppe relativ wichtig, denn sein Geschmack harmoniert sehr gut mit den Kartoffeln. Außerhalb der Saison kann er auch getrocknet verwendet werden. In diesem Fall bereits kurz vor dem Anrichten in die Suppe geben.

Steinpilze — unvergleichlich im Aroma

Frische Steinpilze sind als Delikatesse zu betrachten und sollten entsprechend zubereitet werden. Sie können roh gegessen werden, zum Beispiel in feine Lamellen geschnitten, mit kalt gepreßtem Olivenöl beträufelt und mit einer Spur Knoblauch und wenig Pfeffer gewürzt, oder sehr rasch in Butter oder Olivenöl gedünstet, mit flachblättriger Petersilie und wenig Knoblauch bestreut. So kommt das Aroma dieses hervorragenden Pilzes bestens zur Geltung. Fein ist er in dieser Zubereitung auch auf einem weißen Risotto. Für Saucengerichte sind frische Steinpilze fast zu schade. Dort verwende ich gerne getrocknete Steinpilze.

Beim Kauf muß man darauf achten, daß die Pilze nicht von Würmern befallen sind, was leider manchmal der Fall ist. Bei sehr großen Steinpilzen verwende ich die Hüte für ein delikates Gericht (wie oben beschrieben) und nehme die Füße für ein Süppchen oder ein Pilzmischgericht.

Tiefgekühlte Steinpilze kann man für Gerichte wie Risotto, Saucen usw. verwenden. Sie müssen aber sofort geschnitten und zubereitet werden. Gänzliches Auftauen ist nicht ratsam. Bei getrockneten Steinpilzen sollte man das Einlegewasser filtriert mitverwenden. Es enthält viele Geschmacksstoffe.

Auberginen mit einer pikant gewürzten Gemüsefüllung, im Ofen überbacken.

Gefüllte Auberginen, gratiniert

V Kann vorbereitet werden
Arbeitsaufwand: 30 Minuten
Kochzeit: 15 Minuten
Backzeit: 15 bis 20 Minuten
Kalorien: 294 kcal/1230 kJ je Person

Für 4 Personen
2 große Auberginen (wenn möglich runde Sorte)
1 große Karotte
1 zarter Lauchstengel
1 kleiner Zucchetto
2 Eßl. Butter oder Olivenöl
1 Eigelb
3 Eßl. geriebenes Brot
Salz, Pfeffer
1 Teel. Paprika
160 g Mascarpone mit Gorgonzola

Die Auberginen längs halbieren und aushöhlen. Dabei etwas Auberginenfleisch stehen lassen, damit die Haut nicht beschädigt wird. Alle Gemüse säubern und in kleine Würfel schneiden. Die Gemüsewürfelchen in Butter oder Olivenöl anziehen lassen, 1 bis 2 Eßlöffel Wasser zufügen, zudecken und rund 15 Minuten bei kleiner Hitze garen. Die Gemüse etwas abkühlen lassen und im Mixer pürieren. Mit dem Eigelb und dem geriebenen Brot mischen. Die Masse mit Salz, Pfeffer und Paprika abschmekken. Die Mischung in die ausgehöhlten Auberginen einfüllen. Den Mascarpone mit einer Gabel zerdrücken und auf die Füllung verteilen. Bei 250 °C im Backofen 15 bis 20 Minuten backen. Während der ersten 10 Minuten mit einer Aluminiumfolie abdecken.

Tip Wenn kein Mascarpone mit Gorgonzola erhältlich ist, kann man gewöhnlichen Mascarpone mit zerdrücktem Gorgonzola mischen oder auch den Mascarpone durch Rahmfrischkäse ersetzen.

Auberginen mit Käse überbacken an einer gut gewürzten Tomatensauce — ein deftiges Gericht mit italienischem Einschlag.

Auberginengratin mit Käse

Die Auberginen ungeschält in Scheiben schneiden, mit Salz bestreuen und 20 Minuten stehenlassen. Käse ebenfalls in Scheiben schneiden. Kochbutter erhitzen, gehackte Zwiebeln, Knoblauch, kleingeschnittene Karotte, Sellerie und Tomaten 5 Minuten dünsten. Mit Rotwein ablöschen und mit Bouillon aufgießen. Die Gewürze beigeben und etwa ½ Stunde kochen lassen, bis das Gemüse gar ist. Die Sauce durch die Passiermaschine treiben und nochmals aufkochen. Zucker beigeben und pikant abschmecken. Die Sauce soll ziemlich dickflüssig sein.

Die Auberginenscheiben waschen, mit Küchenpapier trocknen und in der eingesottenen Butter beidseitig goldbraun anbraten. Nach dem Braten auf saugfähiges Papier legen und mit der Bratschaufel überflüssiges Fett ausdrücken. Abwechslungsweise Auberginen und Sbrinz in eine feuerfeste Form schichten und mit Tomatensauce überziehen. Leicht mit Basilikum und Pfeffer bestreuen. Die oberste Schicht Auberginen mit Käsescheiben belegen und darauf achten, daß die Tomatensauce die Auberginen nicht völlig deckt. Raclette- oder Fontina-Käse mit Basilikum bestreuen. Im Ofen bei 200 °C 15 Minuten schmoren lassen, bis der Käse zerfließt. In der Gratinform auf den Tisch bringen und sofort genießen!

Tip Die Tomaten brauchen nicht geschält zu werden, weil die Häute beim Passieren im Sieb zurückbleiben. Im Winter empfiehlt es sich, geschälte Tomaten aus der Dose zu verwenden. Sollte die Tomatensauce, je nach Sorte der Tomaten, etwas bleich sein, kann man wenig Tomatenpüree zufügen.

V Kann teilweise vorbereitet werden
Arbeitsaufwand: 45 Minuten
Backzeit: 15 Minuten (Schnellbratpfanne 25 Minuten)
Kalorien: 493 kcal/2063 kJ je Person

Für 4 Personen

4 bis 5 Auberginen (etwa 800 g)
Salz
150 g Käse (halbweich), z. B. Raclette- oder Fontina-Käse
2 Eßl. Kochbutter
1 kleine Zwiebel
1 Knoblauchzehe
1 Karotte
1 kleines Stück Sellerie
500 g Tomaten
⅛ l Rotwein
⅓ l Gemüsebouillon
¼ Teel. Thymian
½ Stück Lorbeerblatt
1 Nelke
1 Prise Zucker
Salz, Pfeffer
4 Eßl. eingesottene Butter
40 g Sbrinz, gerieben
4 bis 5 Basilikumblätter, gehackt

Die Auberginen sind so fleischig und gehaltvoll, daß sie auf diese Art zubereitet eine echte Piccata ersetzen können.

Auberginenpiccata

V Kann vorbereitet werden
Arbeitsaufwand: 15 Minuten
Koch- und Bratzeit: 8 Minuten
Kalorien: 225 kcal/942 kJ je Person

Für 4 Personen
1 große Aubergine (runde Sorte, wenn möglich)
½ l Milch
Salz, Pfeffer
1 Eßl. Mehl
2 Eier
½ Teel. gehackter Origano
50 g Parmesan, frisch gerieben
1 Eßl. Rahm
2 Eßl. eingesottene Butter

Die Auberginen schälen und längs in ½ cm dicke Scheiben schneiden. Die Milch mit wenig Salz aufkochen. Die Auberginenscheiben eine Minute darin kochen, abgießen und auf Küchenpapier trocknen lassen. Die trockenen und abgekühlten Auberginenscheiben im Mehl wenden. Das Ei verquirlen, mit Salz, Pfeffer und Origano würzen. Käse und Rahm zufügen und 10 Minuten ruhen lassen. Die Auberginenscheiben durch das Teiglein ziehen und in der Butter beidseitig goldgelb braten.

Tip Man kann die Auberginenpiccata auf Risotto oder Spaghetti anrichten und nach Belieben noch mit fein geschnittenen und gedünsteten Champignons und Zwiebeln garnieren.

Ravioli mit Pilz- oder Käsefüllung. Man kann eine Sorte oder zur Abwechslung beide zusammen servieren.

Herbstliche Ravioli

V Kann vorbereitet werden
Arbeitsaufwand: 45 Minuten (mit einer Füllung)
Kochzeit: 2 Minuten

Für 6 Personen
Feiner Ravioliteig (s. S. 314)
Pilz- oder Käsefüllung (s. S. 205)
50 g Parmesan, gerieben
50 g Butter

Den Teig so dünn wie möglich ausrollen (am besten mit Hilfe einer kleinen Teigwarenmaschine) und locker über ein Raviolibrett legen. Den Teig mit dem Finger leicht in die Vertiefung drücken. Je eine kleine Kugel Füllung daraufgeben. Die zweite Teighälfte darüberlegen. Den Teig mit dem Finger zwischen den Füllungen andrücken. Mit dem Teigrädchen Ravioli ausschneiden. 2 Minuten in Salzwasser kochen. Abgießen und nach Belieben mit Käse bestreuen und mit heißer Butter überschmelzen.

Tip Werden die Ravioli nicht sofort gekocht, am besten auf ein bemehltes Tüchlein legen und zugedeckt in der Küche stehenlassen. Sie können auch einzeln tiefgekühlt werden (lagenweise auf einem mit Folie bedeckten Blech gefrieren lassen, dann in Klarsichtsäcke verpakken).

Pilzfüllung

Die Pilze kleinschneiden, danach mit dem Wiegemesser hacken. In Butter anziehen lassen, bis alle Flüssigkeit verdampft ist. Die Kräuter und die Schalotten zufügen und kurz weiterdünsten. Mit Mehl bestäuben, gut mischen und mit dem Doppelrahm begießen. Mit Salz und Pfeffer abschmecken.

Tip Die Füllung sollte fein sein, damit sie den feinen Teig der Ravioli nicht beschädigt. Zur Sicherheit kann man die Mischung kurz in den Cutter geben.

200 g Pilze
(Champignons,
Pfifferlinge
[Eierschwämme]
oder andere Sorten,
evtl. gemischt)
2 Eßl. Kräuter (Majoran,
Petersilie, Thymian)
2 Eßl. Schalotten,
gehackt
1 Eßl. Butter
½ Teel. Mehl
1 Eßl. Doppelrahm
Salz, Pfeffer
Kalorien:
410 kcal/1716 kJ
je Person

Käsefüllung

Den Weichkäse in kleine Stücke schneiden. Mit Butter und Doppelrahm im Mixer pürieren. Mit Salz und frischgemahlenem Pfeffer pikant abschmecken.

Tips Man kann der Füllung wenig durchgepreßten Knoblauch zufügen.
Bei Verwendung von Halbweichkäse, z. B. Raclettekäse, diesen in feine Scheiben schneiden und in ½ dl Milch aufkochen und die Mischung mit dem Eigelb binden. Nach dem Erkalten erst als Füllung verwenden.

(Schnellrezept)
100 g Weichkäse,
z. B. Tomme vaudoise,
Camembert, Brie usw.
(evtl. gemischte
Weichkäsereste),
ohne Rinde
1 Eßl. Butter
1 Eßl. Doppelrahm
Salz, Pfeffer
Kalorien:
522 kcal/2185 kJ
je Person

Die Aubergine oder Eierfrucht

Die wunderschöne schwarzviolette Frucht stammt ursprünglich aus dem tropischen Hinterindien und kam durch die Araber im Mittelalter nach Europa. Diese Auberginen waren weißlich in der Farbe und hatten ein eierartiges Aussehen. Deshalb auch ihr Name «Eierfrüchte», der immer noch im deutschsprachigen Raum verbreitet ist. Es gibt heute längliche, aber auch rundliche Formen auf dem Markt, und nicht alle haben eine dunkelviolette Haut; es gibt zum Beispiel auch weiß-violett gestreifte. Überlagerte Auberginen sind schwammig anzufassen! Vor allem in Italien und in der Provence weiß man mit dieser attraktiven Frucht umzugehen. Italienische Köchinnen schneiden die Aubergine in Rädchen oder halbieren sie längs und bestreuen sie zunächst mit Salz, damit sie etwas von ihrer Bitterkeit verlieren. Danach wird der ausgetretene braune Saft abgetupft. Meiner Ansicht nach entfaltet das Auberginenfleisch seinen Geschmack erst durch das Garen oder Braten. So brate ich die Scheiben zum Beispiel bei einem Mischgemüse zuerst allein an, weil ihre Garzeit etwas länger ist als die der Zucchini, Peperoni oder Tomaten. Wichtig ist das Vorgaren oder Vorbraten bei der Zubereitung von gefüllten Auberginen oder bei der Verwendung für Füllungen (s. Ravioli mit Auberginenfüllung, S. 211).

Ein besonders delikates und nahrhaftes Auberginengericht, mit einem grünen Salat voraus eine sättigende Hauptmahlzeit.

Gefüllte Auberginen

V Kann teilweise vorbereitet werden
Arbeitsaufwand: 20 Minuten
Fritierzeit je Portion: etwa 3 Minunten
Kalorien: 479 kcal/2005 kJ je Person

Für 6 Personen
20 g Hefe
½ Teel. Zucker
180 g Mehl
3 dl Weißwein
2 Auberginen, kleine
Salz, Pfeffer
1 Teel. Sojasauce

Für den Teig die Hefe mit dem Zucker verrühren. 10 Minuten stehenlassen. Das Mehl in eine Schüssel sieben. In der Mitte eine Vertiefung anbringen. Die aufgelöste Hefe hineingeben. Den Wein zugießen und alles rasch zu einem Teig mischen (er soll weder dick noch zäh sein). Die Teigschüssel mit einem Tuch bedecken und den Teig eine Stunde an der Wärme (etwa 35 °C) gehen lassen. Die Auberginen waschen und in 2 cm dicke Scheiben schneiden. Beidseitig mit wenig Sojasauce beträufeln, auf Küchenpapier legen und 10 bis 12 Minuten ziehen lassen. Inzwischen die Schalotten und gereinigten Champignons fein hacken und 2 Eßlöffel Basilikum in dünne Streifchen schneiden. In einem Eß-

löffel Butter anziehen lassen. Mit wenig Salz und Pfeffer bestreuen.
Die Auberginenscheiben mit Küchenpapier troktupfen. In jeder Scheibe seitlich eine Tasche schneiden. Schalotten, Champignons und etwas Basilikum in die Taschen der Auberginenscheiben hineinschieben. Die restliche Butter in einer großen Bratpfanne erhitzen. Die gefüllten Auberginen beidseitig halbgar dünsten. Inzwischen die Eiweiße steif schlagen, unter den Weinteig ziehen und in der heißen Fritüre (180 °C) portionenweise hellgelb ausbacken. Auf Küchenpapier herausheben und servieren.
Die Zutaten für die Sauce gut mischen und mit wenig Salz und Pfeffer abschmecken. In einer Sauciere zu den Auberginenscheiben servieren.

Tip Man kann die Sauce auch weglassen und die Auberginen nur mit Zitronenvierteln oder -scheibchen anrichten.

Variation Mit pikanter Tomatensauce servieren.

2 Schalotten
100 g Champignons
2 Eßl. Basilikum
3 Eßl. Kochbutter
3 Eiweiß
Öl für die Fritüre

Sauce:
1 Becher saurer Halbrahm (180 g)
2 Eßl. Basilikum, fein gehackt

Krapfen mit einer interessanten Gemüsefüllung

Gemüsekrapfen

Spinat-, Mangold- und Wirz- oder Kohlblätter in einem Eßlöffel Olivenöl weich dämpfen, abtropfen lassen und grob hacken. Das Gemüse mit den Sultaninen, den gehackten Eiern und dem restlichen Olivenöl mischen, mit Salz, Muskatnuß und Paprika würzen.
Den Teig auswallen und mit einem kleinen Dessertteller runde Fladen ausstechen. Die eine Hälfte der Rondellen mit etwas Füllung belegen und die andere als Deckel darüberschlagen. Ränder befeuchten und gut andrücken. Mit etwas Milch bepinseln und im heißen Ofen rund 20 Minuten bei 200 °C backen.

Tip Zum Apéro kann man aus diesen Zutaten kleine Krapfen backen.

V Kann vorbereitet werden
Arbeitsaufwand: 35 Minuten
Backzeit: 20 Minuten
Kalorien: 296 kcal/1239 kJ je Krapfe

Für etwa 8 Krapfen
400 g geriebener Teig (s. S. 316)
500 g Spinat
250 g Mangold
250 g Wirz oder Kohl
50 g Sultaninen
2 Eier, hart gekocht
2 Eßl. Olivenöl
Salz, Muskatnuß, Paprika
Etwas Milch zum Bepinseln

Ein Kuchen mit besonders guter Unterlage, denn Mais paßt hervorragend zu diesem bunten Gemüse.

Herbstlicher Maiskuchen

V Kann vorbereitet werden
Arbeitsaufwand: 20 Minuten
Kochzeit: 40 Minuten
Backzeit: 20 Minuten
Kalorien: 317 kcal/1327 kJ je Person

Für 4 Personen (Kuchenblech von 26 cm Ø)
6 dl Wasser
Salz, Pfeffer
150 g Maisgrieß
20 g Butter
1 roter Peperone
1 gelber Peperone
1 mittlerer Zucchetto
150 g Gorgonzola
1 rote Pfefferschote, scharf
6 Basilikumblätter

Aus Salzwasser und Maigrieß nach dem Grundrezept (s. S. 315) eine feine Polenta zubereiten. Ein Kuchenblech mit 5 g Butter bestreichen und die noch warme Polenta hineingeben. Gleichmäßig darin verstreichen und dabei einen Rand formen. Die beiden Peperoni halbieren und den Zucchetto der Länge nach vierteln. Beides fein schneiden und in der restlichen Butter einige Minuten anziehen lassen. Mit wenig Salz und Pfeffer würzen. Die Gemüse über die Polenta verteilen. Den Gorgonzola in kleine Stücke schneiden und darauflegen. Die Pfefferschote sorgfältig entkernen und in kleine Würfelchen schneiden. Die Käsestückchen damit bestreuen. Den Kuchen im heißen Ofen bei rund 200 °C 20 Minuten backen. Die Basilikumblätter grob hacken und darüberstreuen. Den Kuchen in Tortenstücke schneiden und heiß servieren.

Tip Wer Gorgonzola nicht mag, kann Raclette- oder Greyerzer Käse verwenden.

Hier eines meiner Lieblingsgerichte — ein Kartoffelgratin mit einer delikaten Pilzfüllung.

Pilze «Parmentier»

V Kann vorbereitet werden
Arbeitsaufwand: 35 Minuten
Koch- und Backzeit: 30 bis 40 Minuten
Kalorien: 447 kcal/1871 kJ je Person

Für 4 Personen
300 g gemischte Pilze (z. B. Champignons,

Die Pilze säubern. Große Exemplare längs halbieren. Die Kartoffeln in der Schale kochen (am besten über dem Dampf).
Etwas ausdampfen lassen, dann schälen und sofort durch die Passiermaschine treiben. Mit Milch gut mischen und mit Rahm verfeinern. Mit Salz und Muskatnuß abschmecken.
Die Zwiebel fein hacken und in der Butter anziehen lassen. Die Tomaten halbieren, entkernen, etwas auspressen, kleinschneiden und zufügen. Unter Wenden 1 bis 2 Minuten dünsten.

Die Pilze und die Hälfte der Kräuter und die durchgepreßte Knoblauchzehe zufügen. Bei starker Hitze 2 bis 3 Minuten dünsten, bis die Pilze keine Flüssigkeit mehr abgeben.
Mit Weißwein ablöschen, etwas verdampfen lassen, Bouillon zufügen und weiterkochen, bis die Pilze knapp gar sind. Die restlichen Kräuter beigeben, mit Salz und Pfeffer abschmecken. Eine nicht zu hohe Auflaufform mit Butter bestreichen. Mit der Hälfte des Kartoffelpürees belegen. Das Pilzragout darauf verteilen. Mit Kartoffelpüree zudecken. Den Käse darüberstreuen und die Butterflocken darauf verteilen. 15 bis 20 Minuten bei 220° überbacken.

Tip Außerhalb der Pilzsaison kann man getrocknete Pilze verwenden oder auch getrocknete Pilze unter die frischen mischen (vorher einweichen).

Steinpilze, Eierschwämme, Pfifferlinge, Herbsttrompeten usw.)
1 kg Kartoffeln
4 dl Milch
2 Eßl. Rahm
Salz, Pfeffer, Muskatnuß
1 Zwiebel
2 Eßl. Butter
2 Tomaten, geschält
1 Teel. Thymian, gehackt
1 Eßl. Majoran, gehackt
1 Knoblauchzehe
3 Eßl. Weißwein
3 Eßl. Gemüsebouillon
3 Eßl. geriebener Käse (Greyerzer)
Butter für die Form
20 g Butterflocken

Rund um die Artischocke

Die Artischocke — ein sehr attraktives Gemüse — stammt ursprünglich aus Sizilien. Sie kam aus Italien nach Frankreich, wo sie vorerst als Medizin verwendet wurde. Man verordnete das Gemüse vor allem Greisen sowie phlegmatischen und melancholischen Menschen. Heute weiß man, daß es einen hohen diätetischen Wert besitzt und die Leber- und Gallenfunktion anregt. Artischocken sind aber nicht nur bekömmlich, sie schmecken auch gut.

Es gibt verschiedene Artischocken. Die sehr großen Exemplare aus der Bretagne, die sich zum Kochen und Füllen eignen, dann mittelgroße bis ganz kleine, welche für südliche Zubereitungsarten ideal sind. In Italien schneidet man die ganz kleinen Artischocken in Scheiben, backt sie schwimmend aus oder mischt sie unter Reis oder Teigwaren. Dazu eignen sich wirklich nur die ganz kleinen Exemplare. Die Blätter dürfen keinesfalls zäh sein.

Beim Kauf muß man darauf achten, daß die Artischocken noch grün und fest verschlossen sind. Verdorrte Blattspitzen verraten, daß die Artischocken schon längere Zeit herumgelegen haben.

Eine interessante Mischung — Teigwaren mit Artischocken an einer delikaten Sauce. Ein feines Hauptgericht oder, in kleinen Mengen, eine originelle Vorspeise.

Nudeln mit Artischocken

V Kann vorbereitet werden
Arbeitsaufwand:
35 Minuten
Kochzeit:
rund 25 Minuten
Kalorien:
680 kcal/2846 kJ
je Person

Für 4 Personen
1 große Tomate
4 kleine (oder 2 große) Artischocken
Salz, Pfeffer
1 Zitrone
2 dl Rahm
400 g Nudeln (wenn möglich hausgemachte, s. S. 314)
1 Eßl. Kerbel, gehackt
50 g Sbrinz, gerieben
40 g frische Butter
1 Knoblauchzehe, durchgepreßt

Die Tomate mit einem Tomatenmesser so schälen, daß ein langes Band entsteht. Den Stiel der Artischocken abbrechen. 2 Liter leicht gesalzenes Wasser aufkochen. Die in Scheiben geschnittene Zitrone hineingeben und die Artischocken, mit dem Boden nach unten, in die Pfanne setzen. Mit einer Aluminiumfolie bedekken und mit einem Teller beschweren. Je nach Größe der Artischocken 15 bis 20 Minuten kochen. Das Wasser muß auf dem Siedepunkt bleiben. Sobald sich die unteren Blätter mühelos herausziehen lassen, ist das Gemüse gar. Die Artischocken mit dem Boden nach oben in ein Sieb gießen (den Sud auffangen) und etwas erkalten lassen. Die Blätter auszupfen und das Artischockenfleisch mit Hilfe der stumpfen Seite eines Messers ausdrücken. Mit dem Rahm im Mixer pürieren. Die Artischockenböden von den restlichen Blättern und dem Heu befreien. Kleinwürfeln und bis zum Gebrauch mit Sud bedekken. Die Nudeln al dente kochen. Inzwischen die Rahm-Artischocken-Mischung mit dem Kerbel langsam unter Rühren erwärmen. Salzen und pfeffern und zuletzt den Käse zufügen. Nicht mehr kochen. Das Tomatenfleisch in kleine Würfel schneiden. Gut ausdrücken und in 20 g Butter 5 Minuten anziehen lassen. Mit Salz Pfeffer und Knoblauch abschmecken. Die Nudeln abgießen und mit der restlichen frischen Butter und den Artischockenwürfeln sehr gut mischen. In eine gut vorgewärmte Schüssel geben. Die Käsecreme daruntermischen. Die Tomatenwürfel in die Mitte geben. Mit einigen Artischockenblättern und der zu einer Rose zusammengerollten Tomatenschale garnieren.

Tip Als Schnellvariante Artischockenböden aus der Dose verwenden.

Ravioli mit Auberginenfüllung

V Kann vorbereitet werden
Zubereitungszeit: 45 Minuten
Schmorzeit (Füllung): 1 Stunde
Kochzeit: 2 Minuten
Kalorien: 634 kcal/2653 kJ je Person

Für 4 Personen
2 Auberginen (etwa 250 g)
2 Eßl. Olivenöl oder Butter
2 geschälte Tomaten
2 Schalotten, fein gehackt
3 Knoblauchzehen
5 bis 6 Basilikumblätter
Salz, Pfeffer
Feiner Ravioliteig (s. S. 314)

Ein Backblech mit Aluminiumfolie auskleiden. Den Stielansatz der Auberginen entfernen und die Früchte längs halbieren. Die Folie mit wenig Öl bestreichen und die Auberginenhälften mit der Schnittfläche nach unten darauflegen. Bei 150 °C langsam eine Stunde schmoren lassen. Das Auberginenfleisch (es sollte ganz weich werden) mit einem kleinen Löffel aus den Schalen kratzen.

Die Tomaten entkernen, auspressen, würfeln und mit den Schalotten im restlichen Öl anziehen lassen. Mit dem durchgepreßten Knoblauch und dem Auberginenfleisch im Mixer pürieren. Mit Salz und Pfeffer abschmecken und gehacktes Basilikum zufügen.

Den Teig so dünn wie möglich ausrollen (am besten mit Hilfe einer kleinen Teigwarenmaschine) und locker über ein Raviolibrett legen, mit dem Finger leicht in die Vertiefung drücken. Je eine kleine Kugel Füllung daraufgeben. Die zweite Teighälfte darüberlegen. Den Teig mit dem Finger zwischen den Füllungen andrücken. Mit dem Teigrädchen Ravioli ausschneiden. Zwei Minuten in Salzwasser kochen. Abgießen und nach Belieben mit Käse bestreuen und mit heißer Butter überschmelzen.

Tip Werden die Ravioli nicht sofort gekocht, am besten auf ein bemehltes Tüchlein legen und zugedeckt in der Küche stehenlassen. Sie können auch einzeln tiefgekühlt werden (lagenweise auf einem mit Folie bedeckten Blech).

Variationen Siehe S. 205.

Etwas Besonderes: frisch gekochte Artischocken, gefüllt mit delikatem Artischockenreis.

Artischocken mit Reisfüllung

V Kann vorbereitet werden
Arbeitsaufwand: 40 Minuten
Kochzeit: 45 Minuten
Kalorien: 241 kcal/1009 kJ je Person

Für 4 Personen

4 große Artischocken
½ Zitrone (zur Vorbereitung der Artischocken)
Butter für die Form
75 g Reis (Vialone)
1 Eßl. Butter
1 kleine Zwiebel, gehackt
1 Knoblauchzehe
1 dl Weißwein
3 dl Gemüsebouillon (von den Artischocken)
1 roter Peperone, geschält (nach Belieben)
Salz, Pfeffer
50 g Greyerzer Käse, gerieben
20 g frische Butter
Wenig Sambal Ölek (rote, scharfe Würzpaste)

Die Artischocken säubern und kochen (siehe S. 184, «gekochte Artischocken»). Das «Heu» auszupfen. Die Blätter einzeln herausziehen und mit Hilfe der stumpfen Klinge eines Messers ausdrücken. Das Püree beiseite stellen. Die Artischockenböden in eine mit Butter ausgestrichene Gratinform legen.
Den Reis in der Butter anziehen lassen. Die Zwiebel und den durchgepreßten Knoblauch zugeben und unter Rühren dünsten. Mit Weißwein ablöschen, aufkochen, dann nach und nach die Bouillon zufügen. 10 Minuten kochen. Nach dieser Kochzeit das Artischockenpüree und nach Belieben den kleingewürfelten Peperone dazugeben. Der Reis soll al dente bleiben. Salz, Pfeffer, Käse und kleingeschnittene Butter unter den Reis ziehen. Mit wenig Sambal Ölek abschmecken. Den Reis bergartig in die Artischockenböden einfüllen. Bis zum Servieren im Ofen bei 80 °C warm halten.

Tips Den Reis nicht länger als 5 Minuten warm halten. Evtl. mit wenig geriebenem Greyerzer Käse bestreuen, der beim Warmhalten schmilzt und den Reis schützt.
Servieren Sie diese Artischocken mit der Mangosauce auf S. 302.

Artischocke mit Reisfüllung

Diese in leichtem Teig gebratenen Plätzchen passen besonders gut zu Risotto oder Nudeln.

Gemüseplätzchen im Käseteig

V Kann teilweise vorbereitet werden
Arbeitsaufwand: 30 Minuten
Bratzeit: 8 Minuten
Kalorien: 206 kcal/862 kJ je Person

Für 4 Personen
30 g Sbrinz oder Parmesan, gerieben
2 Eier
3 Eßl. Mehl
Salz, Pfeffer
2 große, feste Tomaten
1 großer Zucchetto
1 Kohlrabi
3 Eßl. eingesottene Butter

Den Käse mit den Eiern und dem Mehl zu einem Teig rühren. Mit Salz und Pfeffer abschmecken. Die Tomaten und den ungeschälten Zucchetto in 1 cm dicke Scheiben schneiden. Den Kohlrabi ebenfalls in gleich dicke Scheiben schneiden.
Die Gemüsescheiben mit wenig Salz bestreuen, durch den Teig ziehen und in der heißen Butter beidseitig langsam braten.

Tip Die Plätzchen müssen langsam gebraten werden, damit die Gemüsescheiben gar werden.

Variation Man kann auch andere Gemüse auf diese Art zubereiten. Harte Gemüse wie Selleriescheiben oder Auberginen müssen vor der Zubereitung kurz vorgegart werden.

Ein schmackhaftes Gericht für Knoblauchliebhaber, das nach Belieben erweitert werden kann.

Gemüse-Aïoli

V Kann vorbereitet werden
Arbeitsaufwand:
Kochzeit: 20 bis 30 Minuten (je nach Gemüse)
Kalorien: 474 kcal/1984 kJ je Person

Für 4 bis 6 Personen
4 bis 6 frische Eier
4 mittelgroße Artischocken
1 Zitrone
250 g Kefen

Die Eier 8 Minuten kochen, kalt abschrecken. Die Artischocken säubern (Stiel abbrechen, das obere Drittel der Blätter abschneiden; die Schnittflächen sofort mit der halbierten Zitrone abreiben). Die Artischocken etwa 20 Minuten in Salzwasser kochen. Im Sud abkühlen lassen. Die Kefen oder grünen Bohnen fädeln und in Salzwasser kurz kochen. Sie sollen knackig bleiben. Den Blumenkohl in Röschen teilen und diese auf einem Siebeinsatz über Dampf zugedeckt etwa 10 Minuten garen. Sie müssen ganz bleiben, sollen aber weich sein. Die Fenchelknollen längs halbieren und ebenfalls über dem

Dampf garen. Die Kartoffeln in der Schale kochen. Darauf achten, daß sie nicht aufplatzen. Für die Sauce den Knoblauch schälen, durchpressen, in eine Schüssel geben. Die Eigelbe dazumischen und nach und nach das Öl zufügen. Es soll eine Art Mayonnaise entstehen. Sobald die Sauce ganz dickflüssig ist, den Weißwein und nach Bedarf Zitronensaft darunterrühren. Mit Salz und Pfeffer abschmecken. Die noch lauwarmen Gemüse auf eine große Platte oder auf Teller anrichten. Die Kartoffeln mit der Schale heiß zufügen. Die Eier mitsamt der Schale längs halbieren. Je eine Artischocke auf Teller geben, damit jeder Tischgast diese entblättern und die Blattenden in Sauce tauchen kann. Die Sauce in einer Sauciere dazureichen. Die Gemüse werden zusammen mit der Sauce gegessen.

oder grüne Bohnen
1 mittelgroßer Blumenkohl
3 Fenchelknollen
4 bis 6 mittelgroße Kartoffeln

Sauce:
6 Knoblauchzehen
2 Eigelb
1½ dl kaltgepreßtes Olivenöl
1 Teel. Weißwein
Saft von 1 Zitrone
Salz, Pfeffer

Tips In der Provence wird der echte Aïoli oft ohne Eigelb im Mörser zubereitet, wobei zuerst der Knoblauch darin zerstoßen wird. Man kann die Sauce aber auch im Mixer zubereiten (alle Zutaten miteinander zufügen).
Die Sauce wird durch Beigabe von etwas Joghurt oder Sauerrahm etwas leichter, was allerdings nicht klassisch ist!

Variationen

- Je nach Saison andere Gemüse verwenden.
- Auch rohe Gemüse können mit dieser Sauce gegessen werden.
- Wenn Gäste am Tisch sind, die den Knoblauch nicht mögen, als Alternative eine zweite Sauce servieren, etwa rosa Sauce (siehe Rezept Lauch mit rosa Sauce S. 24) oder Sauce Ratatouille oder auch eine Kräuterquarksauce.

Gemüse-Aïoli

Wirsingblätter, gefüllt mit einer eiweißhaltigen Gemüsefüllung.

Gefüllte Wirsingblätter

V Kann vorbereitet werden
Arbeitsaufwand: 35 Minuten
Koch- und Backzeit: 30 bis 40 Minuten
Kalorien: 312 kcal/1306 kJ je Person

Für 4 Personen
8 Wirsingblätter
1 kleine Lauchstange
1 Karotte
1 Stück Sellerieknolle
2 Eiweiß
1 kleine Zwiebel, gehackt
2 Eßl. eingesottene Butter
2 Eigelb
100 g Tofu
Salz, Pfeffer, Muskatnuß
150 g Weichkäse, z. B. Camembert
2 dl Milch
1 ½ Teel. Speisestärke
Butter für die Form

Die Blätter des Wirsings vom Strunk lösen. In einem Liter Salzwasser 10 Minuten vorkochen. Abgießen und auf Küchenpapier trocknen lassen. Lauch, Karotte und Sellerie säubern, kleinschneiden und mit Eiweiß im Mixer pürieren. Die Zwiebel in Butter 1 bis 2 Minuten dünsten. Das Gemüsepüree zufügen, leicht erwärmen, dann mit den Eigelben mischen. Den Tofu mit einer Gabel zerdrücken. Unter die Masse mischen. Mit Salz, Pfeffer und Muskatnuß abschmecken. Die Wirsingblätter auf einer Folie auslegen und mit 2 Eßlöffeln Füllung belegen. Zu Wickeln aufrollen und verschließen. Eine Gratinform mit Butter bestreichen. Die Wirsingrollen hineinlegen. Den Weichkäse fein schneiden und mit der Milch mischen. In die Platte verteilen. Bei 220 °C 20 bis 30 Minuten in der Mitte des Ofens überbacken. Die Form herausnehmen, die Flüssigkeit abgießen. Die Speisestärke mit wenig Milch oder Wasser verrühren und die Käsemilch damit unter Rühren aufkochen. Mit Salz und Pfeffer abschmecken. Die Creme über die Wirzrollen verteilen.

Tip Sollte die Milch durch das Backen etwas grießig geworden sein, mit dem Handmixer kurz durchrühren.

Wirsing – der attraktiv gekrauste Kohl

Dank seiner schönen grünen Farbe und den gekrausten Blättern wird diese Kohlart immer beliebter. Bekannt ist der Wirsing seit dem 16. Jahrhundert. Früher wurde er Welscher Kohl und Savoyer Kohl genannt. In Frankreich heißt er *chou de Milan.* Dies ist ein Hinweis dafür, daß der Wirsing zuerst vor allem im südlichen Europa heimisch war.

Man unterscheidet zwischen dem Frühlings- und Sommerwirsing, deren Blätter locker zusammengefügt sind, und dem schwereren Lagerwirsing. Der Winterwirsing hat dickere Blätter.

Wirsingblätter verwende ich gerne für Krautwickel, als Umhüllung für die verschiedensten Füllungen oder einfach auch als Gemüse. Ganz besonders fein ist der Rahmwirsing (s. S. 229).

Originelle Blätterteigbrötchen mit einer diskret mit Koriander gewürzten Füllung.

Krautbrötchen aus der Auvergne

Wirsing zerteilen und ohne Strunk im Salzwasser weich kochen. Abtropfen, ausdrücken und hacken. Eier 10 Minuten kochen, abschrecken und schälen. Brötchen in Milch einweichen, auspressen und durch das Passevite treiben. Die Masse mit dem gehackten Kraut, Senf und den gehackten Eiern mischen. Gut würzen.
Blätterteig auswallen und in Vierecke von etwa 15 cm Seitenlänge schneiden. Etwas Füllung in die Mitte geben, zudrücken und zu Brötchen formen. Mit einer Gabel einstechen und mit Eigelb bepinseln. Oben eine kleine Öffnung belassen, bei 220 °C 20 Minuten im Ofen backen und 5 Minuten vor Ende der Backzeit ein wenig frischen Rahm hineingießen.

Tip Die Milch für die Füllung kann durch Rahm ersetzt werden. Die Brötchen werden dadurch noch besser.

V Kann vorbereitet werden
Arbeitsaufwand: 30 Minuten
Backzeit: 20 Minuten
Kalorien: 345 kcal/1444 kJ je Brötchen

Für 8 Brötchen (4 Personen) als Hauptgericht
500 g Blätterteig
1 kleiner Wirsing
3 Eier
1 Milchbrötchen
2 dl Milch
Salz, Pfeffer, Majoran, Koriander
1 Eßl. Senf
1 Eigelb
2 Eßl. Rahm

Pilzrolle

Pikantes Gebäck, zum Beispiel diese Rolle, paßt gut zu Spinat oder als Vorspeise.

Pilzrolle

Den Blätterteig mit wenig Mehl 2 mm dick zu einem Rechteck ausrollen. Die Zwiebeln in der Butter dünsten. Durchgepreßten Knoblauch zugeben. Die Spinatblätter in Streifen schneiden und zufügen. 5 bis 8 Minuten mitdünsten. Die eingesottene Butter in einer zweiten Pfanne erhitzen. Die Pilze zugeben und bei starker Hitze ungesalzen leicht anbraten. Sie sollen keinen Saft abgeben. Mit den Nüssen zum Spinat geben. Mit Salz, Pfeffer, Cayennepfeffer und Muskatnuß abschmecken und die Kräuter daruntermischen. Die Masse in die Mitte des Teigrechtecks geben. Die Ränder mit verquirltem Eigelb bestreichen. Die Füllung einrollen und die Enden gut verkleben. Die Rolle auf ein kalt abgespültes Blech legen und die Oberseite schräg in Abständen von 2 bis 3 cm mehrmals einschneiden. Die Rolle mit Eigelb bestreichen. 20 bis 25 Minuten bei 200 °C backen. Warm oder lauwarm servieren.

Tip Beim Einrollen der Füllung darauf achten, daß nicht zu dicke Teigschichten entstehen. Die beiden Enden sollten nur etwa 4 cm überlappen. Die Rolle mit dem Verschluß nach unten auf das Blech legen. Man kann der Masse 2 bis 3 Eßlöffel Rahmquark beifügen.

V Kann vorbereitet werden
Arbeitsaufwand:
25 Minuten
Koch- und Backzeit:
20 bis 25 Minuten
Kalorien:
412 kcal/1724 kJ
je Person

Für 4 Personen
250 g Blätterteig
1 bis 2 Eßl. Mehl zum Ausrollen
2 Eßl. gehackte Zwiebeln
1 Eßl. Butter
1 Knoblauchzehe
50 g Spinatblätter
1 Eßl. eingesottene Butter
100 g Champignons
100 g Steinpilze
100 g Eierschwämme (Pfifferlinge)
20 g Baumnüsse (Walnüsse), grob gehackt
Salz, Pfeffer, Muskatnuß
1 Prise Cayennepfeffer
1 Eßl. gehackte Kräuter (Thymian, Majoran, Petersilie)
1 Eigelb

Ein währschafter und schmackhafter Kuchen aus dem Waadtland. Etwas grüner Salat voraus — mehr braucht es nicht.

Lauchkuchen mit Käse

V Kann teilweise vorbereitet werden
Arbeitsaufwand: 30 Minuten
Backzeit: 35 Minuten
Kalorien: 1028 kcal/4303 kJ je Person

Für eine Springform von 24 cm Ø (6 Personen)

Teig:
180 g eingesottene Butter
400 g Mehl
1 Teel. Salz
2 bis 2½ dl Weißwein

Füllung:
200 g zarter Lauch
Butter für die Form
4 Eier
3 dl Rahm
Salz, Pfeffer, Muskatnuß
1 Knoblauchzehe
100 g Rahmquark
200 g Greyerzer Käse, gerieben
100 g Freiburger Vacherin oder anderer pikanter Halbweichkäse

Die Butter bei Küchentemperatur weich werden lassen. Mehl und Salz in eine Schüssel sieben. Die Butter zufügen und alles mit einer Holzkelle mit Öffnung gut vermischen, bis gleichmäßige Krümel entstehen. Nach und nach 1 bis 1½ dl sehr kalten Weißwein zufügen. Der Teig muß gut zusammenhalten, damit er nachher gut ausgerollt werden kann. Den Lauch in etwa 4 cm lange Stücke (zuerst längs, dann quer zu sehr kleinen Quadraten) schneiden.
Die Springform mit Butter ausstreichen. Den Teig 3 mm dick ausrollen. Die Form damit auslegen, dabei einen Rand von etwa 4 cm hochziehen. Den Teigboden mit einer Nadel mehrmals einstechen. Den Lauch auf den Teigboden verteilen. Die Eier mit dem restlichen Weißwein und Rahm gut verklopfen, mit Salz, Pfeffer und Muskatnuß würzen und die Hälfte dieser Mischung über den Lauch gießen. 25 Minuten bei 220 °C backen. Sollten sich Blasen formen, diese mit einem spitzen Messer aufstechen. Den restlichen Guß mit durchgepreßtem Knoblauch, Quark, Greyerzer und feingeschnittenem Vacherin gut vermischen. Die Quiche nach der erwähnten Backzeit aus dem Ofen nehmen. Den Käseguß darüber verteilen, 10 Minuten bei Oberhitze fertigbacken. Die Oberfläche soll nur braune Flecken bekommen und darf keine Kruste bilden. Heiß servieren.

Tip Der Kuchen kann mit der ersten Schicht vorgebacken werden. Wird er danach kalt in den Ofen geschoben, muß man ihn zuerst in der Mitte des Ofens mit Folie abgedeckt erwärmen, bevor er mit der zweiten Schicht überbacken wird.

Mein liebstes Omelett, das ich immer wieder in verschiedenen Varianten zubereite.

Omelett mit Herbstgemüse

V Kann teilweise vorbereitet werden
Arbeitsaufwand: 20 Minuten
Backzeit: 2 Minuten
Kalorien: 256 kcal/1071 kJ je Person

Für 4 Personen
6 sehr frische Eier
1 kleiner Zucchetto
1 kleine Aubergine
1 mittelgroße Zwiebel
1 große Tomate
1 kleiner grüner Peperone
4 Eßl. Olivenöl
2 bis 3 Basilikumblätter
Salz, Pfeffer
2 Knoblauchzehen

Die Eier mit dem elektrischen Schneebesen schaumig schlagen. Inzwischen Zucchetto, Aubergine, Zwiebel, Tomate in Scheiben und den entkernten Peperone in 2 cm breite Streifen schneiden. Die Hälfte des Öls in einer großen Bratpfanne erhitzen und zuerst die Auberginenscheiben beidseitig kurz anbraten, dann die anderen Gemüse zufügen und unter öfterem Wenden gar dünsten.
Die Hitze muß so geregelt werden, daß kein Saft austreten kann. Die Gemüse dürfen dabei leicht Farbe annehmen. Durchgepreßte, feingeschnittene Basilikumblätter zugeben, kurz mitdünsten und aus der Pfanne nehmen. Die Mischung mit Salz, Pfeffer und durchgepreßtem Knoblauch abschmecken.
Das restliche Öl in die Pfanne gießen und erhitzen. Die geschlagenen Eier salzen, pfeffern und mit dem inzwischen erkalteten Gemüse mischen. In die Pfanne geben und leicht anbraten. Mit zwei Bratschaufeln wenden und fertigbaken.
Darauf achten, daß das Omelett feucht bleibt. Auf einer vorgewärmten Platte anrichten und sofort mit Pariserbrot (Baguette) servieren.

Tip Wichtig ist, daß die Gemüse leicht anbraten und nicht naß werden. Das kann man mit der Hitze und häufigem Wenden regulieren. Die Eier müssen schaumig geschlagen werden, damit das Omelett beim Braten etwas aufgeht.

Variation Das eine oder andere Gemüse weglassen oder nur ein Gemüse, aber immer mit Zwiebeln, verwenden.

Auch mit Zwiebelfüllung schmeckt ein Strudel sehr gut.

Zwiebelstrudel

Arbeitsaufwand:
35 Minuten
Ruhezeit des Teiges:
60 Minuten
Backzeit: 45 Minuten
Kalorien:
471 kcal/1971 kJ
je Person

Für 6 Personen
Teig:
30 g Butter
1 Ei
½ Teel. Salz
250 g Mehl
1 dl Wasser
40 g Butter zum Bestreichen

Füllung:
1,5 kg große Zwiebeln (Zwiebelle)
30 g Kochbutter
1 Eßl. Mehl
1 dl Rahm
Salz, Pfeffer
100 g Baumnüsse, grob gehackt
100 g Appenzeller Käse, gerieben

Die Butter bei Küchentemperatur weich werden lassen. Das Ei mit dem Salz verquirlen. Das Mehl in eine große Schüssel sieben und eine Vertiefung anbringen. Das Ei, die weiche Butter und 2 bis 3 Eßlöffel Wasser hineingeben. Alles rasch zu einem Teig verarbeiten. Nach Bedarf Wasser zufügen. Es soll ein fester Teig entstehen, der nicht mehr an den Händen klebt. Den Teig unter einer vorgewärmten Schüssel eine Stunde ruhen lassen.
Die Zwiebeln schälen, halbieren und in dünne Scheiben schneiden. Die Butter erhitzen und die Zwiebeln darin langsam unter öfterem Wenden weich dünsten. Sie sollen keine Farbe annehmen. Sobald sie weich sind, mit etwas Mehl bestäuben und mit Rahm ablöschen. Gut rühren und 5 Minuten einkochen lassen. Mit Salz und Pfeffer abschmecken. Abkühlen lassen und mit den Nüssen und dem Käse mischen.
Den Teig auf einem mit Mehl gut bestreuten Tisch zu einem Rechteck von etwa 35 × 20 cm ausrollen. Ein Küchentuch mit wenig Mehl bestreuen und das Teigstück darauflegen. Beide Hände unter den Teig schieben und diesen von der Mitte her mit ruckweise kreisenden Bewegungen der Handrücken so dünn wie möglich ausziehen. Auf dem Tuch den Teig zu einem gleichmäßigen Rechteck zurechtschneiden, dabei die dickeren Ränder entfernen.
Die erkaltete Füllung etwa 10 cm vom Teigrand weg auf den Teig verteilen. Mit Hilfe des Tuchs zu einem Strudel einrollen. Die beiden Enden gut verschließen. Den Strudel zu einem Hufeisen formen und auf ein bebuttertes Backblech legen. Die Butter schmelzen und den Strudel damit bestreichen. In der Mitte des Ofens 45 Minuten bei 220 °C backen. Während der Backzeit noch zwei- bis dreimal mit Butter bestreichen.

Tip Man kann den Strudel auch mit anderem Gemüse füllen, zum Beispiel mit Wirsing und

Rahm oder mit Auberginen, Peperoni und Tomaten, wobei der Rahm durch 100 g Rahmquark und 1 Ei ersetzt werden kann. In diesem Fall den Käse weglassen.

Diese Peperoni lassen sich auch mit Risotto vom Vortag füllen — eine wunderbare Idee zur Verwertung von Resten.

Peperoni mit Reisfüllung

Die Zwiebeln in Butter anziehen lassen. Den Reis zufügen, kurz mitdünsten, mit 4 dl Bouillon ablöschen und 10 Minuten unter gelegentlichem Rühren garen.
Den Reis mit frischer Butter und Käse mischen. Inzwischen von den Peperoni einen Deckel wegschneiden. Die Samen entfernen und die Schoten gut ausspülen. Die Böden der Peperoni vorsichtig geradeschneiden, aber so, daß die Schale keine Löcher bekommt.
In eine Auflaufform setzen und mit Risotto füllen. Die Form halbhoch mit Gemüsebouillon auffüllen. Bei 200 °C mit Ober- und Unterhitze 30 Minuten garen. Die abgeschnittenen Deckel mitgaren und wieder aufsetzen.

Tip Bei Verwendung von Risottoresten diese vor dem Füllen der Peperoni in etwas kochenden Weißwein oder Gemüsebouillon geben und gut umrühren. Ist nur wenig Reis vorhanden, kann man kleine Peperoni als Vorspeise damit füllen.

Variationen

- Grüne Peperoni verwenden und Tomatenreis einfüllen.
- Den Risotto vor dem Einfüllen mit viel gehackten Kräutern mischen.

V Kann vorbereitet werden
Arbeitsaufwand:
10 Minuten
Koch- und Backzeit:
45 Minuten
Kalorien:
471 kcal/1971 kJ
je Person

Für 4 Personen
1 große, gehackte Zwiebel
1 Eßl. Butter
250 g Risottoreis (Vialone)
1 l Gemüsebouillon
20 g frische Butter
100 g geriebener Käse (Greyerzer)
8 mittelgroße rote Peperoni

Ein ideales Gericht für kalte Wintertage.

Rotkraut mit Kastanien

V Kann vorbereitet werden
Arbeitsaufwand:
40 Minuten
Kochzeit: 150 Minuten (im Schnellkochtopf nur etwa 90 Minuten)
Kalorien:
389 kcal/1628 kJ je Person

Für 6 Personen
1 kg Kastanien
1 l Gemüsebouillon
1 kg Rotkohl
1 große Zwiebel
2 Eßl. eingesottene Butter (Butterschmalz)
2 dl Rotwein
1 Apfel (saure Sorte)
2 dl Gemüsebouillon
Salz, Pfeffer
1 Teel. Dillspitzen
½ Teel. Kümmel
2 Eßl. Rotweinessig
30 g Zucker
1 Teel. Zitronensaft

Die Kastanien auf der gewölbten Seite mit einem kleinen, scharfen Messer kreuzweise einschneiden. In einen Topf geben, mit Wasser bedecken, erhitzen und etwa 8 Minuten kochen lassen. Die Kastanien portionenweise aus dem heißen Wasser holen und noch heiß schälen. Die geschälten Kastanien mit Bouillon bedekken. 40 bis 60 Minuten kochen. 10 Minuten vor dem Ende der Kochzeit prüfen, ob die Kastanien weich sind. Sie sollen nicht verkochen.
Inzwischen den Kohl säubern, die Rippen entfernen und die Blätter fein schneiden. Die Zwiebel hacken und in der eingesottenen Butter glasig dünsten. Den Rotkohl nach und nach zufügen und häufig wenden. 15 Minuten weiterdünsten, bis der Kohl zusammenfällt. Mit Rotwein ablöschen. Den Apfel auf der Bircherraffel direkt in den Kohl reiben. Alles gut mischen. Die Bouillon zufügen. Salz, Pfeffer, Dill und Kümmel beigeben und zirka 90 Minuten bei kleiner Hitze garen lassen. Den Essig beigeben und, wenn nötig, nachwürzen.
Zucker in einem Topf erhitzen, bis er karamelisiert ist. Zitronensaft und gut abgetropfte Kastanien zugeben. In der Mischung wenden und mit Salz und Pfeffer abschmecken.
Das Rotkraut anrichten. In der Mitte eine Vertiefung anbringen und die Kastanien hineingeben.

Tip Das Rotkraut vor dem Anrichten abgießen. Den Saft auf die Hälfte einkochen lassen, dann über das Gemüse verteilen. Sowohl Rotkohl wie auch Kastanien lassen sich gut im Schnellkochtopf zubereiten (in einem Drittel der Kochzeit).

Ein eigenwilliges Spinatgericht, gedacht als Ergänzung zu Rösti, Kartoffelbeignets oder Kartoffelpfannkuchen.

Blattspinat mit Birnen

Die Birnen schälen, halbieren, entkernen und in sehr dünne Scheiben schneiden. Mit Zitronensaft beträufeln. Die Butter in einer großen Bratpfanne erhitzen. Die Birnenscheiben quer halbieren, hineingeben und unter gelegentlichem Wenden knapp gar dünsten. Mit wenig Zimtpulver bestreuen.

Den Spinat säubern, die Stiele ebenfalls entfernen. Einen Liter Salzwasser zum Kochen bringen. Die Spinatblätter einmal aufkochen lassen, abgießen und das Gemüse in kaltes Wasser legen. Gut abtropfen, auspressen und in Olivenöl unter Wenden dünsten, bis alle Flüssigkeit verdampft ist. Den Spinat mit Salz, Pfeffer und Muskatnuß pikant würzen. Mit den Birnenscheibchen mischen und anrichten.

Tip Am besten verwendet man für dieses Gericht eine harte Birnensorte. Williamsbirnen, die sofort gar sind, eignen sich weniger dafür.

V Kann vorbereitet werden
Arbeitsaufwand: 20 Minuten
Kochzeit: 10 bis 15 Minuten
Kalorien: 128 kcal/536 kJ je Person

Für 4 Personen
2 Birnen
1 Teel. Zitronensaft
2 Eßl. Butter
1 Prise Zimtpulver
750 g Blattspinat
1 Eßl. Olivenöl
Salz, Pfeffer, Muskatnuß

Kleine, neue Kartoffeln mit Perlzwiebeln und Champignons zubereitet — eine Ergänzung zu einer Gemüseplatte.

Kartoffeln nach Jägerart

V Kann vorbereitet werden
Arbeitsaufwand: 20 Minuten
Bratzeit: 30 Minuten
Kalorien: 230 kcal/963 kJ je Person

Für 6 Personen
1 kg neue Kartoffeln
200 g Perlzwiebeln
3 Eßl. eingesottene Butter
200 g Champignons
2 dl Bouillon
Salz, Pfeffer
1 Teel. gehackter Thymian
1 Büschel Petersilie

Die Kartoffeln waschen und gut bürsten oder etwas schaben. Die Perlzwiebeln schälen und eine Minute in kochendes Wasser geben, mit kaltem Wasser abschrecken und schälen. Zwiebelchen in einem Eßlöffel Butter leicht anrösten, aus der Pfanne nehmen und 1½ Eßlöffel eingesottene Butter hineingeben und erhitzen. Die trockengetupften Kartoffeln hineingeben und unter öfterem Schütteln anbraten. In einer zweiten Bratpfanne unterdessen die Champignons (ganz, halbiert oder geviertelt) in der restlichen Butter dünsten. Sobald die Kartoffeln halb weich sind (nach etwa 12 Minuten), Perlzwiebeln und Champignons zugeben.
Mit der Bouillon ablöschen und mit Salz und Pfeffer abschmecken. Zugedeckt bei schwacher Hitze alles fertig garen. Die Kartoffeln sollen hellbraun werden, und die Flüssigkeit soll ganz verdampfen. Zum Anrichten mit gehacktem Thymian und Petersilie bestreuen.

Tips Neue Kartoffeln brauchen nicht geschält zu werden. Es genügt, sie sorgfältig zu waschen und zu schaben oder zu bürsten.
Achtung: Frühkartoffeln sind nicht haltbar. Sie sollen möglichst rasch nach dem Einkauf konsumiert werden.

Variationen Einfach zuzubereiten und sehr kalorienarm sind:

Kümmelkartoffeln

Gut gewaschene Kartoffeln halbieren und auf ein mit Alufolie belegtes Blech legen. Mit Kümmel, wenig Salz und Butterflocken bestreuen und im heißen Ofen etwa 20 Minuten backen.

Kartoffeln Café de Paris

Kleine Kartoffeln in der Schale weich kochen und ungeschält in eine Gratinform legen. Jede Kartoffel mit etwas Kräuterbutter belegen und im Ofen bei 250 °C 10 Minuten überbacken.

Raclette-Kartoffeln

Kartoffeln in der Schale weich kochen, abkühlen lassen und schälen. Der Länge nach halbieren und in eine Gratinform legen. Mit je einem Stück etwa ½ cm dick geschnittenem Raclettekäse belegen und im Ofen überbacken, bis der Käse schmilzt (er darf keine Farbe annehmen). Mit Cornichons und Perlzwiebeln servieren.
Kleine Kartoffeln in Salzwasser 10 Minuten vorkochen, Wasser abgießen und die Kartoffeln trockentupfen. In eingesottener Butter in einer Bratpfanne fertig garen.

Quarkkräutersauce zu «Gschwellti»

150 g Quark mit 3 bis 4 Eßlöffeln Milch verrühren, 2 bis 3 Eßlöffel frische, gehackte Kräuter, eine feingehackte Schalotte und nach Belieben etwas Senf beifügen. Mit wenig Salz abschmecken.

150 g Rahmquark
3 bis 4 Eßl. Milch
2 bis 3 Eßl. gehackte Kräuter
1 Schalotte, gehackt
½ Teel. Senf
Salz, Pfeffer

Auf diese Art zubereitet, wird der Wirsing zu einer Delikatesse.

Rahmwirsing

Vom Wirsing die äußersten, zähen Blätter entfernen. Die übrigen Blätter vom Strunk lösen und die dicken Rippen herausschneiden. Die Blätter in 1 cm breite Streifen schneiden.
Die Zwiebel fein hacken und in der Butter kurz anziehen lassen. Den Wirsing dazumischen und kurz mitdünsten. Den Wein und die Bouillon zugeben und zugedeckt dünsten, bis der Wirsing knapp weich ist.
Den Wirsing abgießen, etwas ausdrücken und wieder in die Pfanne zurückgeben. Das Mehl mit dem Rahm mischen, dem Wirsing beifügen und rund 10 Minuten ungedeckt einkochen lassen. Mit Salz und Pfeffer abschmecken.

Tip Wichtig ist, daß die Sauce gut eingekocht wird, damit nach dem Servieren des Wirsings kein Saft im Teller ausläuft.

V Kann vorbereitet werden
Arbeitsaufwand: 15 Minuten
Kochzeit: 15 bis 20 Minuten
Kalorien: 350 kcal/1465 kJ je Person

Für 4 Personen (als Beilage)
1 grüner Wirsing (etwa 800 g)
1 mittelgroße Zwiebel
2 Eßl. Butter
4 Eßl. Weißwein
4 Eßl. Bouillon
1 Teel. Mehl
2 ½ dl Rahm
Salz, Pfeffer

Weißkohl als exotisch anmutende Beilage.

Weißkohl mit Trauben und Nüssen

V Kann vorbereitet werden
Arbeitsaufwand: 15 Minuten
Kochzeit: 35 Minuten
Kalorien: 368 kcal/1540 kJ je Person

Für 4 Personen
1 große Zwiebel
1 kg Weißkohl
2 Eßl. Erdnußöl
2 dl Gemüsebouillon
2 dl Saké oder trockener Sherry
1 Eßl. Sojasauce
100 g Baumnußkerne (Walnuß)
10 g Traubenbeeren
Salz, Pfeffer

Die Zwiebeln und den Kohl in sehr feine Streifen schneiden (Strunk des Kohles herausschneiden). Die Zwiebeln in einem Eßlöffel Öl anziehen lassen, den Kohl beifügen und kurz mitdünsten. Mit Gemüsebouillon ablöschen. Zugedeckt 30 Minuten schmoren lassen. Saké und Sojasauce zugeben und etwa 5 Minuten weiterdünsten. Nußkerne und halbierte Traubenbeeren im restlichen Öl rasch erwärmen. Das Kohlgericht mit wenig Salz und Pfeffer oder mehr Sojasauce nachwürzen. Die Nüsse und die Trauben darauf verteilen.

Tips Man kann anstelle der Trauben auch Sultaninen verwenden. In diesem Fall diese in etwas Saké oder Sherry einweichen.
Zum Hauptgericht wird dieser Kohl, wenn man eingeweichte und weichgedünstete Sojaklößchen daruntermischt.

Der Rosenkohl, auch Brüsseler Kohl genannt

Wie diesem zweiten Namen zu entnehmen ist, wurde der Rosenkohl (eine Züchtung aus nicht mehr vorhandenen Kohlarten) zuerst in der Nähe von Brüssel angepflanzt. Die kleinen Köpfchen sind schon lange auch in unserem Lande beliebt, und man vergißt dabei gerne, daß der Rosenkohl (wie alle anderen Kohlarten) diätetisch gesehen sehr wertvoll ist. Er enthält sehr viele Vitamine und Mineralsalze, sieht attraktiv aus und schmeckt ausgezeichnet.

Vorbei ist die Zeit des verkochten Rosenkohls! Heute weiß man ihn besser zu behandeln. Schön grün und fest bleibt er, wenn man ihn auf einem Sieb im Dampf gart. Auf diese Art kann man es sogar wagen, ihn unter Druck zu dämpfen. Sehr schonend wird er auch ohne Zusatz von Wasser gegart. Man benötigt dazu einen Edelstahltopf von ausgezeichneter Qualität mit gutsitzendem Deckel und gibt den gereinigten Rosenkohl einfach tropfnaß hinein. So kann er bei kleinster Hitze gegart werden.

Eine neue Zubereitungsart besteht darin, die Rosenkohlblätter zu lösen und dann zu dünsten. Dabei werden sie alle gleichmäßig gar. Allerdings ist es fast schade, die schönen Röschen zu zerstören.

Diese kleinen Gemüsepuddings sehen als Beilage oder auf einem Gemüseteller sehr attraktiv aus.

Rosenkohltimbale

Den Rosenkohl säubern. Schalotten hacken und in Butter anziehen lassen. Den Rosenkohl zugeben, kurz mitdünsten, dann mit Bouillon ablöschen und knapp weich kochen (etwa 15 Minuten). Das Gemüse gut abtropfen, mit 2 bis 3 Eßlöffeln Rahm im Mixer pürieren. Restlichen Rahm mit den Eiern gut verrühren. Zum Gemüsepüree geben. Mit Salz und Pfeffer abschmekken. Kleine glatte Puddingförmchen mit Butter bestreichen. Die Masse einfüllen. 20 bis 25 Minuten im Wasserbad kochen. Warm stürzen.

Tip Den Rosenkohl nicht zu lange dünsten, damit er seine grüne Farbe behält und auch geschmacklich gut bleibt.

Variationen
- Wirsing auf dieselbe Art zubereiten.
- Man kann auch Spinat (allerdings ohne Beigabe von Flüssigkeit) garen, pürieren und wie beschrieben zubereiten.
- Dieses Gericht als kleine Vorspeise, umgossen mit einer «beurre blanc» (s. S. 308), servieren.

V Kann vorbereitet werden
Arbeitsaufwand: 15 Minuten
Kochzeit: 15 Minuten
Garzeit im Wasserbad: 20 bis 25 Minuten
Kalorien: 290 kcal/1213 kJ je Förmchen

Für 4 kleine Puddingformen
600 g Rosenkohl
3 Schalotten
1 Eßl. Butter
1 dl Gemüsebouillon
1 dl Doppelrahm oder Rahm
4 Eier
Salz, weißer Pfeffer
Butter für die Förmchen

Ein etwas spezielles Gemüsesorbet als originеller Zwischengang.

Fenchelsorbet

V Kann vorbereitet werden
Arbeitsaufwand:
20 Minuten
Gefrierzeit:
40 bis 60 Minuten
Kalorien:
131 kcal/548 kJ
je Person

Für 4 bis 6 Personen
80 g Zucker
1½ dl Wasser
1 Teel. Fenchelsamen
400 g Fenchelknollen
2 dl Weißwein
Wenig Salz
1 Eßl. Zitronensaft

Zucker, Wasser und Fenchelsamen zu einem Sirup kochen, dann passieren. Vom Fenchel 4 bis 6 schöne Blätter mit Stiel als Schale für das Sorbet beiseite legen. Den restlichen Fenchel grob schneiden und mit Wein und wenig Salz weich kochen (im Dampfkochtopf nur 10 Minuten). Das Gemüse mit Zitronensaft und Sirup im Mixer pürieren. Wenn das Püree zu dick wird, 3 bis 5 Eßlöffel Wasser zufügen. Die Masse 40 bis 60 Minuten in der Tiefkühltruhe gefrieren lassen. Mehrmals umrühren. Das Sorbet in einen Dressiersack mit gezackter Tülle geben und die Fenchelschalen damit füllen.

Tip Es gibt im Handel kleine Eismaschinen, die am Stromnetz angeschlossen und in der Tiefkühltruhe plaziert werden können. Sie haben ein Rühraggregat, welches nach Beendigung des Gefrierprozesses automatisch abstellt.

Dieses süße Gericht wird garantiert ein Erfolg; dabei kann man erst noch altbackenen Zopf oder Brot verwenden.

Apfelschnitten nach Großmutterart

Äpfel schälen, halbieren, Kernhaus entfernen. Jede Hälfte in 6 Schnitze teilen. Rahm, Calvados, Zucker und Vanille-Extrakt mischen. In ein flaches Gefäß gießen. Die Zopf- oder Milchbrotscheiben hineinlegen und mit der Mischung gut durchtränken. Die Butter erhitzen, die Apfelschnitze hineingeben und unter Wenden knapp weichbraten. Sie dürfen leicht karamelisieren. Die getränkten Zopf- oder Milchbrotscheiben in eine feuerfeste Form legen. Mit gebratenen Äpfeln belegen (man braucht sie nicht schön anzuordnen, im Gegenteil, unregelmäßig sieht es schöner aus). Den Gelee mit einer Gabel zerdrücken. Auf die Apfelschnitten verteilen. Den von den Zopf- oder Milchbrotscheiben nicht aufgesogenen Rahm über die Äpfel verteilen. Im Backofen bei 220 °C 15 bis 20 Minuten überbacken. Die Äpfel dürfen Farbe annehmen und sollten etwas aufgehen.

Tip Heiß in der Form servieren. Man kann die Schnitten auch in Portionenformen backen.

Variation Dieses Rezept läßt sich auch mit Birnen zubereiten (Calvados durch Birnengeist ersetzen und Quittengelee verwenden).

V Kann vorbereitet werden
Arbeitsaufwand:
15 Minuten
Backzeit:
15 bis 20 Minuten
Kalorien:
337 kcal/1410 kJ
je Person

Für 4 Personen
4 Äpfel (Sorte, die nicht verkocht)
¼ l Rahm
2 Eßl. Calvados (nach Belieben)
2 bis 3 Eßl. Zucker
½ Teel. Vanille-Extrakt
4 große Scheiben Zopf- oder Milchbrot (kann vom Vortag sein)
40 g Kochbutter
3 Eßl. Apfel-, Quitten- oder Johannisbeergelee

Manche mögen's süß (zum Beispiel Kinder am Abend und auch Große, die Hefegebäck mögen)!

Buchteln mit Zwetschgenfüllung

V Kann vorbereitet werden (mit Ausnahme des Backens)
Arbeitsaufwand: 60 Minuten
Backzeit: 20 Minuten
Gehzeit des Teiges: 75 Minuten
Kalorien: 489 kcal/2049 kJ je Person

Für 4 Personen
15 g Hefe
4½ Eßl. Zucker
5 Eßl. Milch
150 g Butter
250 g Mehl
2 Prisen Salz
1 Ei
1 Eigelb
1 Teel. Zitronenschale (abgerieben)
150 g Zwetschgenkonfitüre
2 Eßl. Milch (zum Bestreichen)

Die Hefe mit ½ Eßlöffel Zucker und 2 Eßlöffeln lauwarmem Wasser verrühren, bis sie sich aufgelöst hat. Unterdessen die Milch mit 2 Eßlöffeln Zucker und 75 g Butter leicht erwärmen. Das Mehl mit dem Salz in eine große, etwas vorgewärmte Schüssel sieben. In der Mitte eine Vertiefung anbringen und gleichzeitig die aufgelöste Hefe, das verquirlte Ei und das Eigelb, die Milchmischung und die abgeriebene Zitronenschale hineingeben. Zuerst mit einem Holzlöffel, dann von Hand zu einem festen Teig verarbeiten. Wenn nötig, noch ganz wenig Milch dazugießen. Den Teig so lange kneten, bis er glatt ist und sich sauber von der Schüssel löst. Mit einem Tuch zudecken und etwa 1 Stunde an einem warmen Ort (vor dem Heizkörper) oder im offenen Backofen bei 30 °C) gehen lassen.

Auf einer bemehlten Fläche zu einem etwa 5 mm dicken Rechteck auswallen. In 20 gleichmäßig große Rechtecke (7 × 20 cm) schneiden. Die Konfitüre in einem Pfännchen erwärmen, damit sie etwas flüssig wird. Das Innere der Teigstücke damit bestreichen, einen Rand von etwa 1 cm frei lassen. Die Rechtecke von der schmalen Seite her aufrollen. 75 g Butter schmelzen. Jedes Teigröllchen hineintauchen, so daß es allseitig von Butter bedeckt wird. Je 5 Stück stehend in 4 ausgebutterte, ofenfeste Förmchen stellen. Zwischen den einzelnen Röllchen etwas Abstand lassen. Wenn alle Teigplätzchen aufgerollt sind, die restliche Butter darüber verteilen. Die Förmchen zugedeckt nochmals etwa 15 Minuten stehenlassen. Unterdessen den Backofen auf 180 °C vorheizen, die Förmchen hineinschieben und rund 30 Minuten backen, bis die Buchteln goldbraun sind. Den restlichen Zucker mit 2 Eßlöffeln Milch auf-

kochen und damit die Oberfläche der Buchteln bepinseln.
Die Buchteln aus den Förmchen nehmen und auf Tellern anrichten. Zum Servieren nicht zerschneiden, sondern von Hand voneinander lösen.

Tip Diese Buchteln sind auch für ein Sonntagsfrühstück oder für einen Brunch eine willkommene Abwechslung.

Variation Man kann auch andere Konfitürensorten verwenden und die Buchteln in einer großen Auflaufform backen. In diesem Fall alle Röllchen wie beschrieben hineinstellen und die Backzeit um etwa 10 Minuten verlängern.

Ein Apfelgericht — gut für ein kleines Nachtessen, wenn man Süßes liebt.

Geschmorter Rumapfel mit Vanilleeis

V Kann vorbereitet werden
Arbeitsaufwand: 15 Minuten
Garzeit: 10 Minuten

Für 6 Personen
30 g Mandelblättchen
6 Äpfel (Cox Orange, je 150 g)
50 g Butter
6 Eßl. Zucker
½ Teel. Zimt, gemahlen
2 Eßl. Zitronensaft
5 Eßl. trockener Weißwein
10 Eßl. Rum
12 Kugeln Vanilleeis

Mandelblättchen in einer Pfanne ohne Fett rundum goldbraun rösten, aus der Pfanne nehmen und kalt werden lassen. Äpfel schälen, das Kernhaus mit einem Apfelausstecher herausstechen, und die Äpfel quer halbieren. Butter in einer Pfanne nicht zu heiß werden lassen, die Äpfel hineinsetzen und gut in der Butter wenden, Zucker mit Zimt mischen und die Äpfel von jeder Seite damit bestreuen. Unter öfterem Wenden leicht anbraten. Dann Äpfel mit Zitronensaft beträufeln, Weißwein und Rum angießen, Flüssigkeit etwas cremig einkochen lassen und Äpfel darin unter öfterem Wenden knapp gar dünsten. Die noch heißen Apfelhälften auf Portionenteller verteilen, mit dem Sud begießen, mit Mandelblättchen bestreuen und mit je einer Kugel Vanilleeis servieren.

Tip Wenn Kinder dabei sind, kann man Rumaroma verwenden und den Weißwein durch Apfelsaft ersetzen.

Eine winterliche Süßspeise, die — nach einem kleinen Salat serviert — ein feines Nachtessen bildet.

Birnengratin

Arbeitsaufwand:
30 Minuten
Backzeit: 15 Minuten
Kalorien:
350 kcal/1465 kJ
je Person

Für 8 Personen
3 Eier
240 g Zucker
60 g Mehl
20 g Butter
25 g Schokoladenpulver, ungesüßt
Butter für die Form
4 große Birnen
Zitronensaft von 1 Zitrone
2 dl Milch
3 Eigelb
2 Teel. Maisstärke
1 Vanilleschote
2 dl Rahm

Die Eier mit 4 Eßlöffeln Zucker (60 g) im Wasserbad auf der Herdplatte schaumig schlagen. Das Gefäß in kaltes Wasser stellen und weiter schlagen, bis die Masse kalt ist. Das Mehl und das Schokoladenpulver dazusieben und sorgfältig darunterziehen. Die Butter schmelzen und ebenfalls dazumischen. Ein rundes Kuchenblech mit Butter bestreichen und mit wenig Mehl bestäuben. Die Teigmasse daraufgeben und im vorgeheizten Backofen bei 180 °C etwa 15 Minuten backen (Nadelprobe machen).
Herausnehmen und auskühlen lassen. Die Birnen schälen, halbieren, entkernen und mit dem Zitronensaft einreiben. Aus 3 dl Wasser und 120 g Zucker einige Minuten bei starker Hitze einen Sirup kochen. Die Birnenhälften hineingeben und so lange darin garen, daß sie noch etwas Biß haben. In der Kochflüssigkeit auskühlen lassen. Das Schokoladenbiskuit in 8 Stücke schneiden und auf feuerfeste Portionenteller (z. B. Eierpfännchen) verteilen. Mit 2 dl der Kochflüssigkeit befeuchten. Die Birnen von der breiten Seite her fächerartig einschneiden und auf die Kuchenstücke legen. Für die Creme die Milch mit Eigelb, Maisstärke und dem restlichen Zucker (4 Eßlöffel) gut verrühren. Die aufgeschlitzte Vanilleschote zugeben und die Creme auf dem Herd bei mittlerer Hitze rühren, bis sie so sämig wird, daß sie einen hineingetauchten Holzlöffel überzieht (sie darf aber nicht kochen!). Die Vanilleschote entfernen und die Creme erkalten lassen. Den Rahm steif schlagen und darunterziehen. Über die 8 Birnenhälften verteilen und im sehr heißen Ofen bei etwa 240 °C Oberhitze gratinieren (je nach der Größe des Backofens und der Teller in 2 oder 3 Schüben).
Den Gratin lauwarm servieren.

Tip Man kann diesen delikaten Gratin auch in einer flachen Auflaufform zubereiten.

Winter

Wer vegetarisch kochen will, findet in dieser Jahreszeit einheimische Gemüse auf dem Markt und muß nicht allzuviel Exotisches einkaufen. Auch eine ausgesprochene Winterküche kann alles enthalten, was unser Organismus benötigt. Unsere gute Kartoffel kommt wieder besonders zum Zug, und mit ihr ein ganzer Reigen von Wintergemüsen wie Schwarzwurzeln, Chinakohl und andere Kabisarten, Winterkarotten sowie weitere Lagergemüse und gebleichter Lauch, um nur einige davon zu nennen.

Abwechslung bringen der schöne, gelbe Kürbis, Topinambur und Pastinaken. Der Cicorino, die Brüsseler Endivie, der Feld- oder Nüßlisalat, die ewig grüne Kresse und die Randen bilden die Basis für unsere Salatplatte, die mit Kabis (Kohl), Fenchel und Sellerie erweitert werden kann.

Im Winter schätzen wir unsere Äpfel und Birnen wieder besonders.

Salate und kleine Vorspeisen

Roh zubereitet ist Sauerkraut besonders wertvoll. Es ist kalorienarm und enthält viel Vitamin C — im Winter deshalb besonders empfehlenswert.

Sauerkrautsalat mit Äpfeln und Champignons

Das Sauerkraut mit Hilfe einer Gabel lockern und in eine Schüssel geben. Die Äpfel mit der Schale auf der groben Seite der Bircherraffel dazureiben. Die Zwiebeln zugeben. Alles sofort mischen. Die Champignons in Scheiben schneiden und mit Zitronensaft beträufeln. Sauermilch oder sauren Halbrahm mit Paprika, Kümmel und Ketchup mischen. Mit Salz, Pfeffer und Cayennepfeffer abschmecken.
Die Champignons über das Sauerkraut verteilen. Die Sauce darübergießen und mit Majoran bestreuen.

Tip Für diesen Salat schmeckt Weinkraut oder Salatsauerkraut (speziell gewürzt) sehr gut.

Variation Champignons weglassen und ganz fein geschnittene Peperonistreifen unter den Salat mischen.

V Kann vorbereitet werden
Arbeitsaufwand: 15 Minuten
Kalorien: 135 kcal/565 kJ je Person

Für 4 Personen
500 g rohes Sauerkraut
2 Äpfel, säuerliche Sorte
1 Eßl. Zwiebeln, in feine Streifen geschnitten
100 g frische Champignons
1 Teel. Zitronensaft
150 g Sauermilch oder saurer Halbrahm
Wenig Paprika
½ Teel. Kümmel
1 Eßl. Ketchup
Salz, Pfeffer
1 Prise Cayennepfeffer
1 Eßl. Majoran, gehackt

Zitrussalat
mit
Zwiebeln

Ein sehr leichter Salat aus Grapefruits (Pampelmusen) und Jaffarinen, pikant gewürzt und besonders leicht.

Zitrussalat mit Zwiebeln

Die Grapefruits und Jaffarinen so schälen, daß auch die weißen Häutchen entfernt werden. Mit einem gut geschliffenen Messer geschälte Schnitze auslösen, dabei immer senkrecht den Trennhäuten entlang schneiden. Einen Teller unterlegen, damit der Saft aufgefangen werden kann. Die Zwiebel halbieren, dann senkrecht in sehr feine Scheiben schneiden. Mit den Zitrusfilets in einer Schüssel mischen. Sojasauce, Sherry, Zitronensaft und aufgefangenen Saft mischen. Mit Pfeffer und eventuell wenig Salz nachwürzen. Nach Belieben den feingehackten Peperoncino unter den Salat mischen.

Tip Dieser Salat läßt sich ganz ohne Öl zubereiten! Jaffarinen: Kreuzung aus Grapefruit und Tangerine (Mineolas) oder Tangerine und Orange (Topaz); erhältlich von Januar bis Mitte April.

Variation Man kann auch Sweeties (Kreuzung aus Grapefruits und Pomelos) verwenden.

V Kann vorbereitet werden
Arbeitsaufwand: 20 Minuten
Kalorien: 49 kcal/205 kJ je Person

Für 4 Personen
2 Grapefruits
3 Jaffarinen
1 Zwiebel
1 Eßl. Sojasauce
1 Eßl. trockener Sherry
1 Eßl. Zitronensaft
Pfeffer, evtl. wenig Salz
1 kleines Stück Peperoncino (nach Belieben)

Die unentbehrliche Zwiebel

Unzählige Rezepte enthalten Zwiebeln, allerdings nicht als Gemüse, sondern eher als Gewürz. Die Zwiebel gibt vielen Gerichten den Charakter und die geschmackliche Basis. Außerdem verliert die Zwiebel durch das Dünsten ihre Schärfe und entfaltet ein angenehmes Aroma. Man vergißt auch gerne, daß die Zwiebel für unseren Organismus außerordentlich bekömmlich ist. Sie enthält antibiotische Wirkstoffe und ätherische Öle, die die Durchblutung fördern und den Blutdruck senken. Außer Eiweißstoffen und Vitaminen aus der

B-Gruppe enthält sie auch zahlreiche Mineralstoffe und Phosphor. Kurzum, die Zwiebel ist ganz besonders bei vegetarischer Ernährung unentbehrlich. Noch heute bezeichnet man die Zwiebel in Frankreich als *le médecin des pauvres.* Schon bei den Ägyptern waren ihre diätetischen Eigenschaften offenbar bekannt, wird doch behauptet, daß sie das Hauptnahrungsmittel für die am Bau der Pyramiden arbeitenden Sklaven gewesen sei. Dasselbe sagt man zwar auch vom Knoblauch!

Neu erschienen in unseren Breitengraden ist die schöne «Zwiebelle», die riesige, ursprünglich aus Spanien stammende Gemüsezwiebel mit besonders mildem Aroma. Sie eignet sich vorzüglich für Zwiebelgemüse und Füllungen. Und, was nicht unwichtig ist: Beim Schneiden der Zwiebelle brennen die Augen nicht mehr.

Ein Salat, der die Winterküche abwechslungsreicher macht. Man kann ihn sowohl als Vorspeise als auch als kleines Abendessen servieren.

Schwarzwurzelsalat

V Kann vorbereitet werden
Arbeitsaufwand: 20 Minuten
Kochzeit: 15 bis 20 Minuten
Kalorien: 340 kcal/1423 kJ je Person

Für 4 Personen
600 g Schwarzwurzeln
Salz, Pfeffer
1 reife Avocado
½ Eßl. Zitronensaft
6 Eßl. Distelöl
2 Eßl. Sherryessig
1 Teel. scharfer Senf (Dijon)
4 Cherrytomaten

Die Schwarzwurzeln schälen, in 3 bis 4 cm lange Stücke schneiden und sofort in wenig Salzwasser 15 bis 20 Minuten knapp weich kochen. Abgießen und erkalten lassen. Die Avocado schälen, halbieren, den Kern entfernen und die eine Hälfte in kleine Würfel, die andere in dünne Schnitze schneiden. Öl, Essig, Senf, Salz und Pfeffer gut verrühren. Die Schwarzwurzeln mit den übrigen Zutaten dekorativ auf Portionenteller anordnen und mit der Sauce beträufeln. Die Cherrytomaten halbieren und den Salat damit garnieren.

Tip Es gibt auch Schwarzwurzeln in Dosen, die für dieses Rezept sehr gut verwendet werden können.

Schwarzwurzeln gegen Schlangenbisse

Oft vergessen wir wieder, daß viele unserer Gemüse im Altertum wie Kräuter ihrer medizinischen Eigenschaften wegen verwendet wurden — so auch die Schwarzwurzeln, die erst seit dem 17. Jahrhundert als Gemüse angebaut werden. In ihrer wilden Form wurden sie in Spanien, vorwiegend in Katalonien, wo auch ihr Name *escorso* (*scorsonère* auf französisch) herkommt, gegen Schlangenbisse verwendet. Die langen Wurzeln sind von einer schwarzbraunen Korkschicht bedeckt, die ihr den deutschen Namen gegeben hat. Das weißliche Fleisch enthält sogenannte «Milchröhren», die reichlich weißen Saft abgeben.

Schwarzwurzeln sind das feinste Wurzelgemüse. Ihr Aroma ist mild und angenehm, das Wurzelfleisch leicht verdaulich.

Oft bezeichnet man die Schwarzwurzel als Winterspargel. In langen Stücken gekocht, kann sie tatsächlich wie Spargeln zubereitet und mit verschiedenen Saucen serviert werden. Die meisten Schwarzwurzeln werden zu Konserven verarbeitet — eine empfehlenswerte Alternative, wenn man sich beim Schälen die Hände nicht schmutzig machen will. Man kann aber auch Gummihandschuhe anziehen oder die Schwarzwurzeln kurz vorkochen und dann schälen!

Die Zubereitungsarten der Schwarzwurzeln sind sehr vielfältig. Es ist aber eigentlich unerklärlich, weshalb dieses Gemüse nicht in vermehrtem Maße verwendet wird.

Leicht und einfach in der Zubereitung ist dieser Salat, der nach Belieben garniert werden kann.

Roher Champignonsalat mit Avocado

V Kann vorbereitet werden
Arbeitsaufwand: 20 Minuten
Backzeit: 10 Minuten
Kalorien: 420 kcal/1758 kJ je Person

Für 4 Personen
250 g frische Champignons
3 Eßl. Zitronensaft
1 Avocado
100 g Blattsalat (je nach Saison) oder Kresse

Sesamschnitten:
150 g Blätterteig
1 Eigelb
2 Eßl. Sesamsamen

Sauce:
1 Eßl. weißer Weinessig
4 Eßl. Olivenöl, kalt gepreßt
Salz, Pfeffer
1 Teel. Kerbel, gehackt
1 Eßl. Petersilie, gehackt
1 Eßl. Schnittlauch, geschnitten
4 Cherrytomaten oder sehr kleine Tomaten

Champignons reinigen und mit 2 Eßlöffeln Zitronensaft gut mischen. Avocado schälen, halbieren, Kern herausnehmen und die eine Hälfte in Scheiben schneiden. Diese mit dem restlichen Zitronensaft beträufeln und beiseite stellen. Die zweite Hälfte längs halbieren und dann in kleine Scheibchen schneiden. Champignons scheibeln und dazumischen. Saisonsalat waschen und schleudern.
Aus dem Blätterteig Sesamschnitten backen: Teig 3 mm dick auswallen, schmale Rechtecke (etwa 1½ × 6 cm) schneiden, mit Eigelb bestreichen und mit Sesamsamen bestreuen. Ungefähr 10 Minuten bei 220 °C backen.
Weinessig, Olivenöl, Salz, Pfeffer und Kerbel gut verrühren. Champignons und Avocadoscheiben mit der Sauce mischen. Flache Portionenschalen mit Saisonsalat auslegen. Champignonsalat in die Mitte geben. Mit den Avocadoscheiben garnieren. Mit Petersilie und Schnittlauch bestreuen. Je eine kleine Tomate in die Mitte geben. Die Sesamschnitten dazu servieren.

Tips Die Sesamschnitten müssen frisch gebakken sein.
Die Champignons sollten erst kurz vor dem Essen geschnitten werden.

Variation Avocado durch Radieschen- oder Kiwischeiben ersetzen.

Roher
Champignonsalat

Randen oder Rote Bete

Die Randen, wie wir sie heute kaufen können, sind aus wilden Rüben im 19. und 20. Jahrhundert entstanden. In Frankreich existieren aber Beschreibungen bereits aus dem 16. Jahrhundert, in denen empfohlen wurde, auch die Blätter zu verwenden, nämlich als Ersatz für Spinat oder für Suppen, wie es übrigens auch in Rußland gemacht wurde. Der gesundheitliche Wert dieser Knollen ist seit dem Altertum bekannt.

Heute verwenden wir nur noch die Knollen, meistens gekocht als Salat, obwohl sie roh geraffelt mindestens so gut sind. Herrlich ist auch ein Randensüppchen (gekocht, püriert und mit etwas Rahm und eventuell etwas Wodka verfeinert).

Von diesem Salat könnte ich fast jeden Tag essen. Einfache Zutaten geben ihm die gewisse Note.

Randensalat

V Kann vorbereitet werden
Arbeitsaufwand: 15 Minuten
Kalorien: 221 kcal/925 kJ je Person

Für 4 Personen
500 g Randen (rote Bete)
1 große Zwiebel
1 kleines Stück Meerrettich
6 Eßl. Sonnenblumenöl
2 Eßl. Rotweinessig
1 Teel. Dill
1 Teel. scharfer Senf
½ Teel. Kümmelsamen
Salz, Pfeffer

Die Randen schälen und in feine Scheiben schneiden. Die Zwiebel halbieren und senkrecht in sehr feine Scheiben schneiden. Den Meerrettich schälen und auf der feinen Seite der Röstiraffel reiben. Alles gut mischen. Öl, Essig, Dill, Senf und Kümmel zu einer Sauce rühren. Mit Salz und Pfeffer abschmecken. Die Sauce über die Randen gießen, gut durchmischen und 1 bis 2 Stunden bei Küchentemperatur zugedeckt ziehen lassen.

Tip Man kann diesen Salat 1 bis 2 Tage im Kühlschrank aufheben. Er wird nur noch besser. Allerdings sollte man die Zwiebel erst kurz vor dem Anrichten dazumischen.

Variation Meerrettich weglassen und etwas abgeriebene Orangenschale und Saft zugeben.

Brüsseler Endivien (bei uns meist Chicorée genannt), einmal roh serviert, begleitet von pastellfarbenen Saucen. Ein vornehmer Auftakt für ein festliches Mahl.

Brüsseler mit drei Saucen

Für die grüne Mayonnaise alle Zutaten gut mischen. Nach Bedarf nachwürzen.
Joghurt mit dem Quark verrühren. Ketchup, Ingwerpulver und nach Belieben den Cognac dazumischen und mit Salz, Pfeffer und Cayennepfeffer pikant abschmecken.
Für die Currysauce alle Zutaten gut vermischen. Die Endivien nach dem Waschen in einzelne Blätter trennen und ausschwingen oder trockentupfen. Dekorativ auf eine runde Platte anordnen. Die Saucen in kleinen Töpfchen dazustellen. Jeder Gast taucht die einzelnen Endivienblätter in die Sauce.

Tip Die Saucen etwa eine Stunde vor dem Essen zubereiten, damit sich die Aromastoffe gut lösen können. Nicht eiskalt aus dem Kühlschrank servieren.

V Kann vorbereitet werden
Arbeitsaufwand: 20 Minuten
Kalorien: 173 kcal/724 kJ je Person

Für 8 Personen als Vorspeise
6 Brüsseler Endivien

Grüne Mayonnaise:
1 Eßl. feingehackte Kresse
½ Teel. gehackter Kerbel (nach Belieben)
1 Teel. gehackte Petersilie
100 g Mayonnaise (s. S. 300)
2 bis 3 Eßl. Mascarpone oder saurer Halbrahm

Cocktailsauce:
1 Becher Joghurt nature
100 g Quark
1 Eßl. Ketchup
1 Prise Cayennepfeffer
1 Prise Ingwerpulver
Salz, Pfeffer
1 Eßl. Cognac (nach Belieben)

Currysauce:
2 dl saurer Halbrahm
1 Teel. Currypulver
1 Prise Salz
1 Prise weißer Pfeffer
3 Spritzer Worcestersauce
½ Teel. Mango Chutney (nach Belieben)

Chicorée — immer beliebter

Die Brüsseler Endivie oder Witloof, wie dieses Gemüse in seinem Ursprungsland heißt, hat es vielen von uns angetan. Die schönen langen Blätter von vornehmer Blässe gehören zum gebleichten Wintersproß einer besonders gezüchteten Zichorie. Zur Gewinnung der etwa 15 cm langen, eiförmig zugespitzten und gelblichweißen Blattzapfen werden die Rüben von den im Frühjahr gesäten Pflanzen aus dem Boden genommen und nach verschiedenen Methoden angetrieben. Am bekanntesten ist die Wassertreiberei. In Abständen von 2 bis 3 Wochen werden die Wurzeln in Kistchen

Brüsseler mit drei Saucen

gestellt und diese 4 cm hoch mit Wasser gefüllt. Das Kistchen kommt dann in einen 15 bis 20 °C warmen dunklen Raum. Nach rund 3 Wochen können die frischen Blattzapfen geerntet werden.

Chicorée wird als Salat gegessen. Man kann die Blätter auch mit verschiedenen Dipsaucen (s. S. 104 ff.) servieren oder damit interessante Gemüsegerichte zubereiten, die einen leicht bitteren Geschmack haben. Ganz besonders gut finde ich das Brüsseler Köpfchen (s. S. 290) und den Brüsseler Gratin (s. S. 293).

Attraktiv als Beilage ist die Brüsseler Endivie nach polnischer Art (s. S. 291).

Ein milder Salat mit wenig Säure und mit Nußkernen, die gut zu den Karotten passen. Diese kleine Rohkostvorspeise macht Freude.

Karottensalat mit Nüssen

V Kann vorbereitet werden
Arbeitsaufwand: 15 Minuten
Kalorien: 422 kcal/1766 kJ je Person

Für 4 Personen
600 g Karotten
1 Eßl. Zitronensaft
2 dl Rahm
1 Eßl. Baumnuß- oder Sonnenblumenöl
Salz, weißer Pfeffer
1 Prise Zucker
100 g Baumnußkerne

Die Karotten schälen, in feine Streifen schneiden oder raffeln. Sofort mit dem Zitronensaft vermischen.
Rahm, Öl, wenig Salz, Pfeffer und Zucker verrühren. Die Hälfte der Baumnüsse hacken. Unmittelbar vor dem Servieren Karotten, Sauce und gehackte Baumnußkerne mischen.
Mit den ganzen Baumnußkernen garnieren.

Tip Die Karotten sollten erst knapp vor dem Essen geraffelt werden.

Warme Vorspeisen und Kleingerichte

Eine besonders gute Zubereitungsart für Schwarzwurzeln — in einem luftigen Teig gewendet und ausgebacken.

Schwarzwurzelbeignets mit grüner Sauce

Mehl sieben, mit wenig Salz und mit dem Apfelwein zu einem Teig verrühren. 1 Stunde ruhen lassen. Schwarzwurzeln waschen und schälen, in 5 cm lange Stücke schneiden. Sofort mit etwas Zitronensaft beträufeln und in leicht gesalzenem Wasser etwa 15 bis 20 Minuten knapp weich kochen (im Schnellkochtopf nur rund 7 Minuten). Im Sud erkalten lassen. Spinat ohne Wasserzugabe mit wenig Salz weich dünsten, dann hacken. Quark, gehackten Spinat und Senf gut verrühren. Mit wenig Salz, Pfeffer und Worcester abschmecken.
Die Eiweiße mit einer Prise Salz steif schlagen. Unter den Teig ziehen. Schwarzwurzeln gut abtropfen, im Teig wenden und im Öl schwimmend ausbacken. Die Beignets sollten nicht zu dunkel werden. Gut abtropfen, kurz auf saugfähiges Küchenpapier legen. Eine Platte mit Tortenpapier belegen. Die Schwarzwurzelbeignets darauf anrichten. Mit Zitronenscheiben garnieren. Sauce separat dazu servieren.

Tip Die Küchlein am besten portionenweise ausbacken und im schwach geheizten Backofen warm halten; danach sofort servieren.

Variationen
- Spinat weglassen, dafür etwas mehr Senf in die Sauce geben.
- Kräftige Tomatensauce dazu servieren.

V Kann teilweise vorbereitet werden
Arbeitsaufwand: 30 Minuten
Zusätzlich Ruhezeit des Teiges
Kalorien: 305 kcal/1276 kJ je Person

Für 6 Personen
220 g Mehl
¼ l Apfelwein
1 kg Schwarzwurzeln
6 Eßl. Zitronensaft
200 g Spinat oder Mangoldblätter
150 g Rahmquark
Pfeffer, Worcester
Salz
1 Eßl. grobkörniger Senf (moutarde de meaux)
2 Eiweiß
Erdnußöl für die Fritüre
1 Zitrone

Eingerollte, mit Käse gefüllte Pfannkuchen, die — in Stücke geschnitten — schwimmend ausgebacken werden. Ein Erfolgsgericht.

Beurreks

V Kann vorbereitet werden
Arbeitsaufwand: 20 Minuten
Backzeit je Portion: 3 Minuten
Kalorien: 256 kcal/1071 kJ je Person

Für 4 Personen
4 Pfannkuchen (Crêpes) von 18 cm Ø (s. S. 315)

Füllung:
2 Eßl. Butter
2 Eßl. Mehl
2 dl Milch
Salz, Pfeffer, Muskatnuß
60 g gehackte Champignons
1 Eßl. Butter
50 g Greyerzer, gewürfelt
50 g Parmesan, gerieben
1 Eigelb
Paniermehl
Erdnußöl für die Fritüre

Die Butter erhitzen und das Mehl darin dünsten. Unter kräftigem Rühren mit der Milch ablöschen. Mit Salz, Pfeffer und Muskatnuß würzen und etwas auskühlen lassen. Die Champignons hacken und in der Butter dünsten, bis sie keine Flüssigkeit mehr abgeben. Die Champignons mit den Käsewürfeln und dem geriebenen Käse in die noch warme Masse rühren und diese auf die Pfannkuchen streichen. Einrollen und im Kühlschrank erkalten lassen. Die Rollen schräg in 1 bis 1½ cm dicke Scheiben schneiden, durch das verquirlte Eigelb ziehen, im geriebenen Brot wenden und in der heißen Fritüre goldgelb schwimmend ausbacken. Die Beurreks portionenweise fritieren (etwa 3 Minuten bei 180 °C).

Tip Die Beurreks können auch mit einer würzigen Peperoni- oder Tomatensauce serviert werden. Sie lassen sich im Ofen bei 80 °C mit Folie abgedeckt warm halten, bis alle gebacken sind.

Beurreks

Ein Zwiebelkuchen ohne Käse, der aromatisch und mild ist und am besten schmeckt, wenn man den Teig dazu selbst zubereitet.

Zwiebelkuchen nach Elsässerart

V Kann vorbereitet werden
Arbeitsaufwand: 30 Minuten
Backzeit: 35 bis 40 Minuten
Kalorien: 672 kcal/2813 kJ je Person

Für 4 Personen (Springform von 22 cm Ø)
400 g geriebener Teig (s. S. 316)
600 g Zwiebeln
2 Eßl. Butter
3 dl Béchamelsauce (s. S. 308)
4 Eier
Salz, Pfeffer, Muskatnuß
Butter für die Form

Die bebutterte Springform mit Teig auslegen. Die Zwiebeln schneiden und in der Butter dünsten, ohne sie Farbe annehmen zu lassen. Zugedeckt schmoren, bis die Zwiebeln weich sind. Dann mit der Béchamelsauce ablöschen. Auf kleinem Feuer noch etwa 3 Minuten köcheln lassen, von der Herdstelle wegziehen und die Eier unterziehen. Gut würzen. Die Masse auf den Teigboden verteilen und bei 190 °C etwa 35 bis 40 Minuten backen.

Tip Beim Schmoren der Zwiebeln wenn nötig 1 bis 2 Eßlöffel Wasser zufügen, dann werden sie schnell weich. Man muß aber zum Schluß verbleibende Flüssigkeit noch etwas einkochen, damit die Füllung nicht zu naß wird.

Gefüllte, im Dampf gekochte Kartoffeln, die gut aussehen und zusammen mit ihrer Füllung den Mittelpunkt einer Mahlzeit bilden.

Gefüllte Kartoffeln mit Ei und Schnittlauchrahm

V Kann teilweise vorbereitet werden
Arbeitsaufwand: 25 Minuten
Kochzeit: 12 Minuten im Schnellkochtopf
Kalorien: 172 kcal/720 kJ je Person

Für 4 Personen (als Vorspeise)
2 große Kartoffeln mit schöner Haut

Die Kartoffeln in der Schale im Dampf kochen (etwa 12 Minuten im Schnellkochtopf). Die Eier pochieren (s. S. 285). Den sauren Halbrahm mit einem Eßlöffel Schnittlauch mischen und mit Salz und Pfeffer würzen. Die lauwarmen Kartoffeln längs halbieren und die runde Seite so schneiden, daß die Kartoffeln gerade stehen können. Die Kartoffelhälften mit einem Löffel etwas eindrücken, je ein pochiertes Ei darauflegen. Mit der Sauce überziehen und mit dem restlichen Schnittlauch bestreuen.

Tips Man kann auch von den ganzen Kartoffeln einen Deckel wegschneiden, etwas Kartoffelfleisch entfernen (für Suppe weiterverwenden), damit eine Vertiefung entsteht, Eier und Rahm einfüllen und wieder zudecken.
Nach Belieben eine Tomatenrose als Garnitur darauflegen. Hübsche Tomatenröschen entstehen, wenn man Cherrytomaten schält und die Schale zu Röschen einrollt.
Die Kartoffeln in einen Siebaufsatz geben und über Dampf garen, dabei darauf achten, daß sie nicht mit dem Wasser in Berührung kommen.

4 kleinere Eier
½ dl Essig (für das Pochieren der Eier)
1 dl saurer Rahm
2 Eßl. Schnittlauch, fein geschnitten
Salz, Pfeffer

Gefüllte Pfannkuchen mit südlicher Note.

Pfannkuchen mit Gorgonzola

Das Mehl in eine Schüssel sieben. Die Milch und die Eier verrühren und würzen. Mit Mehl zu einem glatten Teig mischen. Einen Eßlöffel geschmolzene Butter darunterziehen. Eine Stunde ruhen lassen.
Den Gorgonzola mit einer Gabel zerdrücken. Eine Bratpfanne vor jedem Arbeitsgang mit Butter bepinseln. Kleine Pfannkuchen darin backen. Mit wenig Gorgonzola belegen und mit Pfeffer und Basilikum bestreuen. Die Pfannkuchen einrollen und sofort servieren.

Tip Wer den Gorgonzola nicht besonders liebt, kann ihn durch feingeschnittenen Weichkäse (z. B. Reste) ersetzen. Den Käse, je nach Sorte, mit etwas Pfeffer nachwürzen.

V Kann teilweise vorbereitet werden
Arbeitsaufwand: 25 Minuten
Backzeit: 10 Minuten
Kalorien: 475 kcal/1988 kJ je Person

Für 4 Personen
150 g Mehl
4 dl Milch
3 Eier
1 Eßl. Butter
100 g Rahmgorgonzola
30 g Butter
Salz, Pfeffer aus der Mühle
1 Eßl. Basilikum

In ländlichen Gegenden Frankreichs wird oft ohne Fleisch sehr gut gekocht. Hier eine dieser Spezialitäten:

«Petatou»

(Käse-Kartoffel-Kuchen nach Art des Poitou)

V Kann vorbereitet werden
Arbeitsaufwand: 35 Minuten
Backzeit: 50 Minuten
Kalorien: 621 kcal/2599 kJ je Person

Für 6 Personen (Springform von 24 cm Ø)
145 g Mehl
Salz, Pfeffer
100 g Speisequark
100 g Kochbutter
500 g Kartoffeln
250 g Ziegenkäse oder pikanter reifer Weichkäse
30 g Butter
5 Eßl. Milch
6 Eier
Butter für die Form

Das Mehl in eine Schüssel sieben, zwei Prisen Salz dazumischen. Quark und 100 g weiche Kochbutter in kleinen Stückchen dazugeben. Mit kühlen Fingern rasch zu einem gleichmäßigen Teig zusammenfügen (nicht kneten, sonst wird der Teig hart). Eine Stunde kühl stellen und nach Belieben wie bei einem Blätterteig 2 bis 3 Touren geben. (Den Teig zu einem Rechteck auswallen. Ein Drittel des Teiges zurücklegen. Den Teig zusammenfalten. Den zusammengefalteten Teig 20 Minuten ruhen lassen. Dann nochmals wie beschrieben auswallen, zusammenfalten und kühl stellen.)
Die Kartoffeln in der Schale knapp weich kochen. Den Käse in sehr feine Scheibchen schneiden. Die Kartoffeln noch heiß schälen, in Stücke schneiden und durch die Passiermaschine treiben. 30 g Butter in die heiße Milch geben. Kartoffeln beifügen und rasch zu einem Püree verarbeiten. 4 Eier verquirlen und mit den Käseflocken darunterziehen.
Eine Springform mit Butter bestreichen. Mit dem Teig auslegen und einen Rand von 3 cm hochziehen. Den Teigboden mit einer Gabel mehrmals einstechen. Die Masse hineingeben. Die Oberfläche des Kuchens mit 2 verquirlten Eiern bestreichen. 50 Minuten bei 180 °C backen.

Tips Im Poitou wird dieser Kuchen kalt mit viel grünem Salat serviert. Ich finde diesen Kuchen besser, wenn er warm auf den Tisch kommt.
Darauf achten, daß der Kartoffelstock nicht allzu weich wird (Milch nach Bedarf zugeben).

Die Füllung dieser Crêpes enthält Tofu, um dieses Gericht gehaltvoller zu machen. Die gute Sauce gibt ihm Geschmack.

Crêpes mit Spinat und Champignonsauce

V Kann weitgehend vorbereitet werden
Arbeitsaufwand: 35 Minuten
Kalorien: 569 kcal/2381 kJ je Person

Für 6 Personen
100 g Mehl
3 dl Milch
3 Eier
20 g Butter, flüssig gemacht
Salz, Pfeffer, Muskatnuß
1 kg Spinat
200 g Champignons
400 g Tofu
2 Schalotten
40 g Butter
3 Eßl. trockener Wermut
1 dl Weißwein
3 dl Rahm
2 Eßl. eingesottene Butter

Für den Crêpeteig Mehl und Milch gut verrühren. Die Eier darunterschwingen. Mit Salz, Pfeffer und wenig Muskatnuß abschmecken. 30 Minuten stehen lassen. 20 g Butter schmelzen und beifügen. Den Spinat waschen und ohne Beigabe von Flüssigkeit aufkochen, bis er zusammenfällt. Gut ausdrücken. Die Champignons säubern und in Viertel schneiden. Den Tofu in feine Scheibchen schneiden.
Die Schalotten fein hacken und in einem Eßlöffel Butter anziehen lassen. Die Tofuwürfelchen beifügen. Mit Salz und Pfeffer würzen und herausnehmen. Den Bratensatz mit Wermut ablöschen und den Weißwein dazugeben. Auf zwei Eßlöffel einkochen lassen. 2 dl Rahm beifügen und ebenfalls einkochen lassen. Die Champignons in einer separaten Bratpfanne in einem Eßlöffel Butter anziehen und mit dem Tofu in die Sauce geben. So lange leise kochen lassen, bis eine leicht sämige Sauce entsteht (etwa 10 Min.). Den Spinat in der restlichen Butter dünsten, bis alle Flüssigkeit verdampft ist. Den restlichen Rahm zugeben und etwas einkochen lassen. Mit Salz und Pfeffer würzen. Aus dem Teig in der eingesottenen Butter 5 Crêpes (Pfannkuchen) ausbacken.
Eine Crêpe auf eine vorgewärmte runde Platte anrichten. Mit etwas Spinat und Sauce belegen. So fortfahren und die Füllung zuletzt mit der fünften Crêpe abdecken. Zum Servieren wie einen Kuchen in Stücke schneiden.

Tip Das Gericht erfordert etwas Arbeit, aber der Aufwand lohnt sich. Es läßt sich zudem gut vorbereiten, so daß am Schluß nur noch die Sauce und der Spinat erhitzt werden müssen. Die Crêpes lassen sich zwischen zwei Tellern im Backofen bei 50 °C oder auf kochendem Wasser warm halten.

Dieses «schnelle» und delikate Süppchen ist ein schöner Auftakt zu einem festlichen Essen.

Safransüppchen

V Kann vorbereitet werden
Arbeitsaufwand: 10 Minuten
Kochzeit: 3 Minuten
Kalorien: 271 kcal/1134 kJ je Person

Für 4 Personen
1 mittelgroße, gehackte Zwiebel
1 Eßl. eingesottene Butter
1 Prise Safranpulver
8 dl Gemüsebouillon
2 dl Rahm
Salz, weißer Pfeffer
Einige Safranfäden
3 Eßl. steifgeschlagener Rahm

Die Zwiebeln in der Butter anziehen lassen. Das Safranpulver in etwas Bouillon auflösen und mit der restlichen Bouillon zu den Zwiebeln geben. 2 Minuten kochen lassen. Den Rahm zufügen, aufkochen lassen und mit Salz und Pfeffer abschmecken. In vier Suppentassen oder -teller geben und mit einigen Safranfäden bestreuen. Mit einer Rahmrosette garnieren.

Tip Diese Suppe sollte diskret mit Safran gewürzt werden. Safranfäden sind etwas teurer als Safranpulver, aber feiner im Geschmack und sehr dekorativ.

Der Kürbis — eine Augenweide auf dem Novembermarkt

Jedes Jahr erfreue ich mich wieder an den großen, gelben Kürbissen, die angeschnitten auf den Marktständen liegen. Man kann sich beliebig große Schnitze abschneiden lassen und daraus ein herrliches Süppchen kochen.

Außer dem Riesenkürbis gibt es einen kleinen, gelben Speisekürbis, den «Orange Knirps» von leuchtend oranger Farbe, sowie den grünen Kürbis mit etwas bleicherem Fleisch.

Ab und zu findet man bei uns als Neuheit den eigenwilligen Spaghettikürbis, eine Sorte aus Japan von länglicher Form und hellgelber

Farbe, der im Innern spaghettiähnliche Fäden enthält.

Kürbisse sind sehr reich an Faserstoffen, und der Geschmack des Fleisches ist leicht süßlich. Wer dieses Gemüse noch nicht kennt, sollte es einmal versuchen.

Die flachen, großen Kürbiskerne sind neustens sehr gefragt. Man kann sie in einer trokkenen Bratpfanne rösten und über einen Salat streuen.

Wenn es so richtig nach November aussieht, das heißt neblig und feucht ist, leuchten die großen, gelben Kürbisse auf den Marktständen. Eine der besten Zubereitungsarten für dieses Gemüse ist das folgende Süppchen:

Kürbissuppe mit Lauch

V Kann weitgehend vorbereitet werden
Arbeitsaufwand: 15 Minuten
Kochzeit: 20 Minuten
Kalorien: 220 kcal/920 kJ je Person

Für 4 Personen
1 Zwiebel
750 g Kürbis
1 Eigelb
⅛ l Rahm
1 Eßl. eingesottene Butter
½ l Gemüsebouillon
2 Eßl. Lauch, fein geschnitten
Salz, weißer Pfeffer
Muskatnuß
1 Prise Zimt

Die Zwiebel fein hacken. Den Kürbis schälen, entkernen und in kleine Stücke schneiden. Das Eigelb mit dem Rahm verrühren.
Die Zwiebel in der Butter leicht dünsten. Die Kürbisstücke beifügen und ebenfalls leicht anziehen lassen. Die Bouillon dazugießen und die Suppe etwa 20 Minuten kochen. Durch die feinste Scheibe der Passiermaschine drehen und nochmals aufkochen, den Lauch zufügen und 3 bis 4 Minuten weiterkochen. Die Eigelb-Rahm-Mischung dazugießen und die Suppe unter Rühren nochmals knapp bis vors Kochen bringen. Achtung: Die Suppe darf nicht wirklich kochen, sonst gerinnt das Eigelb! Mit Salz, Pfeffer, Muskatnuß und Zimt abschmecken. In vorgewärmte Suppentassen füllen und sofort servieren.

Tips Man kann mit dem Kürbis eine große Kartoffel mitkochen. In diesem Fall die Suppe nicht mit Ei binden, sondern nur den Rahm zum Verfeinern beifügen.
Die Suppe nach Belieben mit wenig steifgeschlagenem Rahm garnieren.

Hülsenfrüchte sind wieder «in». Hier eine gehaltvolle, aber moderne Suppe.

Kernbohnensuppe mit Linsen

V Kann vorbereitet werden
Arbeitsaufwand: 5 Minuten
Kochzeit: 75 Minuten
Kalorien: 339 kcal/1419 kJ je Person

Für 4 Personen
200 g Kernbohnen (Flageolets) oder weiße Bohnen
100 g dunkle Linsen
40 g Sojabohnen
1 Zwiebel
1 Eßl. Butter
2 Teel. Currypulver
1 Eßl. Vollkornmehl
7 dl Gemüsebouillon
2 dl Milch
Salz, Pfeffer

Die Kernbohnen, die Linsen und die Sojabohnen in eine Schüssel geben und mit Wasser bedecken. Über Nacht einweichen. Die Zwiebel in der Butter anziehen lassen. Die abgetropften Hülsenfrüchte zufügen und kurz mitdünsten. Mit Currypulver und Vollkornmehl bestäuben, gut wenden und mit Bouillon und Milch ablöschen. Zugedeckt bei kleiner Hitze 1 ¼ Stunden kochen lassen. Vor dem Anrichten mit Salz und Pfeffer abschmecken.

Tips Ein Sträußchen Bohnenkraut mitkochen. Im Schnellkochtopf können die Hülsenfrüchte 18 bis 22 Minuten uneingeweicht gekocht werden. Die Flüssigkeitsmenge um 2 dl reduzieren.

Ein feines Süppchen, das in Vergessenheit geraten ist.

Grünkernsuppe mit Sellerie

V Kann vorbereitet werden
Arbeitsaufwand: 15 Minuten
Kochzeit: 25 Minuten
Kalorien: 377 kcal/1578 kJ je Person

Für 4 Personen
4 Eßl. Grünkern
70 g Sellerieknolle
1 Lauchstange
1 Eßl. Butter
1 Zwiebel
1 l Gemüsebouillon
2 Eigelb
2 dl Rahm
Salz, Pfeffer

Den Grünkern mit warmem Wasser bedecken und über Nacht aufquellen lassen. Den Sellerie und den gesäuberten Lauch in feine Scheiben schneiden. Die Butter erhitzen. Das Gemüse mit der feingeschnittenen Zwiebel darin anziehen lassen. Den abgetropften Grünkern zugeben, kurz mitdünsten. Mit Bouillon auffüllen und 25 Minuten zugedeckt kochen.
Die Eigelbe mit dem Rahm verquirlen. Etwas Suppe daraufgießen und gut mischen. Die Mischung zur Suppe geben und unter Rühren bis knapp vors Kochen bringen. Mit Salz und Pfeffer abschmecken.

Tip Die Suppe nach der Beigabe des Eigelbs nicht mehr kochen, sonst gerinnt sie.

Eine nahrhafte Suppe für Curryliebhaber.

Hülsenfrüchtesuppe mit Curry

Kernbohnen, Linsen und Sojabohnen über Nacht in kaltem Wasser einweichen. Gut abtropfen und mit der Zwiebel in der Butter anziehen lassen. Mit Mehl und Curry bestreuen. Mit Bouillon und Milch auffüllen. Die Hälfte des Bohnenkrautes zugeben. 1¼ Stunde kochen lassen. Mit Salz, Pfeffer und dem restlichen Bohnenkraut abschmecken.

Tip Man kann auch nur weiße Bohnen oder andere gemischte Hülsenfrüchte verwenden.

V Kann vorbereitet werden
Arbeitsaufwand: 5 Minuten
Kochzeit: 90 Minuten
Kalorien: 339 kcal/1419 kJ je Person

Für 4 Personen
200 g Kernbohnen (Flageolets)
100 g dunkle Linsen
40 g Sojabohnen
1 kleine Zwiebel, gehackt
1 Eßl. Butter
1 Eßl. Vollkornmehl
1 Eßl. Currypulver
7 dl Gemüsebouillon
2 dl Milch
2 Eßl. gehacktes Bohnenkraut
Salz, Pfeffer

Ein altbewährtes Süppchen, aufgewertet mit gerösteten Mandeln und einer kleinen Schlagrahmhaube.

Hafercremesuppe mit Mandeln

Die Butter erhitzen, Zwiebel und Haferflocken zufügen und unter ständigem Rühren anziehen lassen. Mit Gemüsebouillon aufgießen und 20 Minuten bei kleiner Hitze kochen lassen. Die Mandeln in einer trockenen Bratpfanne unter Wenden goldgelb rösten.
Die Suppe mit Salz und Pfeffer abschmecken und mit Rahm verfeinern, in Tassen füllen und mit je einem Teelöffel steifgeschlagenem Rahm garnieren. Mit den Mandeln bestreuen.

Tip Die Mandeln lassen sich sehr gut ohne Fettstoff rösten.

Variationen
- Steifgeschlagenen Rahm weglassen und dafür winzig kleine, in Butter gebackene Brotwürfelchen über die Suppe geben.
- Die Suppe mit viel gehackten Kräutern anreichern.
- Etwas geriebenen Käse in die Suppe geben.

V Kann vorbereitet werden
Arbeitsaufwand: 10 Minuten
Kochzeit: 20 Minuten
Kalorien: 300 kcal/1255 kJ je Person

Für 4 Personen
1 Eßl. Butter
1 gehackte Zwiebel
80 g feine Haferflocken
1 l Gemüsebouillon (s. S. 312)
2 Eßl. gehobelte Mandeln
Salz, Pfeffer
1 dl Rahm
4 Teel. steifgeschlagener Rahm

Dieses feine Süppchen kann den Mittelpunkt einer Mahlzeit bilden, am besten mit einem kleinen Salat voraus und gekrönt von einem Fruchtdessert.

Schwarzwurzelsüppchen

V Kann vorbereitet werden
Arbeitsaufwand: 25 Minuten
Zusätzlich Garzeit der Schwarzwurzeln
Kalorien: 312 kcal/1306 kJ je Person

Für 4 Personen
1 kg Schwarzwurzeln
2 Eßl. Zitronensaft
1 l Gemüsebouillon
50 g Kresse
2 Eßl. Schalotten oder Zwiebeln, fein gehackt
1 Eßl. Butter
⅛ l Rahm
2 Eigelb
1 Eßl. Petersilie, gehackt
weißer Pfeffer aus der Mühle
evtl. Salz

Die Schwarzwurzeln mit dem Kartoffelmesser schälen (Gummihandschuhe anziehen). Die geschälten Wurzeln sofort in Zitronenwasser legen, damit sie sich nicht verfärben. Schwarzwurzeln abgießen und in kleine Stücke schneiden. In der Bouillon 20 bis 25 Minuten weich kochen (im Schnellkochtopf nur 7 bis 8 Minuten). Die knapp weichgekochten Schwarzwurzeln abgießen, den Sud aufheben. ⅔ der Wurzeln mit 1 Tasse Kochflüssigkeit im Mixer pürieren. Die Kresse fein hacken.
Schalotten oder Zwiebeln in Butter anziehen lassen. Die pürierten Schwarzwurzeln mit der Kochflüssigkeit zugeben und aufkochen. Rahm mit Eigelb verquirlen. Etwas Suppe dazurühren. Die Eimischung zur Suppe geben. Auf kleinem Feuer unter Rühren bis knapp vors Kochen bringen. Die kleingeschnittenen Schwarzwurzeln ebenfalls zufügen und in der Suppe erwärmen. Mit Petersilie, Pfeffer und, wenn nötig, mit etwas Salz abschmecken. Die frischgehackte Kresse in Teller oder Suppentassen verteilen. Die heiße Suppe darübergießen.

Tip Nahrhafter wird diese Suppe noch, wenn man kleine, in Butter geröstete Brotwürfelchen dazu serviert.

Variation Festlich wird dieses Süppchen, wenn man es in Suppentassen verteilt, mit Rahmtupfern garniert und bei starker Oberhitze oder unter dem Grill im Ofen kurz gratiniert. Wirklich nur Oberhitze verwenden, sonst gerinnt das Eigelb.

Diese Maisschnitten bekommen durch die scharfe Pfefferschote «Pep».

Polenta-Schlemmerschnitten mit Salbei und Peperoncino

Gemäß Grundrezept (s. S. 315) mit den angegebenen Zutaten eine Polenta zubereiten. Kurz vor Ende der Kochzeit das Olivenöl in einer Pfanne erhitzen. Die Zwiebel beifügen und anziehen lassen. Herausnehmen und die Pilze ins Öl geben, 3 Minuten dünsten und den gehackten Peperoncino, die Petersilie und 4 gehackte Salbeiblätter dazugeben. Mit Pfeffer und Salz abschmecken. Alle Zutaten gut vermischen und zu der inzwischen fertiggekochten Polenta geben. Gut umrühren. Die Polenta in eine ausgebutterte Cakeform gießen und erkalten lassen. In 1½ cm dicke Scheiben schneiden. In einer großen Pfanne mit der eingesottenen Butter, die mit den restlichen Salbeiblättern erhitzt wurde (Salbeiblätter danach wieder entfernen), auf beiden Seiten goldgelb ausbacken. Sehr heiß servieren.

Tip Man kann die Polenta auch auf ein kalt abgespültes Blech gießen, nach dem Erkalten in Vierecke schneiden, in eine Auflaufform schichten und mit Halbweichkäse überbacken.

V Kann vorbereitet werden
Arbeitsaufwand:
20 Minuten
Kochzeit der Polenta:
40 bis 45 Minuten
Bratzeit:
10 bis 15 Minuten
Kalorien:
415 kcal/1737 kJ
je Person

Für 4 Personen
2 l Wasser
500 g Maisgrieß, mittel
Salz
1 dl Olivenöl
1 kleine Zwiebel, gehackt
150 g frische Pilze, in Scheiben geschnitten
1 kleine rote, scharfe Pfefferschote (Peperoncino)
3 Eßl. gehackte Petersilie
12 Salbeiblätter
Salz, Pfeffer
2 Eßl. eingesottene Butter
Butter für die Form

Gebratene Polentaschnitten

Die erkaltete Polenta in Scheiben von 1 ½ cm Dicke schneiden oder mit Hilfe eines Glases Rondellen oder Halbmonde ausstechen. In einer Pfanne einige Eßlöffel Butter erhitzen und die Polentastücke nebeneinander hineingeben. Beidseitig goldbraun braten und auf den Rand einer Platte anrichten, in deren Mitte das in Scheiben geschnittene Fleisch (z. B. Schmorbraten) mit Sauce kommt.

Grillierte Polentaschnitten

Die erkaltete Polenta in 1 ½ cm dicke Scheiben schneiden. Diese auf dem Grill, im Kamin oder im Backofen beidseitig ohne irgendwelche Beigabe grillieren, bis sie auf beiden Seiten die typischen Streifen zeigen. Die so gegrillten Polentascheiben werden sehr heiß in einer weißen Serviette auf einem Teller serviert oder — wenn das Fleisch in einer Schüssel angerichtet wird — dem Rand entlang, halb in der Sauce stehend, aufgestellt. Man ißt sie mit Parmesan am Stück, Gorgonzola und anderen Käsesorten.

Variationen

Frisch gekochte Polenta kann wie folgt zu einer köstlichen Mahlzeit angereichert werden:

- Weiche Butter mit durchgepreßtem Knoblauch und fein gehackten Salbeiblättern vermischen und am Schluß unter die Polenta mischen.
- 5 Minuten vor Ende der Kochzeit kleine Würfel aus Formagella oder Raclettekäse (oder anderem gut schmelzendem Käse) unter die Polenta mischen.
- Auch in Würfel geschnittener Gorgonzola schmeckt sehr gut.
- Am Ende der Kochzeit ein Stück frische Butter und etwas geriebenen Käse in der Polenta schmelzen lassen.

Hirse wird sehr oft verkannt. Gerade für eine Füllung wirkt sie locker und leicht.

Kohlrouladen mit Hirsefüllung

Die Blätter vom Kohlkopf lösen. In kochendes Salzwasser geben und ziehen lassen, bis sie weich werden. Die Blätter gut abtropfen und die dicken Rippen entfernen. Die Hirse mit Milch und 1 dl Wasser aufkochen, die Pfanne zudecken und 5 bis 10 Minuten bei kleinster Hitze quellen lassen.
Die Zwiebel hacken und in Butter hellgelb dünsten. Den Schnittlauch dazugeben und unter den Hirsebrei mischen.
Den Käse in kleine Würfel schneiden. Käsewürfel und Quark unter die Hirse ziehen. Mit Salz und Pfeffer abschmecken.
Die Kohlblätter auf dem Tisch auslegen. Mit der Füllung belegen und zu Rouladen formen. Diese in eine mit Butter bestrichene Auflaufform anordnen.
Mit der Bouillon begießen und 20 Minuten bei 180 °C garen (die Kohlblätter müssen weich gedünstet werden). Mit geriebenem Käse bestreuen und kurz überbacken. Wenn nötig, die Kohlrouladen beim Garen abdecken, damit sie nicht braun werden.

Tips Man kann Tomaten- oder andere Gemüsewürfelchen unter die Masse mischen. Die Gemüse müssen aber zuvor mit den Zwiebeln in Butter gedünstet werden.
Der Käse läßt sich durch zerdrückten Tofu ersetzen. In diesem Fall die Füllung stärker würzen und die Rouladen nicht überbacken.

V Kann vorbereitet werden
Arbeitsaufwand: 35 Minuten
Kochzeit: 10 Minuten
Backzeit: 20 Minuten
Kalorien: 431 kcal/1804 kJ je Person

Für 4 Personen
1 mittelgroßer Kohl (Wirsing)
130 g Goldhirse
2 dl Milch
1 Zwiebel
1 Eßl. Kochbutter
2 Eßl. Schnittlauch, fein geschnitten
150 g Weichkäse, z. B. Reste von Brie, Reblochon, Camembert oder anderer pikanter Weichkäse
100 g Speise- oder Rahmquark
Salz, Pfeffer
Butter für die Form
2 dl Gemüsebouillon
50 g Greyerzer Käse, gerieben

Eine delikate Pastete, die festlich dekoriert werden kann.

Blätterteigpastete mit Schwarzwurzeln und Brokkoli

V Kann weitgehend vorbereitet werden
Arbeitsaufwand:
25 Minuten
Kochzeit: 20 Minuten
Backzeit:
rund 25 Minuten
Kalorien:
785 kcal/3285 kJ
je Person

Für 6 Personen (Springform von 23 cm Ø)
500 g Blätterteig
1 kg Schwarzwurzeln
300 g Brokkoli
Salz, Pfeffer
1 Eßl. Zitronensaft
1 Eigelb
4 Eßl. Weißwein
2 dl Doppelrahm
Butter für die Form
Wenig Mehl zum Ausrollen
300 g weiße Bohnen (zum Blindbacken des Teigs)

Etwa zwei Drittel des Teigs 3 cm dick auswallen. Eine bebutterte und mit wenig Mehl bestäubte Springform damit auskleiden. Dabei den Rand bis nach oben ziehen. Kühl stellen. Die Schwarzwurzeln schälen und sofort in eine Schüssel mit schwachem Zitronenwasser legen. Den Brokkoli in kleine Röschen zerpflücken. Die Schwarzwurzeln in 3 bis 4 cm lange Stücke schneiden und in Salzwasser 15 bis 20 Minuten knapp weich kochen. Den Teigboden mit einer Gabel einstechen und mit Pergamentpapier belegen. Die Form mit weißen Bohnen füllen und in die Mitte des auf 220° C vorgeheizten Backofens schieben. Nach 10 Minuten die Hitze auf 190 °C reduzieren. Nach weiteren 5 Minuten die Bohnen und das Pergamentpapier entfernen und die Form wieder in den Ofen schieben. Den Deckel (½ cm größer als die Springform, mit Teigresten garniert und mit Eigelb bestrichen) dazulegen und etwa 10 Minuten mitbakken. Sorgfältig überwachen, damit er nicht zu dunkel wird. Die Brokkoliröschen separat in wenig Salzwasser einige Minuten kochen. Herausnehmen und in Eiswasser abschrecken, damit sie ihre Farbe behalten.
Für die Sauce 5 dl Schwarzwurzelsud auf die Hälfte einkochen. Mit dem Weißwein und einigen Schwarzwurzelstücken im Mixer pürieren. In die Pfanne zurückgeben und mit dem Doppelrahm kurz aufkochen. Mit Salz und Pfeffer abschmecken. Die sehr gut abgetropften Schwarzwurzeln und Brokkoliröschen beifügen. Alles nochmals heiß werden lassen und in die Blätterteigform füllen. Den Deckel aufsetzen und sofort servieren.

Tip Der Brokkoli läßt sich durch grüne (evtl. tiefgekühlte) Erbsen ersetzen.

Ein einfacher, rustikaler Zwiebelkuchen mit Käse und Kümmel.

Zwiebelkuchen nach Bauernart

V Kann vorbereitet werden
Arbeitsaufwand:
25 Minuten
Backzeit:
35 bis 40 Minuten
Kalorien:
894 kcal/3742 kJ
je Person

Für 4 Personen (Blech von 27 cm Ø)
500 g geriebener Teig (s. S. 316)
750 g Zwiebeln
100 g Butter
2 Eier
½ Teel. Kümmel
Salz, Pfeffer
70 g Greyerzer
Butter für die Form

Das Kuchenblech mit Butter bestreichen und mit Teig auslegen. Die gehackten Zwiebeln in der Butter dünsten und würzen. Sobald sie weich gekocht sind, mit den verquirlten Eiern, dem Kümmel und dem geriebenen Käse mischen. Mit Salz und Pfeffer nachwürzen. Die Masse auf den Kuchenboden gießen und im mittelheißen Ofen etwa 35 Minuten backen.

Tips Die Füllung sollte erst unmittelbar vor dem Backen auf den Teig gegeben werden.
Der Kuchen läßt sich vorbacken und vor dem Servieren kurz erwärmen.
Für diesen Kuchen kann man auch gekauften Kuchenteig oder sogar Weggliteig (Hefeteig) verwenden.

Soja — ein interessantes Nahrungsmittel

In Reformhäusern und in großen Lebensmittelabteilungen gibt es Sojagranulat und Sojawürfel zu kaufen, die sich für die Zubereitung von Saucengerichten in der vegetarischen Küche gut eignen.

Das Granulat oder die Klößchen werden zuerst kurz mit heißem Wasser begossen, können danach angebraten und in der doppelten Menge Gemüsebouillon mit den verschiedensten Zutaten, wie Gemüse, Kräuter, Champignons, Hülsenfrüchte oder Reis, gekocht werden. So entstehen attraktive Eintopfgerichte oder Saucen, die hervorragend zu Teigwaren oder Polenta passen.

Eine rassige Sauce zu Spaghetti oder Polenta.

Sojaragout «alla bolognese»

V Kann vorbereitet werden
Arbeitsaufwand: 25 Minuten
Kochzeit: 60 Minuten
Kalorien: 260 kcal/1088 kJ je Person

Für 4 Personen
300 g Sojaklößchen
1 große Zwiebel
1 Karotte
1 Stück Sellerieknolle
2 Eßl. Butter
500 g geschälte Tomaten (Pelati)
1 Gewürznelke
1 Lorbeerblatt
3 dl Rotwein
2 bis 3 dl Gemüsebouillon
1 Eßl. Tomatenpüree
2 Knoblauchzehen
Salz, Pfeffer aus der Mühle

Die Sojaklößchen mit heißem Wasser begießen und 15 Minuten aufquellen lassen. Die Zwiebel, die Karotte und den Sellerie fein hakken. Die Butter und die kleingeschnittenen Tomaten in eine Kasserolle geben und leicht andünsten. Die abgetropften Sojaklößchen, die Nelken und das Lorbeerblatt zufügen. Kurz weiterdünsten. Mit Wein ablöschen und wenig Gemüsebouillon zugeben. Etwas verdampfen lassen. Dann das Tomatenpüree und den durchgepreßten Knoblauch beigeben. Mit 2 bis 3 dl Bouillon auffüllen, zudecken und bei kleiner Hitze eine Stunde schmoren lassen. Mit Salz und viel Pfeffer abschmecken. Sollte die Sauce zu dick sein, kann sie mit wenig Gemüsebouillon verdünnt werden.

Tip Die Sojaklößchen sind im Reformhaus oder in großen Lebensmittelabteilungen erhältlich.

Ein pikant gewürztes Bohnengericht mit südamerikanischer Note.

Chili «con soja»

V Kann vorbereitet werden
Arbeitsaufwand: 20 Minuten
Kochzeit: 1 Stunde plus Kochzeit der Bohnen
Kalorien: 492 kcal/2059 kJ je Person

Für 4 Personen
250 g rote oder weiße Bohnen, vorgekocht oder aus Dose (abgetropft)
500 g Sojaklößchen

Die Bohnen am Vorabend in Wasser einweichen. Im Einlegewasser 1¼ Stunden vorkochen. Die Sojaklößchen in eine Schüssel geben und mit heißem Wasser begießen. Sobald sie weich sind, abgießen, mit Küchenpapier etwas troktupfen und in der eingesottenen Butter leicht anbraten.

Die Zwiebeln zugeben und 2 bis 3 Minuten mitdünsten. Den Knoblauch durchpressen und dazumischen. Salz, Pfeffer und Chilipulver darüberstreuen. Die Pfefferschoten und die Tomaten kleinschneiden, beifügen, gut rühren und die Bouillon zugeben. Zugedeckt bei kleiner Hitze etwa 1 Stunde kochen. Nach dieser Zeit die vorgekochten Bohnen zufügen. Den Rotwein mit der Speisestärke mischen. Zugeben und gut verrühren. Das Gericht mit Zucker, Kümmelpulver und evtl. mit Tabasco abschmecken.

Tip Zum Chili paßt Maisbrei sehr gut. Die Bohnen können im Schnellkochtopf gegart werden (etwa ⅓ der normalen Kochzeit ohne Einweichen).

2 Eßl. eingesottene Butter
2 große Zwiebeln, gehackt
2 Knoblauchzehen
Salz, schwarzer Pfeffer aus der Mühle
3 Teel. Chilipulver
2 kleine, grüne Pfefferschoten, fein gehackt
500 g reife Tomaten, geschält
½ l Gemüsebouillon
6 Eßl. Rotwein
1 Teel. Speisestärke
1 Prise Zucker
1 Teel. Kümmelpulver
Wenig Tabasco

Aus Soja lassen sich besonders eiweißhaltige «Burger» zubereiten.

Vegetarische Hacksteaks

Die Sojaklößchen und das Sojaeiweiß in eine Schüssel geben. Mit warmem Wasser bedekken und 15 Minuten ruhen lassen. Dann durch ein Sieb gießen, gut abtropfen lassen. Sojaklößchen hacken und mit Sojaeiweiß, Eigelb, Mehl und Kräutern mischen.
Die Zwiebeln in Butter anziehen lassen. Die Eiweiße steif schlagen und beides unter die Masse ziehen. Mit Salz, Pfeffer und Cayennepfeffer abschmecken.
Flache Hacksteaks formen. Beidseitig in Butter goldbraun braten. Den Bratenfond mit 1 bis 2 Eßlöffeln Gemüsebouillon lösen und über die Steaks anrichten.

Tip Sojaklößchen und Sojaeiweiß sind im Reformhaus oder in großen Lebensmittelabteilungen erhältlich. Sie können als Notvorrat aufbewahrt werden und als Eiweißspender in diesem Sinne gute Dienste erweisen.

Variation Gemüsewürfelchen oder feingeschnittene Pilze unter die Masse mischen.

V Kann vorbereitet werden
Arbeitsaufwand: 20 Minuten
Bratzeit: 5 bis 6 Minuten
Kalorien: 279 kcal/1168 kJ je Person

Für 4 Personen
300 g Sojaklößchen
100 g Sojaeiweiß, gehackt
2 Eigelb
2 Eßl. Vollkornmehl
2 Eßl. gehackte Kräuter (Rosmarin, Majoran, Thymian, Petersilie)
1 Zwiebel, gehackt
1 Eßl. Butter
2 Eiweiß
Salz, Pfeffer
1 Prise Cayennepfeffer
2 Eßl. Gemüsebouillon (s. S. 312)

Die Karottensauce dieses Gerichts ist besonders delikat.

Gemüsesteaks an Karottensauce

Arbeitsaufwand: 35 Minuten
Einweichzeit: 12 Stunden
Kochzeit: 20 Minuten
Bratzeit: 10 bis 15 Minuten
Kalorien: 496 kcal/2076 kJ je Person

Für 4 Personen
100 g Kruska-Schrot
300 g gesäubertes Gemüse (Karotte, Lauch, Sellerie)
2 Eßl. Zwiebeln, gehackt
1 Eßl. Butter
1 Eßl. Petersilie, gehackt
1 Eßl. Schnittlauch, geschnitten
150 g Magerquark
2 Eier
Salz, Pfeffer
Wenig Mehl
2 Eßl. eingesottene Butter

Sauce:
500 g Karotten
1 dl Gemüsebouillon
2 Eßl. trockener Wermut
1 ½ dl Rahm
Salz, weißer Pfeffer
1 Eßl. Kerbel, fein geschnitten

Den Kruska-Schrot mit einer Prise Salz und 6 dl Wasser 12 Stunden einweichen. Danach 15 Minuten kochen und erkalten lassen.
Das Gemüse kleinschneiden und mit 1 dl Wasser zugedeckt 5 Minuten weich kochen, dann hacken. Mit dem erkalteten Schrot mischen.
Die Zwiebeln in Butter anziehen lassen, die Kräuter zugeben, gut wenden und zur Schrotmasse geben. Den Quark und die verquirlten Eier ebenfalls dazumischen und die Masse mit Salz und Pfeffer abschmecken. Mit bemehlten Händen runde Steaks formen und in Bratbutter goldbraun braten.
Für die Sauce die Karotten schälen, fein raffeln und mit der Gemüsebouillon kurz aufkochen. Durch ein feines Sieb passieren und dabei die Karotten gut ausdrücken. Den aufgefangenen Saft in einer Pfanne mit weitem Boden zur Hälfte einkochen. Den Wermut zugeben und wiederum etwas reduzieren. Den Rahm zufügen, einkochen lassen, bis eine sämige Sauce entsteht, und mit Salz und Pfeffer abschmecken.
Die Steaks auf Teller verteilen, mit der Sauce umgießen und mit Kerbel bestreuen.

Tip Man kann das Gericht mit knapp gar gekochten, hübsch ausgestochenen Karottenscheiben oder kleinen gedämpften Karotten garnieren.

Gemüsesteak
an
Karottensauce

Zusammen mit einem bunten Salat bilden Sojavollkornteigwaren an einer Käsesauce eine komplette Mahlzeit.

Teigwaren an Käsesauce

V Kann vorbereitet werden
Arbeitsaufwand: 8 Minuten
Kochzeit: 13 Minuten
Kalorien: 625 kcal/2616 kJ je Person

Für 4 Personen
400 g Sojavollkornspiralen
Salz, Pfeffer aus der Mühle
2½ dl Rahm
100 g Greyerzer Käse, gerieben
50 g Parmesan, gerieben
2 Eßl. gehackte Kräuter, z. B. Kerbel und Basilikum

Die Teigwaren in 2 l Salzwasser etwa 13 Minuten kochen, dann abgießen, kalt abspülen und gut abtropfen lassen. Den Rahm aufkochen. Die Käsesorten zufügen und unter stetem Rühren schmelzen lassen. Nach Bedarf mit Salz nachwürzen und die Teigwaren zugeben. Langsam erwärmen. In vorgewärmten Suppentellern anrichten und mit den restlichen Kräutern und etwas Pfeffer bestreuen.

Variation Sehr kleine Peperonciniwürfel und 1 bis 2 durchgepreßte Knoblauchzehen dazumischen.

Tofu braucht, damit es aromatisch wird, eine pikant gewürzte Sauce.

Curry mit Tofu, Äpfeln und Birnen

V Kann vorbereitet werden
Arbeitsaufwand: 30 Minuten
Kochzeit: 7 Minuten
Kalorien: 184 kcal/770 kJ je Person

Für 4 Personen
1 Birne
1 Apfel
200 g Tofu
1 kleine Zwiebel
2 Eßl. Butter
3 Eßl. Currypulver
Salz, Pfeffer
1 Teel. Speisestärke
1 Eßl. Gemüsebouillon
1 Eßl. Mango Chutney
2 Eßl. Rahm

Die Birne und den Apfel schälen und in kleine Würfel schneiden. Den Tofu ebenfalls würfeln. Die Zwiebeln in Butter anziehen lassen. Birnen- und Apfelwürfel und Currypulver zufügen, 1 bis 2 Minuten weiterdünsten. Die Speisestärke mit Gemüsebouillon verrühren und zufügen. Das Mango Chutney durch ein Sieb in die Sauce geben und 2 bis 3 Minuten kochen, damit es püriert wird. Mit Rahm verfeinern und mit Salz und Pfeffer und evtl. mit noch mehr Currypulver abschmecken. Mit den Tofuwürfeln mischen, erwärmen und sofort servieren.

Tip Den Curry mit gerösteten Mandelscheibchen bestreuen. Im Vollkornreisring servieren.

Gnocchi — nach einem Großmutterrezept zubereitet und mit einer gut gewürzten Tomatensauce serviert — sind garantiert ein Erfolg.

Kartoffelgnocchi

Kartoffeln in der Schale kochen, verdampfen lassen. Heiß schälen und sofort durch die Passiermaschine treiben. Eigelbe, Ei und Butter schaumig rühren, Käse, Gewürze und Paniermehl (sehr trockenes, geriebenes Weißbrot ohne Rinde) beifügen und nochmals gut verrühren. Ausgekühlte Kartoffeln und gesiebtes Mehl abwechslungsweise beigeben und rasch zu einem festen Teig verarbeiten. Nicht kneten, sonst wird dieser wieder dünner!

Den Teig in einen großen, festen und kalt ausgespülten Spritzsack ohne Tülle einfüllen. Über leicht kochendem Salzwasser die Masse fortlaufend rund ½ cm breit aus dem Spritzsack pressen und mit einem immer wieder in kaltes Wasser getauchten Messer abschneiden (wenn man den richtigen «Dreh» herausbekommen hat, erhalten die Gnocchi eine elegante Biegung!). Ziehen lassen, bis die Gnocchi an die Oberfläche steigen, mit der Schaumkelle herausheben, kurz in kaltem Wasser durchschütteln und zum Abtropfen auf ein Küchenpapier legen. Lagenweise mit dem gemischten Reibkäse und flüssiger Butter in eine Gratinform einschichten. Die oberste Lage mit flüssiger Butter bepinseln und mit einem Gemisch aus ⅓ Greyerzer, ⅓ Sbrinz und ⅓ weißem Paniermehl bestreuen. Im vorgeheizten Ofen bei 250 °C rasch überbacken.

Mit einer pikanten Tomatensauce servieren.

Tip Bereiten Sie, wenn sie gerade einmal genug Zeit haben, die doppelte oder dreifache Portion Gnocchi zu; sie lassen sich ausgezeichnet tiefkühlen und rund 3 Monate aufbewahren!

V Kann vorbereitet werden
Arbeitsaufwand:
40 Minuten
Kochzeit der Kartoffeln:
40 Minuten
(im Schnellkochtopf etwa 13 Minuten)
Kalorien:
568 kcal/2377 kJ
je Person

Für 4 bis 5 Personen
1,2 kg Kartoffeln
2 Eigelb
1 ganzes Ei
20 g Butter
1 Eßl. geriebener Greyerzer
Salz, weißer Pfeffer, Muskatnuß
2 Eßl. weißes Paniermehl (selbst zubereitet)
300 g Mehl
50 g Butter
150 g geriebener Greyerzer und Sbrinz, gemischt
30 g weißes Paniermehl

Gnocchi für Käseliebhaber. Die Roquefortfüllung gibt ihnen die besondere Note. Wer diesen Geschmack nicht liebt, kann den Käse weglassen.

Kartoffelgnocchi mit Pfiff

V Kann vorbereitet werden
Arbeitsaufwand: 30 Minuten
Kochzeit: 20 Minuten
Kalorien: 568 kcal/2377 kJ je Person

Für 4 Personen
1 kg mehlige Kartoffeln
2 Eßl. Mehl
1 Ei
1 Eigelb
4 Eßl. Quark
Salz, Pfeffer, Muskatnuß
100 g geriebenes Weißbrot
60 g Butter
50 g Roquefortkäse
2 Eßl. Petersilie, gehackt

Die Kartoffeln in der Schale im Dampf kochen und gut ausdampfen lassen (wenn möglich im heißen Ofen noch einige Minuten austrocknen lassen), dann schälen und durch ein Sieb passieren. Das Püree mit Mehl, Ei und Quark gut mischen. Mit Salz, Pfeffer und Muskatnuß abschmecken. Das geriebene Brot in 30 g Butter rösten, in eine Schüssel geben und mit Roquefortwürfelchen und Petersilie mischen. Mit nassen Händen kleine runde Klöße formen, mit dem Daumen bis zur Mitte durchstoßen, mit der Brotmischung füllen und mit Gnocchiteig wieder verschließen. In kochendem Salzwasser rund 15 Minuten ziehen lassen, mit der Lochkelle aus dem Topf nehmen und anrichten. Mit heißer Butter überschäumen.

Tip Der Roquefortkäse läßt sich durch geriebenen Kräuterkäse (Schabziger) ersetzen.

Die Kartoffel – ein Eckpfeiler der vegetarischen Küche

Mit Lobliedern auf die Kartoffel könnte man Seiten füllen. Auch ihre Geschichte ist immer wieder lesenswert. Beides ist hinlänglich bekannt. Erfreulich ist die Feststellung, daß die Kartoffel wieder in vielen Sorten auf dem Markt erscheint. Hier einige Informationen dazu:

Die Kartoffeln haben je nach Sorte verschiedene Kocheigenschaften. Sie werden mit den Kochtypen A, B oder C gekennzeichnet. Die wichtigsten Sorten und ihre Verwendungen:

Kochtyp A
Feste Kartoffeln mit niedrigem Stärkegehalt und schnittfestem Fleisch. Besonders geeignet für Kartoffeln in der Schale, Salzkartoffeln, Kartoffelsalat.

Kochtyp B

Recht fest mit mittlerem Stärkegehalt. Besonders geeignet für Rösti, Gratins, Saucenkartoffeln, Bratkartoffeln, Frites. Nicht geeignet für Kartoffelstock, Gnocchi, Schupfnudeln und ähnliche Gerichte.

Kochtyp C

Locker mehliges und trockenes Kartoffelfleisch. Besonders geeignet für Kartoffelstock, Gnocchi und andere Gerichte aus Kartoffelteig, Baked Potatoes, Kartoffelsuppe. Nicht geeignet für Kartoffelsalat, Rösti, Gschwellti.

Kartoffelsorten mit Kochtyp und Saison

Bintje	Kochtyp B—C	November bis Juli
Urgenta (rotschalig)	Kochtyp B	September bis März
Sirtema	Kochtyp B	Mai bis Oktober
Ostara	Kochtyp B	Mai bis November
Désirée (rotschalig)	Kochtyp B—C	November bis Februar
Christa	Kochtyp B—C	Mai bis September
Colmo	Kochtyp B—A	Mai bis September
Palma	Kochtyp B	September bis November
Nicola	Kochtyp A—B	November bis April
Stella	Kochtyp A—B	September bis Februar

Kochtips

- Die Kochzeiten von Kartoffeln können je nach Sorte, Saison und Größe sehr unterschiedlich sein.
- Die Typen B und C springen beim Kochen gerne auf, was für Kartoffeln in der Schale nicht sehr günstig ist. Am besten kocht man sie auf einem Sieb über dem Dampf. Nach der Zubereitung im Schnellkochtopf sollte der Topf nicht mit kaltem Wasser abgeschreckt werden. Am besten läßt man das Druckventil langsam absinken.
- Typ C ist dank dem mehligen, trockenen Fleisch sehr zur Flüssigkeitsaufnahme

geeignet. Deshalb kann man aus diesen Sorten guten Kartoffelstock und feste Kartoffelteige herstellen.

- Für die Zubereitung von Rösti und Gratins sollte man wenn möglich Typ B nehmen, weil die geraffelten oder bei Gratins gescheibelten Kartoffeln fest bleiben und nicht zerfallen.

Ein dekoratives Kartoffelgericht, das sich sehr gut vorbereiten läßt.

Kartoffelgratin nach schottischer Art

Kalorien:
565 kcal/2365 kJ
je Person

Für 4 Personen
800 g Rosenkohl
800 g Kartoffeln
1 dl Milch
20 g Butter
2 Zwiebeln
1 kleine Lauchstange
1 Eßl. Butter
Salz, Pfeffer,
Muskatnuß
4 Maiskolben
2 Eigelb
1 Eßl. Rahm
Butter für die Form

Den Rosenkohl säubern und im Siebeinsatz des Schnellkochtopfes etwa 8 Minuten garen und gut würzen. Die Kartoffeln schälen, in Würfel schneiden und weich kochen. Gut ausdampfen lassen und durch das Passiergerät drehen. Mit Milch und Butter mischen. Mit Salz und Muskatnuß abschmecken. Es soll ein festes Kartoffelpüree entstehen.
Die Zwiebel hacken und den Lauch fein schneiden. Beides in einem Eßlöffel Butter andünsten und mit Salz und Pfeffer abschmecken. Eine ovale Gratinplatte von 30 cm Länge mit Butter bestreichen. Die Rosenkohlköpfchen halbieren und mit der Schnittfläche nach unten in die Platte anordnen.
Die Maiskörner vom Kolben lösen und 2 Minuten in Salzwasser garen. Gut abtropfen lassen und über den Rosenkohl verteilen. Die Zwiebeln mit dem Lauch darübergeben. Das Kartoffelpüree in einen Spritzsack mit gezackter Tülle einfüllen und auf das Gemüse dressieren. Dabei darauf achten, daß ein schönes Muster entsteht.
Das Eigelb mit Rahm und wenig Salz mischen und die Oberfläche des Gratins damit bestreichen. 20 Minuten bei 250 °C im Ofen überbakken.

Tip Man kann zu diesem Gericht eine leichte Weißweinsauce (s. S. 311) servieren.

Eine attraktive ländliche Kartoffeltorte, die, wenn sie sorgfältig zubereitet und gut gewürzt wird, auch Gourmets gefallen wird.

Kartoffeltorte St-Valéry

Kartoffeln schälen und in dünne Scheiben schneiden. Gehackte Schalotten und Lauch 5 Minuten in der Butter dünsten. Kartoffelscheiben zufügen, gut wenden. Leicht anziehen lassen. Einen Eßlöffel Majoran zufügen, gut mischen, dann mit Wein ablöschen. Zugedeckt 5 Minuten dünsten. Mit Salz und Pfeffer abschmecken. Den Teig etwa 4 mm dick auswallen. Die Form mit Butter bestreichen und mit zwei Dritteln des Teiges auskleiden. Dann einen Rand von etwa 5 cm hochziehen. Aus dem restlichen Teig einen Deckel im Durchmesser der Form ausschneiden. In der Mitte ein Dampfloch markieren, aber noch nicht durchstechen. Den Teigboden mit einer Gabel mehrmals einstechen. Die etwas abgekühlten Kartoffeln mit dem Lauch auf den Teigboden geben. Den feingeschnittenen Käse, den durchgepreßten Knoblauch und die restlichen Kräuter darauf verteilen. Den Teigrand leicht auf die Füllung zurückbiegen. Mit wenig Eigelb bestreichen, den Teigdeckel auflegen und gut andrücken. Die Oberfläche der Torte mit Teigresten verzieren und rund um das markierte Dampfloch eine Rosette anbringen. Die Torte mit etwas Eigelb bestreichen. 10 Minuten im vorgeheizten Ofen bei 220 °C backen, dann das Dampfloch aufstechen. Rahm mit restlichem Eigelb, wenig Salz und Pfeffer mischen und durch die Öffnung auf die Kartoffelfüllung giessen. 30 Minuten fertigbacken. Heiß aus dem Ofen servieren.

Tip Das Dampfloch darf erst geöffnet werden, wenn der Teig bereits festgebacken ist, damit die Pastete nicht einfällt. Dieses Vorgehen erübrigt altmodische Methoden, bei denen man solche Torten mit Seidenpapier oder Gaze füllte, Einlagen, die nur wieder mühsam entfernt werden konnten.

V Kann vorbereitet werden
Arbeitsaufwand: 50 Minuten
Backzeit: 40 Minuten
Ruhenlassen des Teiges: 60 bis 120 Minuten
Kalorien: 652 kcal/2729 kJ je Person

Für 6 Personen (Springform von 20 cm Ø)

400 g geriebener Teig (s. S. 316)
600 g Kartoffeln
3 Schalotten (oder 1 kleine Zwiebel), gehackt
300 g zarter Lauch
1 Eßl. Kochbutter
1 Knoblauchzehe
2 Eßl. Majoran, gehackt
4 Eßl. Weißwein
1 Eßl. Petersilie, gehackt
Salz, Pfeffer
Butter für die Form
300 g Camembert oder Brie
3 Eigelb
⅛ l Rahm

Dieses Gericht ist mit einer Jugenderinnerung meines Mannes verbunden. Seine Großmutter pflegte dieses Gericht zu kochen. Leider war kein Rezept vorhanden; doch weil mein Mann immer wieder davon schwärmte, versuchte ich in mehreren Anläufen, diese im Badischen auch «Bubenspitzli» genannten Kartoffelwürstchen zu seiner Zufriedenheit herzustellen. Unbeeinflußt von allen schwäbischen Rezepten, die ich da und dort gelesen hatte, versuchte ich es auf meine Art. Sie seien noch besser als die Schupfnudeln seiner Großmutter, sagt mein Mann.

Schupfnudeln

Kalorien:
220 kcal/920 kJ
je Person

Für 6 Personen (als Hauptgericht)
1 kg Kartoffeln
1 mittelgroße Zwiebel
2 Eier
50 bis 80 g Mehl
Salz, Pfeffer, Muskatnuß
Mehl zum Ausrollen
Eingesottene Butter zum Ausbacken

Die Kartoffeln in der Schale kochen, wenn möglich im Dampf. (Im Schnellkochtopf auf dem Sieb, ohne daß sie im Wasser liegen, nur etwa 12 bis 13 Minuten). Das Sieb aus dem Topf heben und die Kartoffeln etwa 5 Minuten abkühlen lassen. Dann sofort schälen, in Stücke schneiden und durch die Passiermaschine drehen.
Die Zwiebel auf der feinen Seite der Bircherraffel dazureiben. Die verquirlten Eier zufügen und alles gut mischen. Zunächst 50 g Mehl dazugeben und rasch einen Teig kneten. Mit Salz, Pfeffer und Muskatnuß würzen. Sollte der Teig noch zu naß sein, um geformt zu werden, noch etwas Mehl nachgeben.
Ein großes Brett mit Mehl bestreuen (am besten durch ein Sieb). Eine Handvoll Teig aus der Schüssel nehmen und zu einer langen, etwa 1½ cm dicken Rolle formen. Davon etwa 4 cm lange Stücke schneiden und diese mit bemehlten Händen zu kleinen, an den Enden zugespitzten Würstchen formen. Ein oder zwei Serviertabletts mit Aluminiumfolie auslegen, durch ein Sieb mit Mehl bestreuen und die geformten Würstchen so darauflegen, daß sie sich nicht berühren.
2 Liter schwach gesalzenes Wasser zum Kochen bringen, die Hitze kleinstellen, dann die Schupfnudeln in Portionen (etwa 15 Stück auf einmal) hineingeben und ziehen lassen, bis sie

an die Oberfläche steigen. Mit einer Schaumkelle herausnehmen. Abtropfen und auf eine Aluminiumfolie legen (nicht etwa auf ein Tüchlein, wie oft empfohlen wird, da sie sonst kleben). Erkalten lassen und bis zur Weiterverwendung im Kühlschrank aufheben. Je 1 bis 2 Eßlöffel eingesottene Butter in 2 bis 3 Bratpfannen verteilen und erhitzen. Die Schupfnudeln hineingeben. Darauf achten, daß sie sich nicht gegenseitig berühren und überlappen. Die Unterseite der Würstchen goldbraun werden lassen und erst dann wenden. Man sollte bei diesem Gericht mit Butter nicht geizen!
Die Schupfnudeln auf einer vorgewärmten Platte pfannenweise servieren. Den «Nachschub» in der Bratpfanne auf der untersten Heizstufe lassen.

Tips Da diese Schupfnudeln mit sehr wenig Mehl zubereitet werden, sollte man zum guten Gelingen einige Punkte beachten:
- Kartoffeln im Dampf kochen, damit sie nicht naß werden.
- Bei Verwendung von neueren Kartoffeln evtl. etwas mehr Mehl zugeben, vorsichtshalber 1 bis 2 Würstchen formen und probekochen.
- Diese Schupfnudeln nach dem Formen nicht liegenlassen, sondern sofort abbrühen.
- Die abgebrühten Schupfnudeln auf der Aluminiumfolie so auslegen, daß sie sich nicht berühren, damit sie nicht zusammenkleben. Sie können einen Tag in diesem Zustand im Kühlschrank aufbewahrt werden.
- Beim Braten die Würstchen ebenfalls so in die Pfanne geben, daß sie sich nicht berühren und nicht aufeinanderliegen. Erst wenden, wenn die Unterseite angebraten ist.

Ein einfaches, schnell zubereitetes Brotgericht, das — mit viel Salat serviert — ein winterliches Nachtessen ergibt.

Goldschnitten mit Kräutern

V Kann vorbereitet werden
Arbeitsaufwand: 20 Minuten
Backzeit: 10 Minuten
Kalorien: 370 kcal/1549 kJ je Person

Für 4 Personen
8 Scheiben Brot (etwa 7 mm dick)
1 Portion Crêpeteig (s. S. 315)
4 Eßl. Milch
1 Eßl. gehackte Zwiebeln oder Schalotten
2 Eßl. gehackte Kräuter (Petersilie, Kerbel, Schnittlauch)
3 Eßl. geriebener Käse (Greyerzer, Appenzeller)
Salz, Pfeffer
2 Eßl. Bratbutter (Butterschmalz)

Bei Brotscheiben mit harter Kruste diese wegschneiden. Das Brot mit wenig Milch beträufeln. Zwiebeln oder Schalotten, Kräuter und Käse unter den Crêpeteig mischen. Nach Bedarf mit Salz und Pfeffer nachwürzen.
Die Brotscheiben durch den Teig ziehen und beidseitig in der Butter bei Mittelhitze goldgelb backen.

Tip Für dieses Gericht kann altbackenes Brot verwendet werden. In diesem Fall vor dem Eintauchen in den Teig gut mit Milch befeuchten.

Linsen sind heute wieder in Mode. Man bekommt sie in verschiedenen Farben, was sie attraktiver macht. Hier verwenden wir die einfachste Sorte, zusammen mit Gemüse, zu einem feinen Gericht aus Großmutters Zeiten.

Raffiniertes Linsengemüse

V Kann vorbereitet werden
Arbeitsaufwand: 30 Minuten
Kochzeit: 15 Minuten
Kalorien: 327 kcal/1369 kJ je Person

Für 4 Personen
200 g Linsen
100 g Champignons
1 große Zwiebel, gehackt
1 Eßl. Butter
1 Karotte
1 Lauchstange

Linsen am Vorabend in gekochtes und abgekühltes Wasser oder in Mineralwasser einlegen. Bei der Zubereitung im Schnellkochtopf ist das Einlegen überflüssig. Champignons in Scheiben schneiden.
Zwiebeln und Champignons in Butter unter Wenden 2 bis 3 Minuten dünsten. Karotte und Lauch in feine Streifen schneiden. Zusammen mit den kleingeschnittenen Tomaten, dem durchgepreßten Knoblauch, Bohnenkraut und Thymian zugeben und 1 bis 2 Minuten eindampfen lassen. Mit ¼ l Bouillon ablöschen.
Abgetropfte Linsen in der restlichen Bouillon 15 Minuten (im Schnellkochtopf nur 6 Minuten) ko-

chen. Unterdessen die Kartoffeln schälen, klein würfeln und separat weich kochen. Eine Tasse gekochte Linsen herausnehmen und im Mixer oder mit dem Stabmixer pürieren. 5 Minuten vor dem Anrichten Kartoffelwürfelchen, Rotwein, Essig, Kapern, gekochte Linsen, Linsenpüree und Gemüse mischen. Mit Salz und Pfeffer nachwürzen.

2 Tomaten, geschält (evtl. Pelati)
1 Knoblauchzehe
Je 1 Zweiglein Bohnenkraut und Thymian
½ l Gemüsebouillon
300 g Kartoffeln
4 Eßl. Rotwein
1 Eßl. Rotweinessig
1 Eßl. Kapern
Salz, Pfeffer

Tips

- Dieses Gericht läßt sich mit Linsen aus der Dose improvisieren.
- Die Linsen wenn möglich in abgekochtes Wasser oder Mineralwasser einlegen. Die Einlegezeit sollte nicht mehr als 12 Stunden betragen, da die Linsen sonst möglicherweise zu keimen beginnen.
- Die Kochzeit von eingelegten Linsen beträgt je nach Größe, Alter und Qualität 1 bis 1 ½ Stunden (im Dampfkochtopf etwa ⅓ so lang).
- Dunkel, kühl und luftig gelagert, bleiben sie 2 bis 3 Jahre genießbar. Auch ältere Linsen können noch zubereitet werden. Mit dem Alter nimmt allerdings die Dauer der Kochzeit zu. Ihrer langen Haltbarkeit wegen eignen sich Linsen für den Notvorrat!
- Linsen benötigen unbedingt etwas Säure in Form von einigen Tropfen Zitronensaft oder Essig. Geeignet ist auch ein hineingeraffelter saurer Apfel.

Variationen

- Linsen schmecken nicht nur als warmes Gericht sehr gut, sondern ergeben auch einen interessanten Salat: Knapp gar gekochte Linsen abgießen, in eine Schüssel schütten und noch lauwarm mit einer Mischung aus Essig, Senf, Salz und Pfeffer begießen. Etwa 30 Minuten durchziehen lassen.
- Zum Servieren mit Zwiebelringen, Tomatenwürfeln und Öl vermischen. Nach Belieben mit knusprig ausgebackenen Speckwürfelchen bestreuen.

Pochierte Eier
an
Safransauce

Ein Eiergericht, das nicht nur gut aussieht, sondern auch gut schmeckt. Wer nicht gerne Eier pochiert, kann sie auch pflaumenweich kochen.

Pochierte Eier an Safransauce

Zuerst die Sauce zubereiten: Die Schalotten hacken, in einem Teelöffel Butter anziehen lassen. Mit 1½ dl Weißwein und Bouillon ablöschen und einkochen, bis nur noch etwa 1 dl Flüssigkeit vorhanden ist. Durch ein Sieb passieren und in die Pfanne zurückgeben. Den Rahm und den restlichen Weißwein zugeben und weiterkochen, bis die Sauce sämig wird. Safran beifügen und mit Salz und Pfeffer abschmekken. Den Lauch und die Karotte säubern und in ganz feine Streifen schneiden.
1½ l Wasser mit dem Essig in einer weiten Pfanne bis knapp vor den Siedepunkt bringen. Die Temperatur reduzieren. Die Eier einzeln in eine Tasse aufschlagen und sorgfältig — eines nach dem anderen — in den Sud gleiten lassen. Nur 4 Eier auf einmal zubereiten, da sie sich in der Pfanne nicht berühren sollen. 4 Minuten pochieren. Das Wasser darf dabei nicht kochen. Mit einer Schaumkelle herausheben. Nach Belieben mit einer Schere in eine runde Form schneiden. Zum Warmhalten wieder in warmes Wasser geben. Mit den restlichen Eiern gleich verfahren. Die Gemüsestreifchen in der restlichen Butter 2 bis 3 Minuten dünsten. Die Eier gut abtropfen lassen (evtl. einen Moment auf Haushaltpapier legen) und je zwei auf vorgewärmte Teller legen. Mit der Sauce überziehen und mit den Gemüsestreifchen garnieren.

Tip Nur ein Ei je Person und die halbe Saucenmenge ergeben eine elegante Vorspeise, die sich gut vorbereiten läßt. Darauf achten, daß zum Pochieren immer möglichst frische Eier verwendet werden.

V Kann teilweise vorbereitet werden
Arbeitsaufwand: 12 Minuten
Kochzeit: 8 Minuten
Kalorien: 406 kcal/1670 kJ je Person

Für 4 Personen
2 Schalotten
2 Teel. Butter
2 dl Weißwein
2 dl Bouillon
2 dl Rahm
1 Messerspitze oder einige Fäden Safran
Salz, Pfeffer
50 g Lauch, gesäubert
50 g Karotten, geschält
1 dl Weißweinessig
8 sehr frische Eier

Pochierte Eier an einer delikaten Senfsauce, die man allerdings erst unmittelbar vor dem Essen zubereiten sollte.

Pochierte Eier an Senfsauce

V Kann teilweise vorbereitet werden.
Arbeitsaufwand: 20 Minuten
Kochzeit: 5 Minuten
Kalorien: 496 kcal/2076 kJ je Person

Für 4 Personen
Sauce:
3 dl Weißwein
1 Schalotte, gehackt
5 weiße Pfefferkörner
4 sehr frische Eier
4 Toastbrotscheiben
2 Eßl. Butter
2½ dl Rahm
Salz, Pfeffer
1 bis 2 Eßl. grobkörniger Senf
1 Eßl. klein gewürfelte Senffrüchte (Mostarda)
2 dl Weißweinessig

Zuerst für die Sauce den Weißwein mit den Schalotten und den zerdrückten Pfefferkörnern auf die Hälfte einkochen.
Die Eier pochieren (s. S. 285) und unterdessen die Brotscheiben goldgelb rösten.
Den Rahm zur Sauce geben und ebenfalls etwas reduzieren. Senf nach Geschmack unterrühren. Die Sauce nicht mehr kochen. Zum Schluß die Senffrüchte daruntermischen. Mit wenig Salz und Pfeffer abschmecken.
Die gut abgetropften Eier auf die Brotscheiben legen und die Sauce darüber verteilen.

Tip Man kann die Eier auch wachsweich kochen (rund 6 Minuten), abschrecken und schälen. Während der Kochzeit läßt sich die Sauce zubereiten.

Sauerkraut kann auch ohne Würste und geräuchertes Fleisch gut zubereitet werden.

Apfelsauerkraut

Die Zwiebeln in Butter anziehen lassen. Sauerkraut gut abtropfen, zufügen und kurz mitdünsten. Die Äpfel schälen und auf der groben Seite der Bircherraffel direkt in das Sauerkraut reiben. Mit Wein ablöschen und stark aufkochen. Die Bouillon, Lorbeerblatt, Dill, Wacholderbeeren und etwas Pfeffer zugeben. 1 bis 1 ½ Stunden zugedeckt kochen. 15 Minuten vor dem Anrichten den Apfelbranntwein unter das Sauerkraut mischen und, wenn nötig, das Gericht nachwürzen.

Tips Es gibt Reformsauerkraut, das bereits Gewürze und Kräuter enthält. Es ist sehr aromatisch und eignet sich für dieses Gericht besonders gut.
Die Bouillon nimmt dem Sauerkraut etwas von seiner Säure. Deshalb vorerst nur 2 dl zufügen und nach dem Probieren evtl. den Rest zugeben.
Das Sauerkaut kann auch im Schnellkochtopf zubereitet werden. In diesem Fall nur die Hälfte des Weines und 1 ½ dl Gemüsebouillon zugeben (Kochzeit etwa 20 bis 30 Minuten).

V Kann vorbereitet werden
Arbeitsaufwand:
10 Minuten
Kochzeit:
60 bis 90 Minuten
Kalorien:
220 kcal/920 kJ
je Person

Für 4 Personen
1 kg Sauerkraut
2 Zwiebeln, gehackt
2 Eßl. eingesottene Butter
2 Äpfel
2 dl Weißwein
2 bis 3 dl Gemüsebouillon
1 Lorbeerblatt
1 Prise Dill
5 Wacholderbeeren
Pfeffer aus der Mühle
1 bis 2 Eßl. Apfelbranntwein (nach Belieben)

In sechs Wochen wird aus Kohl Sauerkraut!

Um diese Jahreszeit schätzen wir wieder deftige Gerichte oder Beilagen, wie wir sie zum Beispiel mit Kohl zubereiten können. Dazu gehört natürlich Sauerkraut — auch in der vegetarischen Küche. Wir können verschiedene Sorten kaufen, zum Beispiel das Sauerkraut aus dem Reformhaus, welches mit Gewürzen angereichert ist und sich bestens zum Rohessen eignet. Über viele Jahrhunderte hinweg war Sauerkraut eines der wichtigsten Nahrungsmittel überhaupt. Dank seinem hohen Vitamingehalt schützt es vor Mangelkrankheiten. Die Erbauer der chinesischen Mauer und die Seefahrer ernährten sich von diesem durch Milchsäuregärung haltbar gemachten Nahrungsmittel. Es war über viele Jahrhunderte hinweg das wichtigste Gemüse.

Heute hat man natürlich die guten Eigenschaften des Sauerkrautes erforscht, und es ist nicht mehr die Konservierungsart, welche entscheidend ist. Wer Lust hat, kann es auch selber einmachen: Den Kohl sehr fein schneiden, mit Salz mischen (5 bis 8 g je kg Kraut), in einen Steinguttopf einschichten, gut stampfen und nur 10 bis 12 cm unter den Rand füllen. Als Gewürz kann man zerdrückte Wacholderbeeren, Kardamome, Senfkörner, Kräuter oder wenig Kümmel zugeben. Etwas Wasser zugießen und das Kraut mit einem Mulltüchlein decken. Ein passendes rundes Holzbrettchen darauflegen und mit einem Stein beschweren. Wenn nötig etwas Wasser nachgeben. Das Kraut sollte mit Flüssigkeit bedeckt sein. Den Topf in einem kühlen Keller oder Abstellraum aufbewahren (max. 15 °C). Nach 4 bis 6 Wochen kann das Sauerkraut gegessen werden. Einmal wöchentlich muß die überlaufende Schicht entfernt und der Rand des Topfes gereinigt werden. Eventuell kann man etwas kaltes, abgekochtes Salzwasser nachgießen.

Fertig vergorenes Sauerkraut läßt sich einfrieren und 6 bis 8 Monate lagern.

Sauerkraut ist nicht nur vitaminhaltig. Es hat stoffwechsel- und verdauungsfördernde Wirkung. Diabetiker können Sauerkraut besser vertragen als frisches Kraut, da die Kohlenhydrate schon abgebaut sind.

Eine interessante Art, Sauerkrautreste zu verwenden.

Sauerkraut-Rösti

Das gekochte Sauerkraut gut auspressen. Die Kartoffeln schälen, scheibeln und leicht salzen. Die Butter in einer großen Bratpfanne erhitzen. Eine Lage Kartoffeln hineingeben, dann Sauerkraut, einen Eßlöffel sauren Halbrahm und wenig Paprika darübergeben; so weiterfahren, bis alle Zutaten aufgebraucht sind.
Die Rösti mit der Bratschaufel zu einem Kuchen zusammendrücken und mit einem Teller oder einem gut schließenden Deckel abschließen. Bei kleiner Hitze 20 Minuten braten. Die Rösti stürzen und sofort servieren.

Typ Man sollte diese Rösti — übrigens wie bei der klassischen Rösti — nicht rühren, damit die Kartoffeln eine Kruste bilden können.

V Kann vorbereitet werden
Arbeitsaufwand: 10 Minuten
Bratzeit: 20 Minuten
Kalorien: 171 kcal/715 kJ je Person

Für 4 Personen
300 g Apfelsauerkraut (s. S. 288), gekocht
4 mittelgroße Kartoffeln, in der Schale gekocht
Salz
2 Eßl. eingesottene Butter
2 bis 3 Eßl. saurer Halbrahm
½ Teel. Paprika edelsüß

Weiße Rüben — auf moderne Art zubereitet, das heißt an einer Rahmsauce ohne Mehl.

Weiße Rüben an Rahmsauce

Die Rüben schälen und in Scheiben von ½ cm schneiden. Die Zwiebel in Butter anziehen lassen. Die Rübenscheiben zugeben und kurz mitdünsten. Mit Bouillon ablöschen. Zugedeckt etwa 4 Minuten kochen. Abgießen und den Kochsud auf etwa 1 dl einkochen lassen. Rahm zugeben, weiterkochen, bis die Sauce sämig wird. Mit Salz, Pfeffer und Zitronensaft abschmecken. Die Sauce über die Rüben anrichten und mit Petersilie und Kerbel bestreuen.

Tip Wenn kein frischer Kerbel erhältlich ist, kann man getrockneten verwenden.

Variation Kräuter weglassen und wenig Kümmel zur Sauce geben.

V Kann weitgehend vorbereitet werden
Arbeitsaufwand: 20 Minuten
Kochzeit: 4 Minuten
Kalorien: 246 kcal/1029 kJ je Person

Für 4 Personen
8 runde weiße Rüben
1 Zwiebel, fein gehackt
1 Eßl. Butter
3 dl Gemüsebouillon
2 dl Rahm
Salz, Pfeffer
½ Teel. Zitronensaft
1 Eßl. Petersilie, gehackt
1 Teel. Kerbel, gehackt

Weiße Rüben

Die weiße Rübe (auch «Räbe» genannt) wird bei uns leider verkannt. Früher spielte sie in der regionalen Küche eine Rolle, zum Beispiel im Kanton Aargau, wo man aus ihr schmackhafte Gerichte zubereitete, oder im Kanton Bern, wo die Rüben wie Sauerkraut eingemacht wurden.

Die meisten von uns haben vergessen, daß weiße Rüben sehr aromatisch sind und sich bestens als sättigende Beilage eignen. Ich habe die weiße Sauce, an welcher die Rüben früher serviert wurden, etwas leichter gemacht und konnte so damit manches Lob ernten (s. S. 289).

Es gibt außer den «Räben», aus denen Laternen («Räbeliechtli») geschnitzt werden, auch kleine, besonders zarte Sorten, die vorwiegend im Frühjahr auf den Markt kommen. Die Mairüben sind kleine runde, weiße Rübchen, die den Teltower Rübchen aus Deutschland ähnlich sehen, oder die traditionellen «Navets» mit länglicher Rübenform, wie man sie in Frankreich und in Spanien schätzt. Sie werden, wenn sie besonders zart sind, am besten gedünstet serviert oder in wenig Gemüsebouillon gekocht. Die Flüssigkeit kann danach für die Sauce verwendet werden.

Die zarten Blätter der Navets oder Mairüben haben einen rettichähnlichen Geschmack und lassen sich wie Spinat zubereiten.

Eine neue Art, Endivien mit nur wenig Zutaten in eine attraktive Beilage zu verwandeln; etwa als Mittelpunkt einer bunt zusammengestellten Gemüsepalette.

Brüsseler Köpfchen

V Kann vorbereitet werden
Arbeitsaufwand: 15 Minuten
Garzeit: 120 Minuten

Eine runde, hohe Auflaufform mit etwas weicher Butter bestreichen. Von den gewaschenen Endivien mit einem spitzen Messer den bitteren Kern aus dem Kolben heraustrennen und die Stangen in 1 cm breite Streifen schneiden.

Die Endivienstreifen in die Auflaufform einfüllen. Dabei jede Schicht mit wenig Salz und Pfeffer bestreuen. Die Butter in Flocken auf der Oberfläche verteilen. Mit einer Aluminiumfolie bedecken und im vorgeheizten Backofen bei 160 °C rund 2 Stunden schmoren.
Einen Teil der ausgetretenen Flüssigkeit abgießen und das Köpfchen auf eine vorgewärmte Platte stürzen.

Tip Durch das lange Schmoren werden die Endivien schmelzend weich und verlieren viel von ihrer Bitterkeit.

Variation Einen roten Peperone sehr klein würfeln und kurz in frischer Butter dünsten. Das Köpfchen nach dem Stürzen damit garnieren.

Kalorien:
196 kcal/820 kJ
je Person

Für 4 Personen
80 g Butter
1 kg Brüsseler Endivien
Salz, Pfeffer

Eine bewährte, klassische Zubereitungsart für Endivien, die durch die gelb-grüne Garnitur Farbe erhalten.

Brüsseler Endivie nach polnischer Art

Von den gut gewaschenen und trockengetupften Endivien den Kern herausschneiden. Das Ei schälen und hacken.
Butter schmelzen und die Endivien darin kurz anziehen lassen. Mit wenig Salz und Pfeffer bestreuen und die Bouillon dazugießen. Zugedeckt bei kleiner Hitze 20 Minuten dünsten. Die Endivien gut abtropfen lassen und nebeneinander auf eine flache Platte anrichten. Mit der Petersilie und dem Ei bestreuen. Die frische Butter erhitzen (nur hellgelb werden lassen) und darüber verteilen.

Tip Das Entfernen des Kerns mildert den bitteren Geschmack der Endivien. Am besten schneidet man beim Säubern des Gemüses mit einem spitzen Messerchen ein kegelförmiges Stück aus dem Kolben.

Variation Als Garnitur 2 bis 3 Eßlöffel geriebenes Brot und Butter rösten. Ei mit Petersilie daruntermischen.

V Kann vorbereitet werden
Arbeitsaufwand:
15 Minuten
Garzeit:
15 bis 20 Minuten
Kalorien:
139 kcal/581 kJ
je Person

Für 4 Personen
1 kg Brüsseler Endivien
1 Ei, hart gekocht
1 Eßl. Kochbutter
Salz, Pfeffer
1 dl Gemüsebouillon
1 Eßl. Petersilie, fein gehackt
20 g frische Butter

Ein sehr schönes und festliches Gericht, das allerdings etwas Arbeit gibt. Aber der Aufwand lohnt sich.

Gemüsestrudel mit Gemüsesauce

V Kann vorbereitet werden
Arbeitsaufwand: 40 Minuten
Kochzeit: 20 Minuten
Backzeit: 25 Minuten
Kalorien: 573 kcal/2398 kJ je Person

Für 6 Personen
160 g Sellerieknolle
½ Eiweiß
50 g Tofu
2 Eßl. Halbrahm (1), leicht angefroren
120 g Lauchstreifen
5 Eßl. Halbrahm (2)
150 g Zucchettistreifen
1 dl Halbrahm (3)
140 g Karottenstreifen
1 dl Halbrahm (4)
Salz, Pfeffer aus der Mühle
Muskatnuß
250 g Blätterteig
1 Eigelb
2 Eßl. Halbrahm (5)

Sauce:
je 40 g Lauch, Zucchetti, Karotten
1 Eßl. Butter (1)
5 dl Gemüsebouillon
3 dl Halbrahm
10 g Butter (2)
1 Eßl. gehackter Kerbel
1 Eßl. gehackte Petersilie

Den Sellerie in Stücke schneiden und in 1 dl leicht gesalzenem Wasser gar kochen, dann im Mixer pürieren (Flüssigkeit vorher abgießen, aber aufheben). Das Püree mit Eiweiß und Tofu kühl stellen. Den Rahm (1) leicht anfrieren lassen. Den Tofu würfeln und mit dem Eiweiß im Cutter pürieren. Das Selleriepüree und den leicht angefrorenen Rahm (1) einarbeiten. Lauch-, Zucchetti- und Karottenstreifen getrennt in Butter anschwitzen. Den Rahm (2, 3, 4) aufkochen und jeweils die angegebene Menge durch ein Sieb auf die Gemüse gießen. Mit Salz, Pfeffer und Muskatnuß abschmecken. Die Gemüse weiterkochen, bis die Sauce von cremiger Konsistenz ist. Die Kochzeiten betragen beim Lauch und den Zucchetti 3 Minuten, bei den Karotten 8 Minuten. Die Gemüse auskühlen lassen und beiseite stellen.
Eine Klarsichtfolie von rund 25 × 40 cm auf dem Tisch ausbreiten. Die Selleriemasse als dünne Fläche aufstreichen. Die kalten Gemüsestreifen in Rahm gleichmäßig darauf verteilen. Straff in der Folie zu einer Rolle formen und in den Tiefkühler legen, bis die Oberfläche fest ist. Den Blätterteig zu einem Rechteck von 25 × 42 cm ausrollen. Die Füllung darauflegen und einrollen. Mit der Verschlußseite nach unten auf ein kalt abgespültes Blech setzen. Die Oberfläche des Strudels nach Belieben mit Teigabschnitten verzieren. Eigelb und Rahm gut mischen und den Strudel damit bestreichen. 5 bis 6 Minuten bei 250 °C und 19 Minuten bei 200 °C backen. Vor dem Aufschneiden 20 Minuten ruhen lassen.
Für die Sauce die Gemüse würfeln und in Butter (1) anziehen lassen. Mit der Gemüsebouillon ablöschen und auf die Hälfte einkochen. Den Rahm in einer weiten Pfanne ebenfalls auf die

Hälfte reduzieren. Zum Gemüse geben und im Mixer pürieren. Die Butter (2) kurz mitmixen. Die gehackten Kräuter zugeben.
Die Strudelscheiben auf warme Teller anrichten und mit etwas Sauce umgießen.

Tip Es gibt bereits ausgewallten Blätterteig in der benötigten Größe von 25 × 42 cm.

Die leicht bitteren Endivien verbinden sich mit der etwas süßlichen Portweinsauce zu einem angenehmen Gratin, der sowohl Beilage als auch Vorspeise sein kann.

Brüsseler Gratin

Mit einem spitzen Messer den bitteren Kern der Endivien herausschneiden. Die Champignons säubern und in Scheiben schneiden. Sofort mit dem Zitronensaft vermischen. 1 dl Portwein erhitzen und die Champignons darin 5 Minuten vorkochen.
Einen Eßlöffel eingesottene Butter in einer großen Bratpfanne erhitzen, die Endivien hineinlegen, mit Salz und Pfeffer bestreuen und mit der eingesottenen Butter und dem Portwein (Kochflüssigkeit der Champignons) begießen. Zugedeckt 20 Minuten dünsten.
Den restlichen Portwein in einem Pfännchen mit der Speisestärke verrühren. Die Kochflüssigkeit der Endivien und den Rahm dazugießen. 10 Minuten zu einer sämigen Sauce kochen. Mit Salz und Cayennepfeffer würzen.
Eine Gratinplatte mit Butter bestreichen und die sehr gut abgetropften Endivien (am besten vorher einige Minuten auf Haushaltpapier legen) darin anordnen. Die Champignons darüber verteilen und die Sauce dazugießen. 15 Minuten im vorgeheizten Ofen bei 200 °C überbacken.

Tips Dieser Gratin wird zu einem Hauptgericht, wenn man vor dem Überbacken etwas geriebenen Greyerzer Käse darübergibt.
Den bitteren Kern schneidet man kegelförmig aus der Kolbenunterseite.

V Kann vorbereitet werden
Arbeitsaufwand: 30 Minuten
Kochzeit: 30 Minuten
Backzeit: 15 Minuten
Kalorien: 211 kcal/883 kJ je Person

Für 4 Personen
8 Brüsseler Endivien
150 g Champignons
1 Eßl. Zitronensaft
1 ½ dl Portwein
1 Eßl. eingesottene Butter
Salz, Pfeffer, Cayennepfeffer
1 Teel. Speisestärke
1 ½ dl Rahm
Butter für die Form

Ein nahrhafter Gratin, der sich aus dem Vorrat zubereiten läßt. Man kann auch altbackenes Brot oder Zopf dafür verwenden.

Brot-Käse-Gratin

V Kann vorbereitet werden
Arbeitsaufwand: 10 Minuten
Backzeit: rund 30 Minuten
Kalorien: 537 kcal/2248 kJ je Person

Für 4 Personen
8 Scheiben Halbweißbrot (ohne Rinde)
2 dl Weißwein
8 Scheiben Greyerzer (3 mm dick, etwa 200 g)
Butter für die Form
2 Eier
4 dl Milch
Salz, Pfeffer, Muskatnuß
30 g Butter

Die Brotscheiben mit Weißwein beträufeln. Die Käsescheiben darauflegen und leicht übereinander in eine bebutterte Gratinform schichten. Eier und Milch verquirlen, mit Salz, Pfeffer und Muskatnuß gut würzen. Die Hälfte der Mischung über Brot und Käse gießen.
Bei 220 °C im Ofen 20 Minuten backen, dann die restliche Eiermilch darübergeben, mit Butterflocken bestreuen und goldgelb überbacken.

Tip Man kann auch gedünsteten Blattspinat zwischen die Brotscheiben legen.

Leichte Kartoffelküchlein mit Quark und Kräutern, die man auf einem Blech backen kann.

Kartoffelküchlein aus dem Ofen

V kann vorbereitet werden
Arbeitsaufwand: 30 Minuten
Koch- und Backzeit: 50 bis 60 Minuten
Kalorien: 397 kcal/1661 kJ je Person

Für 6 Personen
1 kg Kartoffeln
4 Eßl. Rahm- oder Speisequark
2 Eßl. Butter
4 Eigelb
Salz, Pfeffer, Muskatnuß
200 g Weißbrot, altbacken
3 Eßl. Petersilie, gehackt

Die Kartoffeln in der Schale weich kochen. Abgießen, schälen und in eine Schüssel passieren. Den Quark unter die Kartoffeln mischen. Die verquirlten Eigelbe darunterrühren. Mit Salz, Pfeffer und wenig Muskatnuß abschmekken. Den Teig kalt stellen. Das Brot reiben (evtl. im Cutter) und mit Petersilie, etwas Salz und Pfeffer mischen. Auf einen flachen Teller geben. Aus der Kartoffelmasse 12 gleich große Kugeln formen. In der Brot-Petersilie-Mischung wenden. Ein Kuchenblech mit Backfolie belegen. Die panierten Kugeln etwas flachdrücken und nebeneinander auf das Blech legen. Die Butter schmelzen und die Küchlein sorgfältig damit bepinseln. Im vorgeheizten Backofen bei 200 °C 20 Minuten backen.

Tip Man kann etwas gehackten Majoran unter die Petersilie mischen.

Ein herrlicher Kuchen, der den interessanten Mittelpunkt eines Nachtessens bilden kann.

Annebäbis Kartoffeltorte

Eigelbe, Milch, Kirsch und Zucker sowie Saft und Schale der Zitrone zu einer Creme rühren. Geschälte, geriebene Kartoffeln, Nüsse, Grieß und Backpulver zugeben und gut mischen, zuletzt die sehr steif geschlagenen Eiweiße darunterziehen. Die Masse in eine bebutterte und bemehlte Springform einfüllen. Im vorgeheizten Ofen auf zweitunterster Rille bei 180 °C rund ¾ Stunden backen. Den ausgekühlten Kuchen nach Belieben quer durchschneiden und mit Aprikosen- oder Orangenkonfitüre füllen.
Als Garnitur mit Zuckerglasur bestreichen und mit Baumnußkernen oder Haselnüssen garnieren oder eine Puderzuckergarnitur aufstreuen.

Variante Aus weißem Papier einen großzügigen Scherenschnitt schneiden, diesen mit leicht erwärmtem Bügeleisen glätten und auf die gestürzte Torte legen. Die freien Stellen mit etwas Konfitürensaft bepinseln, damit der Puderzucker besser klebt. Puderzucker in feines Teesieb füllen und über den Kuchen stäuben. Scherenschnitt sorgfältig entfernen.

Tip Die ausgekühlte Torte kann (in Plastik- oder Aluminiumfolie verpackt) tiefgekühlt werden und ist rund 3 Monate haltbar. Leicht aufgetaut läßt sie sich sehr gut zum Füllen quer durchschneiden; die Garnitur darf aber erst auf der völlig aufgetauten Torte angebracht werden.

V Kann vorbereitet werden
Arbeitsaufwand: 35 Minuten
Backzeit: 45 Minuten
Kalorien: 373 kcal/1561 kJ je Person

Für 8 Personen (Springform von rund 26 cm Ø)

4 Eigelb
3 Eßl. Milch
2 Eßl. Kirsch
200 g Zucker
Saft und abgeriebene Schale von ½ Zitrone
200 g Kartoffeln, in der Schale gekocht
150 g geriebene Haselnüsse
50 g feingehackte Baumnüsse
4 Eßl. Grieß
1 Teel. Backpulver
4 bis 5 Eiweiß
Evtl. Aprikosen- oder Orangenkonfitüre
Zuckerglasur oder Puderzucker
Nußkerne zum Garnieren
Butter für die Form

Ein feines Gericht für kalte Winterabende, das nicht nur Kinder gerne essen.

Gefüllte Kartoffelküchlein

V Kann weitgehend vorbereitet werden
Arbeitsaufwand: 35 Minuten
Backzeit: etwa 15 Minuten
Kalorien: 397 kcal/1661 kJ je Person

Für 4 bis 5 Personen
500 g «Gschwellti» (Kartoffeln, in der Schale gekocht)
70 g Butter
1 Eßl. Zucker
1 Teel. Vanillezucker
3 Eigelb
4 bis 5 Eßl. saurer Halbrahm
250 g Mehl
200 g Aprikosen-, Zwetschgen- oder Himbeerkonfitüre
1 Eiweiß
2 Eßl. eingesottene Butter zum Ausbacken
3 Eßl. Zucker
1 Eßl. Zimt

Die geschälten Kartoffeln auf der feinen Bircher- oder Käseraffel reiben. Butter, Zucker, Vanillezucker und Eigelbe schaumig rühren, den Sauerrahm beimischen. Abwechslungsweise geriebene Kartoffeln und gesiebtes Mehl beifügen und rasch zu einem geschmeidigen Teig verarbeiten. Knapp 1 cm dick auswallen und mit einer mittelgroßen Tasse runde Plätzchen ausstechen. Die Hälfte davon mit einem Kaffeelöffel dicker Konfitüre belegen, die Ränder mit Eiweiß bepinseln. Die leeren Plätzchen darüberlegen und rundum sanft andrücken. Die gefüllten Küchlein in Butter beidseitig goldgelb backen. Mit Zucker und Zimt bestreuen, oder, noch warm, sorgfältig im Zimtzucker wenden. Sofort servieren.

Tip Die Küchlein lassen sich bis zum Servieren im schwach geheizten Backofen warmhalten.

Hier ein gutes Dessert mit italienischem Einschlag. Es paßt aber auch als einfache Mahlzeit, vielleicht mit einer leichten Suppe voraus.

Äpfel mit Mascarpone-Creme

V Kann vorbereitet werden
Arbeitsaufwand: 35 Minuten
Kochzeit: 15 Minuten
Kalorien: 289 kcal/1209 kJ je Person

Die Äpfel schälen, Kernhaus entfernen und in dünne Schnitzchen oder kleine Würfelchen schneiden. Den Apfelsaft mit einem Eßlöffel Zucker zum Kochen bringen und die Äpfel darin knapp weichkochen (je nach Sorte 7 bis 10 Minuten). Die Apfelschnitze mit einem Schaumlöffel herausheben und die Kochflüssigkeit auf rund 2 dl einkochen. Für den Krokant ein Ku-

chenblech mit Aluminiumfolie belegen. Mit weicher Butter bestreichen. 5 Eßlöffel Zucker in einer Pfanne erhitzen, schmelzen und karamelisieren, bis er eine hellbraune Farbe angenommen hat. Die Mandeln beifügen und so lange im Zucker rühren, bis sich beides vollständig verbunden hat. Auf das Blech gießen und sofort mit einem in kaltes Wasser getauchten Messer glattstreichen. Erkalten lassen.
Die Löffelbiskuits kurz in die erkaltete Kochflüssigkeit tauchen. Den Boden einer Form (möglichst aus klarem Glas) damit belegen. Eigelb und restlichen Zucker so lange mit dem Schwingbesen schlagen, bis eine weißliche Creme entstanden ist. Den Mascarpone löffelweise darunterrühren. Die abgeriebene Zitronenschale beifügen. Die Eiweiße zu steifem Schnee schlagen und sorgfältig unter die Masse heben. Die Hälfte der Äpfel auf die Hälfte der Löffelbiskuits verteilen und mit der Hälfte der Mascarpone-Creme bedecken. Die restlichen Löffelbiskuits ebenfalls auf die Mascarpone-Creme legen. Mit den restlichen Äpfeln und mit der noch vorhandenen Mascarpone-Creme decken.
Die Obefläche nach Belieben mit einigen zurückbehaltenen, evtl. ungeschälten Apfelschnitzen garnieren. Den Krokant mit einem Pergamentpapier bedecken und mit dem Wallholz zu kleinen Bröseln zerstoßen. Die Oberfläche des Desserts damit bestreuen.

Tip Zum Bestreuen dieses Desserts wird nur wenig Krokant benötigt, so daß ein Teil der rezeptierten Menge übrigbleibt. Sie läßt sich aber in einem Gläschen mit Drehverschluß gut für eine spätere Verwendung aufbewahren.

Variation Dieses Gericht kann auch mit Birnen zubereitet werden.

Für 6 Personen:
4 Äpfel (kochfeste Sorte)
4 dl Apfelsaft
1 Teel. Butter
120 g Zucker
5 Eßl. Mandeln, gerieben
12 bis 16 Stück Löffelbiskuit (je nach Größe)
2 Eigelb
100 g Mascarpone
1 abgeriebene Zitronenschale
2 Eiweiß

Schön goldbraun überbackene Aufläufe sind immer beliebt. Man kann dieses Gericht bereits im Frühherbst mit den ersten, nicht lange haltbaren Äpfeln zubereiten.

Delikater Apfelauflauf

V Kann weitgehend vorbereitet werden
Arbeitsaufwand: 25 Minuten
Backzeit: 25 Minuten
Kalorien: 339 kcal/1419 kJ je Person

Für 4 Personen
75 g Mehl
1 Prise Salz
6 Eßl. Milch
50 g Zucker
4 Eigelb
2 Eßl. Butter
300 g Äpfel (Sorte, die nicht verkocht)
2 Eßl. Zucker
4 Eiweiß
Butter für die Form
1 Eßl. Puderzucker

Das Mehl in eine Schüssel sieben und mit Salz, Zucker und Milch verrühren. Die Eigelbe dazugeben und schwingen, bis ein gleichmäßiger Teig entsteht. Einen Eßlöffel Butter schmelzen und daruntermischen. Etwa 30 Minuten stehenlassen. Die Äpfel schälen, halbieren, entkernen und in dünne Schnitze schneiden. Restliche Butter in einer Bratpfanne schmelzen und die Schnitze mit dem Zucker bestreuen. Bei mittlerer Hitze dünsten. Nach der halben Zeit (etwa 3 Minuten) wenden. Darauf achten, daß die Schnitze nicht zerfallen.
Den Backofen auf 220 °C vorheizen. Die Eiweiße mit einer Prise Salz sehr steif schlagen. Portionenweise unter den Teig heben. Eine flache Gratinform mit Butter bestreichen. Den Teig hineingeben und mit einem Gummischaber flachstreichen. Auf der untersten Rille in den Backofen schieben und rund 5 Minuten stocken lassen. Die Form kurz herausheben. Die gedünsteten Apfelschnitze darüber verteilen und die ganze Oberfläche mit dem Puderzucker bestäuben. Auf der obersten Rille nochmals in den Ofen schieben und 20 Minuten überbacken, bis die Oberfläche eine hellbraune Farbe angenommen hat. Den Auflauf in der Form auf den Tisch bringen.

Tip Man kann auch Mais- oder Vollmehl verwenden.

Variationen
- Mit Birnen zubereiten.
- Hübsch sieht es aus, wenn das Gericht in Eierpfännchen zubereitet wird. In diesem Fall kann man die Eimasse auf dem Herd stocken lassen und die Pfännchen erst zum Schluß, wenn die Äpfel dabei sind, zum Überbacken in den heißen Backofen schieben.

Eine interessante Polenta — vermischt mit Äpfeln und Amaretti!

Süße Polenta

Den Maisgrieß mit der Milch und dem Salz zum Kochen bringen und während 30 Minuten wie eine normale Polenta kochen. Vom Herd wegziehen und Eigelb, Zimt, Zucker, Butter, zerstoßene Amaretti und die in feine Scheiben geschnittenen Äpfel dazugeben. Gut vermischen. Eine Springform großzügig mit Butter bestreichen. Polenta einfüllen und in den auf 200 °C vorgeheizten Backofen schieben. Etwa 30 Minuten bei 180 bis 200 °C backen. Zur Kontrolle: Ein Holzstäbchen oder eine Nadel muß beim Einstechen trocken bleiben; ist dies nicht der Fall, muß die Backzeit um 5 bis 10 Minuten verlängert werden.

Tip Eine Beerensauce paßt gut dazu.

V Kann vorbereitet werden
Arbeitsaufwand: 15 Minuten
Backzeit: 30 Minuten
Kalorien: 671 kcal/2808 kJ je Person

Für 4 Personen
200 g Maisgrieß, fein
8 dl Milch
½ Teel. Salz
3 Eigelb
Zimt
40 g Zucker
100 g Butter
200 g Amaretti
3 Boskoopäpfel
1 Teel. Butter für die Form

Eine praktische Salatsauce, die man längere Zeit im Kühlschrank aufbewahren kann.

Gewürzte Joghurtsalatsauce

V Kann vorbereitet werden
Arbeitsaufwand: 10 Minuten
Kalorien: 7512 kcal/31 438 kJ je Liter
113 kcal/473 kJ je Eßlöffel

Für 1 l Salatsauce
2 Eigelb
1 ½ Eßl. Senf
Salz
Pfeffer aus der Mühle
2 Teel. Currypulver
1 Prise Muskatnuß
2 Knoblauchzehen
¾ l Sonnenblumen- oder Traubenkernöl
3 Eßl. Weißweinessig
6 Eßl. Joghurt
4 Eßl. Wasser

Die Eigelbe mit Senf, durchgepreßten Gewürzen, Knoblauch und Öl in den Mixer geben. Mit Salz und Pfeffer abschmecken. Gut mischen, dann den Essig nach und nach zufügen, dabei weitermixen. Den Joghurt mit Wasser verdünnen und ebenfalls nach und nach dazumixen. Zu einer sämigen Masse schlagen. Die Sauce in Flaschen mit Bügelverschluß abfüllen und im Kühlschrank aufbewahren (rund 1 Woche haltbar).

Tips Die Flasche mit der Sauce sollte vor Licht geschützt werden. Am besten wickelt man sie in Aluminiumfolie ein. Zur Sicherheit sollte man die Sauce in mehrere kleine Flaschen abfüllen, damit man einige davon so lange wie möglich ungeöffnet lassen kann.
Die Sauce sollte eine Stunde vor Gebrauch aus dem Kühlschrank in die Salatschüssel gegeben werden, damit sie nicht zu dick ist und die Aromen sich entfalten können.

Mayonnaise

(im Mixer zubereitet)

V Kann vorbereitet werden
Arbeitsaufwand: 5 Minuten
Kalorien: 484 kcal/2026 kJ je Person

Zuerst die Eier in den Mixer geben und kurz verquirlen. Dann während des Mixens Öl zugeben, bis eine feste Masse entsteht. Motor abstellen, evtl. Deckel abheben, damit die Luft entweichen kann. Dann die Hälfte des Zitronensaftes zugeben und das restliche Öl unter weiterem Mixen beigeben. Würzen und nach Bedarf mit Zitronensaft abschmecken.

Tip Wenn Sie gerne pikante Mayonnaise haben, dann können Sie nach Belieben folgende Zutaten beifügen: scharfen Senf (Dijon), Senf mit Meerrettich, Worcestersauce, Tabascosauce.

Für 8 Personen
1 Eigelb
1 ganzes Ei
Saft von ½ Zitrone oder 1 ½ Teel. Weißweinessig
etwa 4 dl Öl
Salz
Weißer Pfeffer
½ Teel. Senf (nach Belieben)

DIP-SAUCEN

Cocktailsauce

Als Dip für Brüsseler Endivien oder anderes Gemüse.

Mayonnaise, Ketchup, Rahmquark und Cognac gut verrühren. Nach Belieben Schlagrahm oder Doppelrahm darunterziehen und pikant mit Salz, Pfeffer und Cayennepfeffer abschmecken.

Wichtig Je nach Verwendung kann man diese Sauce mit mehr oder weniger Mayonnaise und mehr Quark oder Sauerrahm zubereiten.

Variationen
- Anstelle von Ketchup einen Eßlöffel Currypulver (Madras) zufügen.
- Den Cognac durch einen Eßlöffel Kirsch ersetzen.

Kalorien:
91 kcal/381 kJ
je Person

Für 4 Personen
2 Eßl. Mayonnaise
2 Eßl. Ketchup
2 Eßl. Rahmquark oder saurer Halbrahm
1 Eßl. Cognac
2 Eßl. steifgeschlagener Rahm oder Doppelrahm (nach Belieben)
Salz, weißer Pfeffer
1 Prise Cayennepfeffer

Dillsauce

Alle Zutaten in der hier angegebenen Reihenfolge mischen und eine Stunde stehenlassen.

Kalorien:
112 kcal/468 kJ
je Person

Für 6 Personen
100 g Mayonnaise
100 g saurer Halbrahm
1 Eßl. feingehackte Zwiebeln
1 Eßl. Dillspitzen

Roquefortsauce mit Nüssen

Kalorien:
76 kcal/318 kJ
je Person

Für 6 Personen
1 Becher Sauerrahm
30 g Roquefort oder Blauschimmelkäse
2 Eßl. gemahlene Baumnußkerne
Salz, Pfeffer

Käse gut zerdrücken. Mit Sauerrahm schaumig schlagen. Nüsse darunterziehen und mit Salz und Pfeffer abschmecken.

Mangosauce

(zu Spargeln und Artischocken)

Kalorien:
113 kcal/473 kJ
je Person

Für 6 Personen
3 Eigelb
⅛ l Rahm
1 Mango
Saft von ½ Zitrone
Salz, Pfeffer

Eigelb, Rahm und wenig Salz mit dem Rührbesen gut mischen. Im Wasserbad erhitzen und so lange schlagen, bis eine sämige Sauce entsteht. In ein kaltes Gefäß umgießen.
Die Mango schälen, den Kern entfernen, das Fruchtfleisch mit dem Zitronensaft im Mixer pürieren und unter die Sauce mischen. Vor dem Servieren kurz erwärmen; nicht kochen lassen.

Tip Die Mangosauce kann auch kalt serviert werden.

Schabziger-Dip

Kalorien:
79 kcal/330 kJ
je Person

Zu Gemüsestäbchen und Salaten
150 g Rahmquark
4 Eßl. saurer Halbrahm
50 g Schabziger (Kräuterkäse), gerieben
2 Eßl. Schnittlauch, fein geschnitten
Etwa 3 Eßl. Rahm
Salz, Pfeffer aus der Mühle
1 Prise Cayennepfeffer

Rahmquark, sauren Halbrahm und Schabziger gut verrühren. Schnittlauch zugeben. Den Rahm langsam beigeben, bis eine cremige, leichte Sauce entsteht. Mit Salz, Pfeffer und Cayennepfeffer abschmecken. Die mundgerecht geschnittenen Gemüsestücke werden in den Dip getaucht und von Hand gegessen.

Im Sommer gibt es reife, aromatische Tomaten, aus denen eine rohe Tomatensauce zubereitet werden kann. Herrlich zu frischgekochten Teigwaren.

Rohe Tomatensauce

Die Tomaten kurz in kochendes Wasser tauchen, dann schälen, halbieren und entkernen. Den Peperoncino aufschlitzen und ebenfalls entkernen. Ein kleines Stück davon in Stücke schneiden. Den Knoblauch schälen und halbieren.

Tomaten, Olivenöl, Knoblauch und Peperoncino im Mixer pürieren. Mit Basilikum mischen und mit Salz und Pfeffer abschmecken. Die Sauce kalt unter die heißen Teigwaren mischen.

Tip Die Sauce vor dem Servieren etwa eine Stunde stehenlassen, damit das Basilikum sein Aroma abgeben kann.

V Kann vorbereitet werden
Arbeitsaufwand: 15 Minuten
Kalorien: 103 kcal/431 kJ je Person

Für 4 Personen
1 kg reife, große Tomaten
1 kleines Stück Peperoncino (kleine scharfe Pfefferschote)
2 Knoblauchzehen
2 Eßl. kaltgepreßtes Olivenöl
2 Eßl. Basilikum, fein geschnitten
Salz, Pfeffer aus der Mühle

Eine ganz natürliche Peperonisauce, die kaum gewürzt und sehr leicht ist und als Begleitsauce farblich und geschmacklich verschiedene Gerichte aufwerten kann.

Peperonicoulis

Die Peperoni waschen, halbieren, entkernen, in Stücke schneiden und in einem Cutter mit 1 bis 2 Eßlöffeln Wasser pürieren. Das Püree durch ein feines Sieb streichen. In eine Pfanne geben und bei kleiner Hitze erwärmen. Mit Zukker, Salz und Pfeffer abschmecken. Die Butter in Flocken schneiden und unter das Püree schwingen.

Variationen
- Eine reife Tomate zufügen.
- Grüne Peperoni verwenden und die Sauce zuletzt mit 2 Eßlöffeln Rahm verfeinern.

V Kann vorbereitet werden
Arbeitsaufwand: 10 Minuten
Kochzeit: 5 Minuten
Kalorien: 187 kcal/783 kJ je Person

2 rote Peperoni
1 Prise Zucker
Salz, Pfeffer
20 g frische Butter

Eine pikante Sauce, die sehr gut zu gebratenen oder fritierten Gemüsescheiben paßt.

Romescosauce nach Großmutterart

V Kann vorbereitet werden
Arbeitsaufwand: 15 Minuten
Backzeit: 25 Minuten
Kalorien: 194 kcal/812 kJ je Person

Für 8 Personen
2 Zucchetti
2 Auberginen
3 rote Peperoni
1 Knolle Knoblauch
2 große, reife Tomaten
2 Peperoncini (rote, scharfe Pfefferschoten)
Salz, Pfeffer aus der Mühle
Cayennepfeffer
1 ½ dl Olivenöl, kalt gepreßt

Zucchetti, Auberginen, Peperoni, Tomaten und Knoblauch in den heißen Backofen (220 °C) geben, bis die Haut der Gemüse dunkle Flecken bekommt (etwa 25 Minuten). Die Gemüse in eine Schüssel geben, mit einem Tüchlein zudekken und einen Deckel daraufgeben. Nach dem Abkühlen die Gemüse schälen. Die Haut läßt sich sehr gut abziehen. Den Knoblauchknollen quer halbieren und das Innere aus den Trennhäuten herauskratzen. Von den Peperoni die Kerne entfernen. Die Peperoncini entkernen und in Stücke schneiden.
Alle Gemüse im Mixer mit ½ dl Olivenöl pürieren. Mit Salz, Pfeffer und Cayennepfeffer abschmecken. Bei sofortigem Gebrauch das restliche Olivenöl unter das Püree mixen, sonst über die Sauce geben und erst vor dem Servieren daruntermischen.

Tip Sollte die Sauce zuwenig rot werden, kann man die Farbe mit wenig Tomatenpüree verstärken.

BUTTERMISCHUNGEN

Roquefortbutter

(zu Sellerie)

100 g Butter
40 g Roquefort
3 Spritzer Worcestersauce
1 Messerspitze scharfer Senf (Dijon)
Kalorien: 94 kcal/393 kJ je Person (10 g)

Den Roquefort mit einer Gabel fein zerdrükken. Mit der weichen Butter und dem Senf gut mischen. Auf Aluminiumfolie zu einer Rolle formen, einrollen und im Kühlschrank fest werden lassen.

Tip Man kann auch andere Blaukäse verwenden, z. B. Fourme d'Ambert, Bleu de Bresse, Gorgonzola.

Kressebutter

(zu Frühlingsgemüsen und Spargel)

Die Kresse gut waschen, auf Küchenpapier trocknen, dann hacken. Mit der weichen Butter mischen. Mit Zwiebelpulver, Zitronensaft, Salz und Pfeffer abschmecken.

50 g Gartenkresse
100 g Butter
1 Messerspitze Zwiebelpulver
2 Eßl. Zitronensaft
Salz, Pfeffer
Kalorien:
79 kcal/330 kJ
je Person (10 g)

Englische Pfefferminzbutter

(zu Zucchetti, Kefen und grünen Erbsen)

Die Pfefferminzblätter fein hacken. Mit der weichen Butter verarbeiten und mit Worcester, Salz und Pfeffer abschmecken.

Tip Man kann auch Zitronenmelisse verwenden.

2 Zweige Pfefferminzblätter
100 g Butter
4 Spritzer Worcestersauce
Salz, Pfeffer
Kalorien:
77 kcal/233 kJ
je Person (10 g)

Basilikumbutter

(zu Tomaten, Auberginen, Zucchetti, Reis, Teigwaren und Polenta)

Die weiche Butter mit dem Basilikum und dem durchgepreßten Knoblauch gut verarbeiten. Zu einer Rolle formen und im Kühlschrank fest werden lassen.

100 g Butter
2 Eßl. Basilikumblätter
1 Knoblauchzehe
1 Teel. Zitronensaft
Salz, Pfeffer
Kalorien:
75 kcal/314 kJ
je Person (10 g)

Estragonbutter

(zu Kohlrabi, Kartoffeln)

Die Schalotten hacken und mit 3 Eßlöffeln Wasser kochen, bis keine Flüssigkeit mehr vorhanden ist. In ein feines Sieb geben und durchstreichen. Das Püree mit der weichen Butter, dem Zitronensaft und dem Estragon gut mischen. Mit Salz und Pfeffer abschmecken, zu einer Rolle formen und kühl stellen.

100 g Butter
1 Eßl. gehackte Estragonblätter
Saft von ¼ Zitrone
2 Schalotten
Salz, Pfeffer
Kalorien:
77 kcal/322 kJ
je Person (10 g)

Salbeibutter

(zu Teigwaren, Polenta und Reis)

100 g Butter
1 Eßl. gehackte Salbeiblätter
Saft von ¼ Zitrone
2 Schalotten, fein gehackt
Salz, Pfeffer
Kalorien:
77 kcal/322 kJ
je Person (10 g)

Die weiche Butter mit Salbei und Schalotten gut verarbeiten. Mit Zitronensaft, Salz und Pfeffer abschmecken.

Tip Diese Butter wird nicht kalt als Beilage gereicht, sondern geschmolzen. Knoblauchliebhaber können die Schalotten durch durchgepreßten Knoblauch ersetzen.

Meerrettichbutter

(zu Kartoffeln und Topinambur)

100 g Butter
40 g frisch geriebener Meerrettich
1 Teel. Zitronensaft
1 Messerspitze Senf
Salz, Pfeffer
Kalorien:
80 kcal/334 kJ
je Person (10 g)

Den Meerrettich auf der feinen Seite der Bircherraffel reiben. Mit Zitronensaft und der weichen Butter gut mischen. Mit Senf, Salz und Pfeffer abschmecken. Zu einer Rolle formen und kühl stellen.

Orangenbutter

(zu Spargel, Schwarzwurzeln und Artischocken)

100 g Butter
Saft von 1 Orange
1 Teel. abgeriebene Orangenschale
1 Prise Zucker
Salz, Pfeffer
Kalorien:
82 kcal/343 kJ
je Person (10 g)

Die Butter bei Küchentemperatur weich werden lassen. Die Orange heiß waschen, abtrocknen, und die Schale abreiben. Den Saft auspressen. Alle Zutaten gut mischen und mit Salz und Pfeffer abschmecken. Zu einer Rolle formen und kühl stellen.

Senfbutter

(zu Sellerie, Schwarzwurzeln, Topinambur)

100 g Butter
1 ½ Eßl. scharfer Senf
3 Spritzer Worcestersauce
Salz, Pfeffer
Kalorien:
78 kcal/326 kJ
je Person (10 g)

Die weiche Butter mit dem Senf gut mischen. Mit Worcester, Salz und Pfeffer abschmecken. Einrollen und kühl stellen.

Tip Man kann dieser Butter etwas gehackten Estragon beimischen.

Café de Paris

(zu Auberginen, Blumenkohl, Artischockenböden)

Die weiche Butter mit den Kräutern, dem Senf und den feingehackten Kapern gut verarbeiten. Die Mischung mit Salz, Pfeffer und Cayennepfeffer pikant abschmecken.

Tip Diese Butter nicht zu kalt auf die Gemüse verteilen. Am besten läßt man sie in einer Bratpfanne zerfließen. Aber nicht braun werden lassen!

125 g Butter
je 1 Teel. Kräuter wie Rosmarin, Thymian, Majoran, Borretsch, Salbei, Dill, Estragon
1 Eßl. Cognac
1 Teel. Curry, Origano, Paprika
1 Eßl. Senf
1 Eßl. feingehackte Kapern
1 Teel. Salz
Grobgemahlener schwarzer Pfeffer
1 Messerspitze Cayennepfeffer
Kalorien:
102 kcal/427 kJ
je Person (15 g)

TIPS FÜR BUTTERMISCHUNGEN

Für alle Mischungen die Butter bei Zimmertemperatur weich werden lassen. Die jeweiligen Zutaten mit einer Gabel daruntermischen.

Ein rechteckiges Stück Alufolie auf dem Tisch ausbreiten, die Butter der Länge nach darauf verteilen und mit der Folie aufrollen. Verschließen und im Kühlschrank wieder fest werden lassen.

30 Minuten vor dem Servieren aus dem Kühlschrank nehmen und beliebig dicke Scheiben davon abschneiden.

Wird viel Butter gewünscht, kann die Butter auch im Wasserbad geschmolzen und warm oder heiß über das Gericht verteilt werden.

Für die Zubereitung der Buttermischungen kann man gewöhnliche Tafelbutter, Süßrahmbutter oder gesalzene Butter verwenden.

Süßrahmbutter paßt besonders gut zu pikanten Zutaten wie z. B. Roquefort. Gesalzene Butter hat den Vorteil, daß kein Salz zugegeben werden muß.

Zu den Buttermischungen gehört eigentlich auch «Beurre battu»: Bei Zimmertemperatur weichgewordene Butter mit etwas Rahm, Salz und Pfeffer mischen. Dann mit dem Schneebesen tüchtig schwingen, bis sie ganz luftig wird. Diese Butter ist leichter und luftiger als die gewöhnliche, aromatisierte Butter und schmilzt schneller auf dem warmen Gemüse.

Man kann sie beliebig aromatisieren, z. B. mit trockenem Wermut (Noilly Prat), Schalotten- oder Zwiebelpüree, Pernod, Orangensaft.

Sauce Béchamel

(Grundrezept)

25 bis 30 g Butter
25 bis 30 g Weißmehl
5 dl Milch
Salz, weißer Pfeffer,
Muskatnuß
Kalorien:
123 kcal/514 kJ
je Person
(677 kcal/2834 kJ
insgesamt)

Die Butter in einer kleinen Email- oder Chromstahlpfanne zerfließen lassen. Mehl dazugeben. Unter Rühren leicht dünsten, ohne Farbe annehmen zu lassen. Vom Feuer nehmen, etwas abkühlen lassen und nach und nach die kalte Milch mit dem Schneebesen dazurühren. Weiterrühren, bis die Sauce glatt und gebunden ist. Wieder aufs Feuer stellen und bei schwacher Hitze noch 10 bis 15 Minuten köcheln lassen. Würzen.

Sauce Béchamel à l'ancienne
Diese Variante eignet sich vor allem zum Gratinieren von Teigwaren und Kartoffeln. Sie wird wie die Grundsauce zubereitet; zuerst dünstet man jedoch in der Butter eine kleine, feingehackte Zwiebel.

Beurre blanc

(französische Buttersauce)

Kalorien:
232 kcal/971 kJ
je Person

Für 4 Personen
50 g Schalotten,
fein gehackt
2 Eßl. Weißweinessig
4 Eßl. trockener
Weißwein
100 g frische Butter
2 Eßl. Rahm
Salz, weißer Pfeffer

Die Schalotten mit Essig und Weißwein bei kleiner Hitze einkochen, bis nur noch 3 Eßlöffel Flüssigkeit übrigbleiben. Durch ein feines Sieb in einen Topf gießen und dabei die Schalotten gut auspressen. Die Butter in kleine Stücke schneiden. Den Extrakt wieder erhitzen, Rahm zugeben, kurz einkochen, dann die Temperatur stark reduzieren und die Butter stückchenweise darunterschlagen. Die Sauce soll dabei heiß bleiben, sollte aber nicht kochen. Mit Salz und Pfeffer abschmecken.

Tips Für diese heikle Sauce gibt es unzählige Rezepte. Auch ich variiere die Beurre blanc je nach Weiterverwendung. Den Rahm füge ich bei, weil die Sauce dadurch stabiler wird. In klassischen Rezepten wird viel mehr Butter zugefügt. Es geht aber auch so. Bei der Zubereitung muß die Butter mit genügend Flüssigkeit geschlagen werden. Verdampft der Essig oder

der Wein zu stark, scheidet die Butter wieder aus. Man kann durch Beifügen von etwas warmem Wein oder Wasser die Sauce im Mixer retten.
Die Beurre blanc sollte nach Möglichkeit sofort nach der Zubereitung auf den Tisch kommen, sonst muß man sie vorsichtig warm halten und eventuell im letzten Moment im Mixer nochmals rühren. Zum Warmhalten stellt man das Gefäß auf einen mit heißem Wasser gefüllten Topf (das Wasser darf aber nicht kochen!). Sollten Fettaugen sichtbar werden, muß man die Sauce sofort wieder durchrühren.

Variationen
- Champagner-, Sherry- oder Estragonessig verwenden.
- 1 Eßlöffel trockenen Wermut zufügen.
- 1 Eßlöffel Kräuter darunterziehen.
- Die Schalotten in der Sauce belassen.

Rohe pikante Tomatensauce

Die Tomaten einige Sekunden in siedendes Wasser legen, schälen, halbieren, Kerne auspressen und das Fleisch kleinschneiden. Basilikumblätter und Peperoncino fein hacken, Knoblauchzehen durchpressen. Zusammen mit dem Öl zu den Tomaten geben, mit Salz und Pfeffer abschmecken und 2 bis 3 Stunden ziehen lassen.

Tip Der Peperoncino läßt sich durch etwas Sambal Ölek oder Harissa ersetzen.

Kalorien:
282 kcal/1180 kJ
je Person

Für 4 Personen
1 kg sehr reife Tomaten
Einige Basilikumblätter
2 Knoblauchzehen
1 dl Olivenöl, kalt gepreßt
Salz, Pfeffer
1 Peperoncino (rote, scharfe Pfefferschote)

Eine gut aussehende Sauce, die vor allem zu Kartoffeln in der Schale, hartgekochten Eiern oder als Gemüsebeilage paßt.

Grüne Sauce

V Kann vorbereitet werden
Arbeitsaufwand:
20 Minuten
Kalorien:
201 kcal/841 kJ
je Person

Für 6 Personen
Je 1 Sträußchen Schnittlauch, Petersilie, Estragon, Basilikum, Dill, Kerbel, Majoran, Bohnenkraut, Sauerampfer, Kresse
1 dl Sauerrahm oder saurer Halbrahm
1 dl Olivenöl
3 Eßl. Essig
Salz, Pfeffer
1 Zwiebel
1 hartgekochtes Ei

Die Kräuter verlesen, wenn nötig abspülen und hacken. Zwei Drittel davon mit Sauerrahm, Öl, Essig, Salz und Pfeffer sowie der grob gehackten Zwiebel im Mixer pürieren. Die restlichen Kräuter sowie das geschälte, grobgehackte Ei daruntermischen.

Tips Wenn es eine richtige «Grüne Sauce» werden soll, müssen mindestens sieben verschiedene Kräuter verwendet werden!
Natürlich schmecken Kräuter am besten möglichst frisch. Selbst getrocknete Kräuter verlieren, je nach Sorte, einen mehr oder weniger großen Teil ihres Aromas.
Für warme Gerichte mit Vorteil einen Teil der Kräuter mitkochen. So geben sie mehr Aroma ab. Den Rest roh beim Anrichten darunterstreuen.
Getrocknete Kräuter haben mehr Geschmack, wenn sie vor der Verwendung im Mörser zerstoßen oder in einer Kräutermühle fein gemahlen werden. Für Salatsaucen die Kräuter einige Zeit darin ziehen lassen.

Variationen
- Anstatt Öl Magerquark und Joghurt verwenden.
- 2 bis 3 Eßlöffel Mayonnaise daruntermischen.
- Die hartgekochten Eier halbieren, das Eigelb herausheben und durch ein Sieb streichen. Mit Essig oder Zitronensaft und Sauerrahm zu einer Sauce verrühren, mit der die Kräuter dann vermischt werden.
- Einige Spinatblätter mit der Sauce pürieren, die ihr ein intensiveres Grün verleihen.
- Auch zarter, feingehackter Sommerlauch paßt hinein.

Weißweinsauce

Die Bouillon auf die Hälfte einkochen lassen. Schalotten, Pfefferkörner und 1½ dl Weißwein zufügen und stark einkochen lassen. Sobald nur noch ungefähr 1 dl Flüssigkeit vorhanden ist, durch ein Sieb gießen, Rahm zugeben. Weiterkochen, bis die Sauce sämig wird. Nach und nach restlichen Weißwein zugeben. Die Butter in kleine Stücke schneiden und zuletzt in die Sauce rühren.

Variation: Safransauce Aus der Weißweinsauce läßt sich eine delikate Safransauce machen: Nur 1 dl Wein verwenden, ½ dl mehr Rahm verwenden und 1 Prise Safranfäden mitkochen.

Kalorien:
188 kcal/787 kJ
je dl (1227 kcal/5136 kJ insgesamt)

2 dl Gemüsebouillon
2 dl Weißwein
12 zerdrückte Pfefferkörner
1 Schalotte, fein gehackt
2 dl Rahm
50 g Tafelbutter

Auch bei Gemüsesaucen ist der Fond wichtig. Deshalb ist es gut, wenn man als Basis ein Konzentrat zubereitet.

Gemüsefond

Alle Gemüse säubern und klein würfeln. Die Butter erhitzen. Karotten, Lauch und Zwiebel hellbraun anrösten. Restliche Zutaten zufügen und eine Stunde zugedeckt kochen (im Schnellkochtopf nur 20 Minuten). Den Fond durch ein Sieb abgießen, nochmals in den Topf geben und ungedeckt auf die Hälfte einkochen lassen.

Tips Dieser Geflügelfond läßt sich in Joghurtbechern oder Eiswürfelbehältern tiefkühlen. So ist er bei der Zubereitung von delikaten Gemüsen stets zur Hand.
Der Fond läßt sich je nach gewünschtem Saucenaroma abwandeln. So kann zum Beispiel der Sud von Fencheln, Endivien, Blumenkohl usw. auf diese Art eingekocht und weiterverwendet werden.
Man sollte dem Fond nicht mehr als die angegebene Menge Sojasauce und kein Salz zufügen, damit er bei starkem Einreduzieren nicht zu salzig wird. Ein guter Gemüsefond kann aus

V Kann vorbereitet werden
Arbeitsaufwand: 10 Minuten
Kochzeit: 60 Minuten (im Schnellkochtopf nur 20 Min.)
Kalorien: etwa 15 kcal/63 kJ je dl

Basis für Gemüsesabayon, Rahmsauce, «beurre blanc» oder andere Saucen, die zu Gemüse passen

1 Karotte
1 Stück Sellerie
1 Lauchstange
½ Lorbeerblatt
2 bis 3 Pfefferkörner, zerdrückt
1 bis 2 Champignons

1 Eßl. eingesottene Butter
1 Teel. Sojasauce
½ l Weißwein
1 dl Wasser
2 bis 3 Petersilienstiele

Gemüsebouillonwürfeln (ungesalzen und ohne Glutamat) zubereitet werden (nur die Hälfte der angegebenen Wassermenge verwenden!)

Diese Bouillon ist eine wichtige Basis für die vegetarische Küche. Sie wird in zahlreichen Rezepten dieses Buches erwähnt.

Gemüsebouillon

V Kann vorbereitet werden
Arbeitsaufwand: 10 Minuten
Kochzeit: 90 Minuten (im Schnellkochtopf nur 30 Min.)
Kalorien: 5 kcal/21 kJ je dl

Für 2 Liter
4 Karotten
1 Kohlrabi
2 Lauchstangen
1 große Zwiebel
1 Lorbeerblatt
1 Gewürznelke
3 bis 5 Pfefferkörner, zerdrückt
3 bis 4 Petersilienstiele
1 Selleriezweig
Wenig Muskatnuß
1 Eßl. Sojasauce
2 l Wasser
Champignons

Alle Gemüse säubern, kleinschneiden und mit den Gewürzen, den gescheibelten Champignons und 2 l Wasser 1½ Stunden kochen (im Schnellkochtopf nur 30 Minuten). Die Bouillon durch ein Sieb gießen.

Tips Diese Bouillon ist bewußt neutral gehalten, damit sie als Basis für die verschiedensten Gerichte dienen kann. Sie ist auch nur leicht gesalzen mit Sojasauce, die ihr zugleich noch etwas Farbe gibt. So kann diese Bouillon bei der Weiterverarbeitung mit verschiedenen Kräutern und anderen Aromen nachgewürzt werden.
Die Bouillon läßt sich tiefkühlen. Deshalb lohnt es sich, mindestens 2 l auf einmal zuzubereiten. Übrigens gibt es jetzt auf dem Markt Vegetal Bouillon ohne Geschmacksverstärker, Glutamat und Farbstoffe mit Meersalz, praktisch fettlos und in Granulatform, die sich für die vegetarische Küche besonders eignet.

Klassische Vinaigrette

Kalorien: 900 kcal/3767 kJ insgesamt
2 Eßl. Kräuteressig
8 Eßl. Sonnenblumenöl oder Olivenöl
Salz, Pfeffer
Kräuter nach Belieben, wie Schnittlauch, Petersilie, Rosmarin, Thymian usw. (fein gehackt)

Den Kräuteressig mit etwas Salz verrühren. Das Öl beifügen und einige Minuten mit dem Schneebesen schlagen, damit die Mischung gleichmäßig wird und sich das Öl nicht vom Essig trennt. Die Kräuter dazumischen.

Tip Die Vinaigrette bis zum Gebrauch in der Küche stehen lassen; im Kühlschrank würde das Öl fest.

Sauce Ravigotte

Den Essig mit wenig Salz verrühren. Das Sonnenblumen- oder Olivenöl mit dem Senf dazugeben. Einige Minuten mit dem Schwingbesen alles gut mischen. Die Schalotten oder die Zwiebeln fein hacken. Mit den Kräutern unter die Sauce mischen. Die Kapern, wenn sie sehr groß sind, halbieren und ebenfalls dazumischen. Mit Salz und Pfeffer abschmecken.

Kalorien:
930 kcal/3892 kJ
insgesamt

2 Eßl. Kräuteressig
8 Eßl. Sonnenblumenöl oder Olivenöl
1 Teel. scharfer Senf
3 Schalotten
1 Zwiebel
1 Teel. Kapern
Petersilie, Schnittlauch, Gewürzkräuter nach Belieben, alles fein gehackt

Mit hausgemachten Nudeln serviert — eine Delikatesse.

Morchelsauce

Die Morcheln eine Stunde in kaltem Wasser einweichen. Das Einweichwasser durch einen Kaffeefilter passieren und aufheben. Die Morcheln nochmals gut waschen, damit kein Sand zurückbleibt. Große Morcheln eventuell längs halbieren (Stiele entfernen). Die Schalotten in Butter anziehen lassen. Mit dem passierten Morchelwasser begießen und etwa 10 Minuten kochen. Die Schalotten sollen weich werden. Durch ein Sieb passieren, dabei die Schalotten gut ausdrücken.

Die aufgefangene Flüssigkeit mit den abgetropften Morcheln kochen, bis die Morcheln weich sind. Wenn nötig, den Morchelsud noch etwas einkochen.

Weißwein zufügen, etwas einkochen lassen. Mit Rahm und Origano oder Majoran einkochen, bis die Sauce sämig wird. Mit Salz, Pfeffer und etwas Cayennepfeffer abschmecken.

Tip Das Geheimnis dieser Sauce ist, daß das Einweichwasser der Morcheln als Basis verwendet wird. Auch müssen die Morcheln gekocht werden, bis sie weich sind, sonst geben sie kein Aroma ab.

Variation Weißwein durch Sherry oder Portwein ersetzen. Man kann auch beides mischen.

V Kann weitgehend vorbereitet werden
Arbeitsaufwand:
25 Minuten
Kochzeit: 20 Minuten
Kalorien:
254 kcal/1063 kJ
je Person

Für 4 Personen
20 g getrocknete Morcheln
2 Eßl. feingehackte Schalotten
1 Eßl. Butter
2 Eßl. Weißwein
2½ dl Rahm
1 Prise frischgehackter Origano oder Majoran
Salz, Pfeffer
1 Prise Cayennepfeffer

Feiner Ravioliteig

Zubereitungszeit für den Teig: 20 Minuten
Kalorien:
415 kcal/1737 kJ
(ohne Füllung)
je Person
300 g Mehl
4 Eigelb
2 Eiweiß
2 Prisen Salz
2½ Eßl. Olivenöl
1½ Eßl. lauwarmes Wasser
50 g Parmesan, gerieben
50 g Butter

Das Mehl auf ein Brett sieben, eine Vertiefung anbringen und die übrigen Zutaten verquirlen. Die Flüssigkeit in die Mitte des Mehls geben und alles von außen nach innen gut mischen. Zu einem glatten Teig verarbeiten. Eine Stunde kühl stellen

Nudelteig

(Grundrezept)

300 g Mehl
3 Eier
Salz
Kalorien:
378 kcal/1582 kJ
je 100 g
(1515 kcal/6341 kJ insgesamt)

Das Mehl bergförmig in eine große Schüssel sieben. Eine Vertiefung anbringen. Die Eier leicht verquirlen und hineingeben. Mit wenig Salz bestreuen und die Eier mit Hilfe einer Gabel mit etwas Mehl verrühren. Ständig Mehl dazugeben, bis alles zusammen einen dicken Brei ergibt. Danach das Ganze mit den Händen zu einem festen Teig verarbeiten. Den Teig in 2 bis 3 Stücke teilen und jeden Teil noch einzeln durchkneten, bis er glatt ist. Den Teig mit einem Tüchlein zudecken und 30 bis 60 Minuten ruhen lassen.
Den Teig auf einer bemehlten Arbeitsfläche 1 bis 2 mm dünn ausrollen. Auf ein bemehltes Tüchlein legen und 30 Minuten trocknen lassen. Den Teig zusammenrollen und daraus Nudeln in der gewünschten Breite schneiden.

Tip Es gibt sehr gute italienische Nudelmaschinen, die das etwas mühsame Ausrollen erübrigen.

Variationen
- Ist der Teig zu fest, kann man 1 Eßlöffel Öl darunterkneten.
- Bei Verwendung von Vollmehl kann sich das Mengenverhältnis etwas verändern, je nach Saugfähigkeit des Mehles.

Polenta

(Grundrezept)

In einem großen Topf 1½ l Wasser mit Salz aufkochen. Den Mais unter Rühren hineingeben. Immer in der gleichen Richtung rühren, damit die Polenta glatt wird. Es dürfen sich keine Klumpen bilden. Ab und zu und nach Bedarf Wasser (bis zu ½ l) zufügen. Die Hitze reduzieren und langsam weiterrühren, bis sich nach ungefähr 45 Minuten am Topfrand eine dünne Kruste bildet. Von diesem Zeitpunkt an nochmals 10 bis 15 Minuten kochen lassen, ab und zu umrühren. Die Polenta auf ein Holzbrett oder in ein flaches Weidenkörbchen stürzen. Mit einem Leinentüchlein bedeckt auf den Tisch bringen und mit einer dünnen Schnur oder einem hölzernen Polentamesser in Portionen schneiden.

Anstelle von einfachem Salzwasser kann man den Maisgrieß auch in kochende Bouillon einrühren. Etwas feiner, aber nicht ganz typisch wird der Brei, wenn er statt mit Wasser mit Milch oder eventuell mit Milchwasser zubereitet wird.

Praktisch ist auch die Verwendung von Schnellmais (Rapid-, Quick- oder 2-Min.-Mais) mit sehr kurzer Kochzeit.

Arbeitsaufwand:
5 Minuten
Kalorien:
304 kcal/1272 kJ
je Person

Für 6 Personen
2 l Wasser
1 Eßl. Salz
500 g Maisgrieß, mittel oder grob
(Polentagrieß, nach Belieben grob- oder feinkörnig)

Crêpeteig

Das Mehl in eine Schüssel sieben. Die Milch mit den Eiern verquirlen. Beides mischen. Mit Salz abschmecken. Eine Stunde bei Küchentemperatur ruhen lassen. Die Butter schmelzen lassen. Lauwarm unter den Teig rühren.

Tip Ich gebe diesem Teig auch für süße Gerichte etwas Salz zu. Für sehr dünne Dessertcrêpes den Teig mit wenig Milch ein wenig verdünnen.

Arbeitsaufwand:
8 Minuten
Ruhezeit: 1 Stunde
Kalorien:
278 kcal/1163 kJ
je Person

Für 4 Personen
150 g Mehl
2½ dl Milch
2 große Eier
Salz
20 g frische Butter
(nach Belieben)

Geriebener Teig

V Kann vorbereitet werden
Arbeitsaufwand: 10 Minuten
Ruhezeit: 2 bis 3 Stunden
Kalorien: 443 kcal/1854 kJ je 100 g Teig

Für rund 400 g Teig
250 g Mehl
125 g Butter, kalt
1 ½ dl Wasser
½ Teel. Salz

Das Mehl auf ein Teigbrett sieben. Die Butter in Flocken beigeben. Mehl und Butter von Hand miteinander zerreiben, bis sich eine feinkrümelige Masse bildet. Damit einen Kranz formen, das Wasser mit dem darin aufgelösten Salz zugeben und von der Mitte aus rasch zu einem Teig verarbeiten. Vorsicht: Nicht kneten, sonst wird der Teig zäh. Den Teig mindestens 2 bis 3 Stunden im Kühlschrank ruhen lassen.

Tip Früher verwendete man gerne für diesen Teig Schweinefett, weil er durch diese Zutat besonders zart wurde. Den gleichen Effekt erzielt man mit eingesottener Butter: Die Butter bei Zimmertemperatur weich werden lassen. Zum Mehl geben und mit einer Lochkelle beides mischen. Das Mehl wird im Nu mit der Butter durchtränkt, und es erübrigt sich, beides von Hand zu zerreiben.

Mürber Quarkteig

V Kann vorbereitet werden
Arbeitsaufwand: 10 Minuten
Ruhezeit: 2 Stunden
Kalorien: 455 kcal/1904 kJ je 100 g

Für rund 600 g Teig
350 g Mehl
100 g Butter
½ Teel. Salz
150 g Rahm- oder Speisequark
1 bis 2 Eßl. Milch

Das Mehl in eine Schüssel sieben. Die Butter kleinschneiden und mit Salz, Mehl und Quark rasch zu einem glatten Teig verarbeiten. Nach Bedarf ganz wenig Milch zufügen. 2 Stunden kühl ruhen lassen.

Tip Den Quark vor der Verwendung gut abtropfen lassen, damit der Teig nicht zu weich wird. Man kann zuletzt immer noch nach Bedarf etwas Milch zufügen, damit er geschmeidig wird.

Vegetarische Menüs

Das Komponieren von attraktiven vegetarischen Menüs ist nicht ganz leicht. Die Gerichte in diesem Buch sind so berechnet, daß sie — mit Ausnahme von kleinen Vorspeisen, Salaten und einigen Suppen — als Hauptgericht serviert werden können, mit einem kleinen Salat zuvor oder einem leichten Dessert danach. Will man bei festlichen Gelegenheiten oder bei Besuch seinen Tischgästen etwas Besonderes bieten, muß man die Gerichte in Kleinportionen servieren, damit verschiedene Gänge gebildet werden können. Das ist nicht nur kurzweiliger, sondern sieht auch hübsch aus.

Überhaupt ist die Präsentation bei vegetarischen Gerichten sehr wichtig. In großen Mengen in einer Schüssel angerichtet, sehen sie manchmal nicht besonders gut aus. Da lohnt es sich, alles besonders hübsch auf einer größeren Platte zu arrangieren. Enthält das Gericht buntes Gemüse, ist auf die Farbenzusammenstellung zu achten. Besteht das Hauptgericht zum Beispiel aus einem eher farblosen Getreidegericht, kann das Anrichten der Beilagen oder eine Gemüsegarnitur etwas Auflockerung bringen. Es lohnt sich bestimmt, sich etwas einfallen zu lassen. Aber nicht nur das Optische ist wichtig. Die diätetische Seite eines vegetarischen Menüs erfordert besondere Aufmerksamkeit. Jedes Menü sollte eine gewisse Menge der von unserem Organismus benötigten Stoffe enthalten. Wie auf Seite 335 gezeigt, sollte man darauf achten, daß vegetarische Menüs auch Proteine (Eiweiß) enthalten. Demzufolge muß man bei jeder Mahlzeit entweder Ei, Käse, Quark oder andere Milchprodukte oder Tofu einbauen. Besonders bekömmlich sind Menüs, die zu Beginn etwas Rohkost enthalten. Auf Ballaststoffe ist besonders zu achten (s. Tabelle S. 336). Wer nicht besonders gerne Getreidegerichte ißt, kann seinen Bedarf an Ballaststoffen beim Frühstück oder in Form von Vollkornbrot decken.

Etwas Aufmerksamkeit erfordert auch der Umgang mit den Kalorien bei der Zusammenstellung der Alltagsmenüs. Deshalb sind die einzelnen Gerichte mit kcal- und kJ-Berechnungen versehen. Wer ein etwas kalorienhaltiges Gericht wählt, das ja meistens als Eintopfgericht auf den Tisch kommt, sollte auf üppige Vorspeisen und Desserts verzichten.

Frühling

FESTLICHES MENÜ

Kalte Gemüseterrine
(s. S. 30)

*

Gefüllte Morcheln
(s. S. 43)

*

Spinatkrapfen mit pikanter Füllung
(s. S. 66)

Pikante rote Sauce
(s. S. 309)

*

Früchtesorbet

Etwa 854 kcal/3575 kJ je Person

Vorbereitungen	Zeitplan
Terrine zubereiten. Morcheln füllen.	Am Vortag
Sauce für Morcheln zubereiten. Krapfen vorbereiten (ofenfertig). Tomatensauce zubereiten.	5 bis 6 Stunden vor dem Essen
Terrine stürzen und anrichten. Toasts rösten.	19.50
	20.00 Essenszeit
Krapfen in den Ofen schieben.	20.15
Morchelsauce fertigmachen. Morcheln anrichten.	Unmittelbar vor dem Servieren

MENÜ

Löwenzahnsalat mit verlorenen Eiern
(s. S. 18)

*

Ravioli mit Gemüsefüllung
(s. S. 55)

*

Apfel im Ofen

Etwa 996 kcal/4169 kJ je Person

Zeitplan	Vorbereitungen
Am Vortag	Ravioliteig zubereiten.
3 bis 4 Stunden vor dem Essen	Füllung für Ravioli zubereiten. Ravioli füllen und formen. Apfel zum Backen vorbereiten (ofenfertig).
30 Minuten vor dem Essen	Salat säubern. Sauce zubereiten. Apfel in den Ofen schieben. Wasser für Ravioli und Eier aufsetzen.
10 Minuten vor dem Essen	Eier pochieren. Ravioli kochen.
19.55	Salat mit Sauce mischen, Eier daraufgeben.
20.00 Essenszeit	
Im allerletzten Moment vor dem Servieren	Ravioli anrichten. Mandelbutter erhitzen und darübergeben.
Etwa 20.15	Äpfel aus dem Ofen nehmen.

MENÜ

Apfel-Sellerie-Salat
(s. S. 17, ½ Portion)

*

Brennesselrahmsuppe
(s. S. 47, ½ Portion)

*

Spargelkuchen mit Käse
(s. S. 61, ½ Portion)

*

Frische Ananas

Etwa 699 kcal/2926 kJ je Person

Vorbereitungen	Zeitplan
Teig für Kuchen zubereiten. Gemüsebouillon kochen.	Am Vortag
Spargel vorkochen. Füllung für Kuchen vorbereiten. Suppe vorbereiten, Brennesseln mixen. Alles bereitstellen.	5 bis 6 Stunden vor dem Essen
Ananas schälen, in Ringe schneiden und mit wenig Zucker bestreuen. Mit Folie abdecken. Salatsauce zubereiten.	1 bis 2 Stunden vor dem Essen
Sellerie und Apfel für den Salat vorbereiten.	30 Minuten vor dem Essen
Kuchen belegen und in den Ofen schieben.	19.30
Salat mischen und anrichten.	19.50
Suppe bei kleiner Hitze erwärmen und mit Eierrahm binden. Ananas anrichten.	19.55
	20.00 Essenszeit

FESTLICHES MENÜ

Spinatsalat mit Knoblauchbrot
(s. S. 20, ½ Portion)

*

Spargelflan an Kräutersauce
(s. S. 32)

*

Exotisches Champignonsüppchen
(s. S. 50)

*

Gemüse-Pie
(s. S. 69, ½ Portion)

*

Jaffarinensalat

Etwa 800 kcal/3349 kJ je Person

Zeitplan	Vorbereitungen
5 bis 6 Stunden vor dem Essen	Gemüse-Pie vorbereiten (ofenfertig).
	Suppe kochen. Spargel kochen und Flan zubereiten und einfüllen. Sauce vorbereiten.
1 Stunde vor dem Essen	Salat und Salatsauce zubereiten. Jaffarinensalat zubereiten und anrichten.
19.45	Pie in den Ofen schieben.
19.50	Förmchen ins Wasserbad stellen und auf dem Herd oder im Ofen garen.
19.55	Salat anrichten. Suppe erwärmen.
20.00 Essenszeit	
Unmittelbar vor dem Servieren.	Suppe anrichten. Sauce zu Flans erwärmen. Flans stürzen und anrichten.

Sommer

MENÜ

Tomatencocktail
(s. S. 104)

*

Brokkoligratin mit Quark
(s. S. 121)

*

Gemüse-«Fondue»
(s. S. 128)

*

Aprikosen

Etwa 927 kcal/3880 kJ je Person

Vorbereitungen	Zeitplan
Brokkoli vorkochen. Quarkguß vorbereiten. Tomatencocktail mixen und kühl stellen.	2 Stunden vor dem Essen
Gemüse säubern und zurechtschneiden. Rechaud vorbereiten. Blumenkohl vorkochen. Sauce für Gemüse-«Fondue» zubereiten.	1 Stunde vor dem Essen
Guß über die Brokkoli verteilen und den Gratin in den Ofen geben.	19.55
	20.00 Essenszeit
Käse über den Gratin streuen.	20.05
Gratin servieren.	20.10

FESTLICHES MENÜ

Gemüse-Hors-d'œuvres:

Taboulé

(s. S. 99)

Cherrytomaten
mit Auberginenkaviar

(s. S. 101)

Gurkensalat an Kerbelsauce

(s. S. 97)

*

Kleine Pfannkuchen
mit Eierschwämmchen

(s. S. 138)

*

Pfirsich in Weißwein

Etwa 890 kcal/3726 kJ je Person

Zeitplan	Vorbereitungen
Am Vortag	Grieß für Taboulé vorbereiten und dämpfen. Auberginenkaviar zubereiten. Pfannkuchenteig zubereiten.
2 bis 3 Stunden vor dem Essen	Pfirsiche schälen, in Schnitze schneiden und mit wenig Zucker in Weißwein einlegen und kühl stellen. Salate vorbereiten. Auberginenkavier in Tomaten füllen.
1 Stunde vor dem Essen	Pilze säubern und zubereiten.
30 Minuten vor dem Essen	Pfannkuchen backen. Hors-d'œuvres anrichten.
19.50	Pfannkuchen füllen, mit Alufolie abdecken und im Ofen warm stellen
20.00 Essenszeit	

MENÜ

Basilikummousse
(s. S. 100)

Kernenbrot

*

Gemüsecouscous mit Ei
(s. S. 132)

*

Erdbeeren

Etwa 944 kcal/3952 kJ je Person

Vorbereitungen	Zeitplan
Basilikummousse zubereiten und kalt stellen. Kichererbsen vorkochen.	Am Vortag
Gemüse säubern und vorbereiten. Eier kochen.	2 Stunden vor dem Essen
Couscousgrieß vorbereiten und garen. Auberginen- und Zucchettiwürfel anbraten. Sauce vorbereiten.	1 Stunde vor dem Essen
Gemüse aufsetzen. Erdbeeren waschen.	19.40
Basilikummousse anrichten. Kichererbsen erwärmen.	19.50
	20.00 Essenszeit
Couscous anrichten.	Unmittelbar vor dem Servieren

MENÜ

Kalte Melonensuppe

(s. S. 109)

*

Wachsweiche Eier mit Trüffel

(s. S. 137)

Vollreis

*

Kirschen

Etwa 612 kcal/2562 kJ je Person

Zeitplan	Vorbereitungen
2 bis 3 Stunden vor dem Essen	Melonensuppe zubereiten und kühl stellen.
1 Stunde vor dem Essen	Zutaten für das Hauptgericht bereitstellen. Schalotten mit Weißwein kochen und passieren. Peperoni würfeln.
19.40	Reis garen.
19.50	Melonensuppe anrichten. Eier kochen und in warmem Wasser warm halten.
20.00 Essenszeit	
Unmittelbar vor dem Essen	Reis abgießen. Sauce fertigmachen, auf Teller verteilen und die Eier darauf anrichten.

Herbst

MENÜ

Peperoni in Olivenöl
(s. S. 180)

Bauernbrot

*

Fenchelsüppchen
(s. S. 199, ½ Portion)

*

Gefüllte Zucchettiblüten
an Champignonsauce
(s. S. 125)

*

Äpfel mit Mascarponecreme
(s. S. 296)

Etwa 831 kcal/3479 kJ je Person

Vorbereitungen	Zeitplan
Peperoni zubereiten.	Am Vortag
Fenchelsuppe kochen.	
Äpfel mit Mascarponecreme zubereiten, mit Klarsichtfolie abdecken und kühl stellen.	
Zucchetti vorbereiten und vorgaren, in Gratinplatte legen, Füllung vorbereiten.	2 Stunden vor dem Essen
Zucchetti füllen und Ofen vorheizen.	19.45
Suppe erhitzen.	19.50
	20.00 Essenszeit
Zucchetti in den Ofen schieben.	20.10
Suppe anrichten.	Unmittelbar vor dem Essen

FESTLICHES MENÜ

Artischocke mit Vinaigrette

*

Kartoffelrahmsuppe
mit Steinpilzen und Majoran

(s. S. 200, ½ Portion)

*

Herbstlicher Maiskuchen

(s. S. 208)

*

Zwetschgenkompott mit Zimtglace

Etwa 780 kcal/3265 kJ je Person

Zeitplan	Vorbereitungen
Am Vortag	Zwetschgenkompott zubereiten. Polenta für Kuchen kochen (Kuchenblech mit Folie auslegen). Kartoffelsuppe vorbereiten und passieren.
5 bis 6 Stunden vor dem Essen	Artischocken kochen (im Sud belassen). Vinaigrette mischen.
1 Stunde vor dem Essen	Steinpilze dünsten. Rahm schlagen für die Suppe. Gemüse säubern. Maiskuchen mit Gemüse belegen. Käse darübergeben.
19.30	Suppe erwärmen und fertigkochen.
19.40	Ofen vorheizen (200 °C). Artischocken leicht erwärmen und anrichten.
19.50	Maiskuchen in den Ofen geben.
20.00 Essenszeit	
Unmittelbar vor dem Servieren	Rahm unter die Suppe ziehen. Suppe auf Pilze anrichten. Zwetschgenkompott leicht erwärmen. Zimtglace aus dem Tiefkühler nehmen.

MENÜ

Endiviensalat mit Nüssen
(s. S. 173)

*

Tomatenessenz
(s. S. 114)

*

Omelett mit Herbstgemüse
(s. S. 223)

*

Heidelbeeren

Etwa 700 kcal/2930 kJ je Person

Vorbereitungen	Zeitplan
Tomatenessenz zubereiten und kühl stellen.	Am Vortag
Gemüse für Omelett säubern und vordünsten.	5 bis 6 Stunden vor dem Essen
Endivien säubern.	1 Stunde vor dem Essen
Alle Zutaten bereitstellen. Salatsauce zubereiten. Heidelbeeren säubern und anrichten.	
Eier leicht schlagen.	19.50
Salat mit Sauce mischen und anrichten.	20.00 Essenszeit
Omelett zubereiten und anrichten.	Unmittelbar vor dem Servieren

FESTLICHES MENÜ

Herbstlicher Pilzsalat

(s. S. 175)

*

Auberginenpiccata

(s. S. 204)

Spaghetti mit Tomatensauce

*

Brombeeren

Etwa 745 kcal/3119 kJ je Person

Zeitplan	Vorbereitungen
2 Stunden vor dem Essen	Auberginen vorbereiten, in Milch kochen und abtropfen. Piccatateig anrühren. Rohe Tomatensauce zubereiten.
½ Stunde vor dem Essen	Pilze reinigen. Salate säubern und anrichten. Salatsauce zubereiten.
19.40	Spaghetti kochen. Auberginen durch den Teig ziehen und braten, dann warm stellen.
19.50	Salat mit Sauce beträufeln. Pilze anziehen lassen und über den Salat verteilen. Brombeeren anrichten.
20.00 Essenszeit	
5 Minuten vor dem Essen	Piccata auf Gemüseteller anrichten.

Winter

MENÜ

Randensalat

(s. S. 248, ½ Portion)

Nüßlisalat (Feldsalat) mit Ei

*

Schupfnudeln

(s. S. 280)

*

Käse (¼ Fett) mit ½ Birne

Etwa 841 kcal/3520 kJ je Person

Vorbereitungen	Zeitplan
Randensalat vorbereiten.	Am Vortag
Schupfnudeln vorbereiten (bratfertig).	2 bis 3 Stunden vor dem Essen
Nüßlisalat säubern.	
Ei hart kochen und hacken.	
Salatsauce machen.	
Käse, Birne und Randensalat aus dem Kühlschrank nehmen.	19.30
Schupfnudeln braten.	
Nüßlisalat mit Sauce mischen, mit Randensalat anrichten.	19.55
	20.00 Essenszeit
Schupfnudeln aus der Pfanne nehmen.	Unmittelbar vor dem Servieren
Käse und Birne anrichten.	

MENÜ

Zitrussalat mit Zwiebeln

*

Safransüppchen

(s. S. 260, ½ Portion)

*

Schwarzwurzelbeignets
mit grüner Sauce

(s. S. 253)

Gedämpfte Kartoffeln

*

Apfelquark

Etwa 770 kcal/3223 kJ je Person

Zeitplan	Vorbereitungen
4 bis 5 Stunden vor dem Essen	Fritüreteig vorbereiten. Schwarzwurzeln säubern und vorkochen. Grüne Sauce zubereiten.
1 Stunde vor dem Essen	Kartoffeln schälen. Zitrussalat zubereiten und anrichten. Suppe kochen. Rahm für Garnitur steif schlagen. Eiweiß für den Teig steif schlagen. Geraffelte Äpfel mit Quark und Zucker mischen.
19.20	Kartoffeln aufsetzen.
19.40	Teig mit Eiweiß mischen. Schwarzwurzeln durch den Teig ziehen und fritieren. Im schwach geheizten Ofen warm stellen.
19.55	Suppe langsam erwärmen Schlagrahm darunterziehen und anrichten.
20.00 Essenszeit	
Unmittelbar vor dem Servieren	Kartoffeln anrichten.

FESTLICHES MENÜ

Brüsseler mit 3 Saucen
(s. S. 249)

*

Kürbissuppe mit Lauch
(s. S. 261, ½ Portion)

*

Gemüsesteaks an Karottensauce

*

Frische Ananas

Etwa 882 kcal/3692 kJ je Person

Vorbereitungen	Zeitplan
Kürbissuppe kochen und passieren. Kruskaschrot einweichen.	Am Vortag
Kalte Sauce zubereiten. Endivien vorbereiten. Gemüsesteaks vorbereiten und formen. Karotten raffeln und in Bouillon kochen, passieren und Sud einkochen.	4 bis 5 Stunden vor dem Essen
Ananas schneiden, anrichten und mit wenig Zucker bestreuen. Endivien und Saucen anrichten.	19.30
Gemüsesteaks braten. Karottensauce zubereiten.	19.45
Suppe erwärmen.	19.55
	20.00 Essenszeit
Suppe mit Eigelb und Rahm binden. Sauce nochmals kurz erwärmen, auf Teller verteilen und die Steaks daraufsetzen.	Unmittelbar vor dem Servieren

MENÜ

Roher Kohlsalat

*

Vegetarische Hacksteaks

(s. S. 271)

Weiße Rüben an Rahmsauce

(s. S. 289)

Kartoffeln in der Schale

*

Frischer Fruchtsalat

Etwa 846 kcal/3541 kJ je Person

Zeitplan	Vorbereitungen
3 bis 4 Stunden vor dem Essen	Kohlsalat zubereiten. Hacksteaks pfannenfertig vorbereiten. Weiße Rüben säubern und kochen, Kochsud einkochen und Sauce zubereiten.
19.30	Kartoffeln in der Schale im Dampf kochen.
19.45	Steaks braten. Rüben langsam in der Sauce erwärmen.
19.50	Salat anrichten.
20.00 Essenszeit	
Unmittelbar vor dem Essen	Steaks anrichten. Bratfond mit Bouillon lösen und über die Steaks verteilen.

Was bedeutet Vollwerternährung?

Daß falsche Ernährung krank machen kann, wissen wir seit geraumer Zeit. Neueste medizinische Erkenntnisse weisen darauf hin, daß vollwertige Ernährung auch präventiv wirken kann. Deshalb besteht heute der Trend zu Vollwertkost. Sie besteht hauptsächlich aus Getreide, Obst und Gemüse, ergänzt durch Milch und Milchprodukte sowie durch Fisch aus sauberen Gewässern. Fleisch, Geflügel und Eier werden bei dieser Kostform akzeptiert, sofern sie von natürlich aufgezogenen Tieren stammen. Diese Produkte sind aber von untergeordneter Bedeutung, weil bei einer ausgewogenen Vollwertkost kein Eiweißmangel entsteht. Es ist ja erwiesen, daß im allgemeinen zuviel tierisches Eiweiß konsumiert wird.

Das Grundprinzip der Vollwertkost ist, die Nahrungsmittel so natürlich wie nur möglich zu belassen. Deshalb werden raffinierte Lebensmittel (wie Zucker und Weißmehl, geschälter Reis usw.) bei dieser Kostform abgelehnt. Die Nahrungsmittel sollten, wenn irgend möglich, aus biologischem Anbau stammen. Sie sollen auch keine Zusatz- und Konservierungsstoffe enthalten. Wichtig ist auch die Verwendung frischer Produkte.

Für die Vollwerternährung empfohlen werden Vollkorngetreideprodukte, Hülsenfrüchte, Kartoffeln, Obst, Gemüse, Milch und Milchprodukte. Meiden sollte man raffinierte Produkte, Zucker, Wurst, Salz, Alkohol, Kaffee und Tee. Fisch, Eier und Fleisch werden im oben erwähnten Rahmen toleriert.

Jede Hausfrau hat es in der Hand, ihre Familie mehr oder weniger nach diesen Richtlinien zu ernähren, wenn sie bereits beim Einkauf naturbelassene Produkte bevorzugt.

Ballaststoffe — großgeschrieben

Unter dieser Bezeichnung versteht man unverdauliche Kohlenhydrate pflanzlichen Ursprungs. Sie sind enthalten in Vollkornprodukten aus Getreide, Kleie, Hülsenfrüchten und verschiedenen Gemüsesorten.

Das hohe Wasserbindungsvermögen läßt diese Produkte im Magen rasch aufquellen und verursacht ein Sättigungsgefühl. Eine Verwertung im Darm findet nicht statt. Ballaststoffe vergrößern lediglich das Volumen des Speisebreis, regen deshalb die Darmtätigkeit an und wirken sich positiv bei Darmträgheit und verschiedenen Darmerkrankungen aus. Diese Erkenntnisse haben sich in letzter Zeit so stark durchgesetzt, daß geschrotete Vollkornprodukte dadurch einen neuen Stellenwert bekommen. Auf S. 337 finden Sie Steckbriefe der wichtigsten Getreidesorten.

Ballaststoffreiche Nahrungsmittel

Nahrungsmittel	**Gehalt je 100 g**
Ruchbrot	3 g
Vollkornbrot (div. Sorten)	7 g
Kernenbrot	8 g
Kleiebrot	10 g
Weizenkleie	40 bis 50 g
Haferflocken	6 g
Vollreis	4 g
Vollkornteigwaren	5 g
Früchte, frisch	1 bis 4 g
Weinbeeren, getrocknet	4 g
Feigen, getrocknet	8 g
Nüsse	5 bis 10 g
Gemüse, Salate, Pilze	1 bis 5 g
Kartoffeln	2 bis 3 g
Hülsenfrüchte, getrocknet	10 bis 20 g

Steckbrief der wichtigsten Getreideprodukte, Hülsenfrüchte und Sprossen

Obwohl es sich bei diesem Buch weder um ein Werk über Vollwert- oder Getreidekost noch um ein biologisches Kochbuch handelt, habe ich mich dazu entschlossen, diesen Anhang anzufügen. Viele dieser Produkte sind in den Rezepten enthalten oder werden in Zukunft noch vermehrt in Zeitungsbeiträgen und Büchern erwähnt. Diese Liste kann deshalb als kurzgefaßte Information dazu dienen.

Produkt und Steckbrief	Diätetische Hinweise	Verwendung
Buchweizen		
Ist eigentlich kein Getreide, sondern ein Knöterichgewächs. Die geschälten Samenkörner sind aber den Getreidekörnern sehr ähnlich. Ungeschälter Buchweizen wird ganz oder in Form von Grütze, Flocken oder Mehl angeboten.	Enthält wertvolles Eiweiß, Kalium, Magnesium, Eisen, Lezithin, essentielle Fettsäuren und Kieselsäure (wichtig für Haar- und Nagelwuchs).	Das Mehl hat gute Backeigenschaften. Typisch für die Zubereitung von Plinsen (Blinis) und zum Mischen mit Maisgrieß für «schwarze Polenta». In Form von Grütze für «Kasha» und als Frühstücksflocken.
Bulgur		
Vorgekochter und gedarrter Hartweizen, der anschließend gegrützt wird. Wird aus dem ganzen Weizenkorn gewonnen.	Da aus dem ganzen Weizenkorn bestehend, enthält Bulgur die Inhaltsstoffe und Eigenschaften des Weizens.	Für süße und pikante Vollkorngerichte.
Couscousgrieß		
Basisprodukt für das arabische Gericht «Couscous». Aus Hartweizengrieß oder Hirse hergestellt.	Aus Vollkorn-Hartweizengrieß bestehend, ist dieses Produkt vollwertig.	Als nahrhafte Grundlage auch für ein vegetarisches Couscous.
Dinkel		
Dem Weizen verwandte Getreideart mit langen, gebogenen Ähren. Wird zur Herstellung (Darren) von Grünkern angebaut (s. S. 339).	Nährwert ähnlich wie Weizen.	Gibt Brot, Backwaren und Getreidegerichten einen angenehmen nußartigen Geschmack.

Produkt und Steckbrief	Diätetische Hinweise	Verwendung
Erbsen		
Grüne oder gelbe Schalerbsen in trokkener Form. Sind geschält oder auch ungeschält erhältlich. Geschält sind Erbsen leichter verdaulich.	Hoher Anteil an Ballaststoffen, Eiweiß und Mineralstoffen. Enthalten alle essentiellen Aminosäuren. Reich an Vitamin B.	Eintöpfe, Erbsensuppe, Erbsenpüree. Wichtig in der Vollwerternährung.
Gerste		
Das älteste, bereits in der Steinzeit bekannte Getreide. Wird vorwiegend als Graupen verkauft. Je nach Grad des Abschleifens der äußeren Samenschale handelt es sich mehr oder weniger um ein Vollkornerzeugnis. Auch in Form von Nackgerste (Vollkorn), Grütze, Flocken und Mehl erhältlich.	Hoher Nährwert. Enthält viel Vitamin A und B, Mineralstoffe und ist reich an Ballaststoffen. Sehr eiweißreich. Enthält Kieselsäure (gut für Haut, Haare, Sinnesorgane und Bindegewebe).	Gerstensuppe, Eintöpfe. Bereichert mit vollwertigen Zutaten vollwertige Eintopfgerichte.
Grieß		
Mahlerzeugnis aus Weizen, Hafer, Reis oder Mais (mit feiner oder grober Struktur). Hartweizengrieß eignet sich vor allem für die Herstellung von Teigwaren. Es gibt Vollkorngrieße und weniger wertvolles Grieß aus Mehlkörper.	Nährwert von Weizen, Hafer, Reis oder Mais, je nach Rohprodukt.	Gnocchi, Suppen, Puddings usw.
Grünkern		
Im unreifen Zustand geerntetes und gedarrtes Korn des Dinkels (s. S. 338) mit sehr aromatischem Geruch und Geschmack. Ganz, als Grütze, Grieß oder Mehl erhältlich.	Nährwert ähnlich wie Weizen (s. S. 345), weist aber einen höheren Gehalt an Vitamin B und Mineralstoffen auf.	Suppen, Eintöpfe, Vollkornmischgerichte mit und ohne Gemüse. Zum Backen gut geeignet.

Produkt und Steckbrief	Diätetische Hinweise	Verwendung
Hafer		
Getreideart aus jüngerer Zeit. Meistens in Form von Flocken, aber auch als Grütze und Mehl erhältlich. Geruch und Geschmack sind sehr aromatisch. Neuestens auch als ganzes Korn gefragt. In fast allen Formen vollwertig. Wird schnell ranzig!	Enthält sehr viel Eiweiß und Fettstoff (vor allem Linolsäure). Wird empfohlen zur Senkung des Cholesterinspiegels. Weist hormonähnliche Stoffe auf, die eine belebende Wirkung haben. Die enthaltenen Kohlehydrate sind leicht verdaulich. Hoher Nährwert, viel Ballaststoffe und hoher Gehalt an Mineralstoffen.	Suppen, Eintöpfe, Brot. Unentbehrlich im Originalrezept des Birchermüeslis. Porridge als stärkende Frühstücksgericht. Hafer wird durch Rösten aromatischer.
Hirse		
Bereits im Altertum bekannt. Wird bei uns noch unterschätzt, bekommt aber durch die Vollwertküche neue Bedeutung. Wichtiges Nahrungsmittel in Afrika und Zentralasien. Grundnahrungsmittel des langlebigen Volksstammes der Hunza (Himalaya). Formen: ganz (Goldhirse) und in Flocken.	Mineralstoffreichstes Getreide, hohe Anteile an Magnesium, Phosphor und Eisen. Hoher Kieselsäuregehalt (wichtig für Haut, Haare und Nägel).	Für Hirsotto, Hirsepfannkuchen, Hirseplätzchen, Hirsesalat, Hirsesuppe.
Kichererbsen		
Hülsenfrucht, die seit dem Altertum im Mittelmeerraum bekannt ist und auch im Balkan und in Asien verwendet wird. In arabischen Ländern gehört sie zum Couscous (s. S. 337). Kichererbsen werden auch in Mehlform verkauft.	Wie die anderen Hülsenfrüchte diätetisch gesehen sehr wertvoll mit ihrem Gehalt an Eiweiß, Kalium, Kalzium, Phosphor, Eisen und den Vitaminen A, B_1, B_2, C und Niacin.	Ganz für Eintöpfe, z. B. Couscous, oder als nahrhafte Beilage. Kichererbsenmehl wird für Suppen, Pfannkuchen und Gebäck verwendet.

Produkt und Steckbrief	Diätetische Hinweise	Verwendung
Kleie		
Besteht aus den Randschichten des Getreidekornes. Enthält hohen Anteil natürlicher Ballast- und Quellstoffe.	Unsere tägliche Nahrung ist arm an Ballaststoffen. Die Folge ist oft eine Trägheit des Darmes. Durch Kleie wird das Stuhlvolumen vergrößert und damit die Verdauung reguliert.	Beim Frühstück als Zugabe zu Joghurt, Quark, Müesli; als Suppeneinlage
Kruska		
Grützemischung aus Weizen, Roggen, Gerste und Hafer (Schrot) aus biologischem Anbau.	Weist die Komponenten der erwähnten Getreidesorten auf.	Als Ballaststoff mit viel Flüssigkeit zum Frühstück oder als Zwischenverpflegung. Muß eingelegt und etwa 20 Minuten gekocht werden.
Kürbiskerne		
Getrocknete Kürbiskerne sind im Reformhaus erhältlich. Diese Kerne werden seit Jahrhunderten geschätzt; man fand sie bei Ausgrabungen in Peru in Gräbern aus dem 12. Jahrhundert. Der Trend zur Vollwertkost hat ihnen neue Bedeutung verliehen.	Kürbiskerne enthalten reichlich Öl, Eiweiß, Globulin, Lezithin, verschiedene Enzyme und zahlreiche Spurenelemente. Man schreibt den Kernen bei Nieren- und Blasenleiden eine gute Wirkung zu.	Kürbiskerne können unter viele Gerichte, wie zum Beispiel Eintopf, Gemüse, Mais, Hirse, gemischt werden. Geröstet eignen sie sich zum Bestreuen von Salat. Man kann sie auch mahlen und mit Joghurt, Quark usw. mischen.
Linsen		
Linsen erfahren ein richtiges Comeback, obwohl sie bereits im Altertum eines der wichtigsten Grundnahrungsmittel waren. Es gibt gelbe, grüne und braune Linsen. Es gibt verschiedene Größen: Tellerlinsen mit 6 bis 7 mm Ø, Mittellinsen (5 bis 6 mm Ø), kleine Linsen (4 bis 5 mm Ø). Geschmacklich sind kleine Linsen besser.	Enthalten viel Vitamin A, B_1, B_2 und B_6 (100 g Linsen decken den Tagesbedarf an Vitamin B), ferner beachtliche Mengen an Kalium, Phosphor und Eisen. Guter pflanzlicher Eiweißlieferant.	Linsengemüse, Suppen, Eintöpfe, Salat. Zum Ziehen von Linsensprossen. Die Kochzeiten hängen von der Dicke und dem Alter der Linsen ab. Durch das Einweichen werden sie schneller gar, verlieren aber an Geschmack.

Produkt und Steckbrief	Diätetische Hinweise	Verwendung
Mais		
Neben Weizen und Reis die wichtigste Getreidepflanze der Welt. Wird gerne frisch vom Kolben gegessen (Zuckermais). Die Körner sind in verschiedenen Mahlgraden erhältlich: grob (Bramata, Kukuruz), mittelfein (Polenta) und auch in Form von gelbem und weißem Maismehl. Praktisch sind auch die Instant-Polenta, die die lange Kochzeit auf Minuten verkürzt, und die Maisstärke zum Binden von Saucen usw.	Mais enthält hochwertiges Eiweiß und ist reich an Vitaminen der B-Gruppe, Vitamin C, Phosphor und Magnesium. Aus den Maiskeimen wird das hochwertige Maiskeimöl hergestellt. Maisprodukte sind aus dem ganzen Korn hergestellt und deshalb vollwertig.	Als Kolben gekocht oder gegrillt. Für Polenta, Eintöpfe, verschiedene Spezialitäten aus der ganzen Welt. Auch in Form von Flocken (Corn-flakes) für das Frühstück. Zur Herstellung von Popcorn.
Reis		
Zusammen mit Mais und Weizen eines der Hauptnahrungsmittel der Welt. Es gibt ungefähr 8000 Reissorten auf der Welt. Sie werden in die Hauptgruppen Langkorn- und Rundkornreis eingeteilt. Die wichtigsten Sorten werden geschält und immer mehr auch ungeschält angeboten. Ferner wird «parboiled rice» (vorbehandelter, weißer Reis, der nicht verkocht und diätetisch wertvoll bleibt) verkauft.	Das ungeschälte Reiskorn hat einen hohen Nährwert und ist ein wichtiger Träger des Vitamin-B-Komplexes. Es enthält auch — im Vergleich zum geschälten Reiskorn — einen hohen Gehalt an Eisen, Kalium, Magnesium und Phosphor.	Kulinarisch gesehen sind nicht alle Reissorten für die gleichen Gerichte geeignet. Hier ein paar Beispiele: Basmati und Siam/Patna für würzigen Trockenreis und exotische Gerichte, Vialone und Arborio für Risotto, Camolino für Milchreis und Füllungen. «Parboiled rice» eignet sich für verschiedene Reisgerichte, aber nicht für Risotto.

Produkt und Steckbrief	Diätetische Hinweise	Verwendung
Roggen		
Während Jahrhunderten nur im Norden beliebtes Getreide. Wird immer mehr auch in unseren Breitengraden geschätzt. Ist in Form ganzer Körner (zum Selbermahlen), als Schrot und als Mehl erhältlich.	Roggen enthält, ähnlich wie Weizen, Eiweiß, Vitamin B_1, B_2, Folsäure und an Mineralstoffen vor allem Kalium und Magnesium. Der Kleber und die Stärke des Roggens müssen erst durch einen Säuerungsprozeß aufgeschlossen werden, damit die Körner leichter verdaulich und aromatisch werden.	Eignet sich bei richtiger Behandlung für ausgezeichnetes aromatisches Brot. Geeignet zur Herstellung von Sauerteig. Roggenbrot bleibt lange frisch.
Schrot		
Grobes Mahlprodukt von Getreidkörnern.	Vom diätetischen Standpunkt aus besonders wertvoll, wenn es frisch gemahlen wird (hoher Gehalt an Eiweiß).	Für Vollkorngerichte und Brote.
Sesam		
Beliebter Samen, der bei uns durch die fernöstliche Küche bekannt wurde. Erhältlich als ganze, ungeschälte und auch geschälte Körner. Kann gemahlen werden und wird auch in Form von Paste verkauft. Beliebt ist auch das Sesamöl.	Die Sesamsamen bestehen gut zur Hälfte aus hochwertigem Öl mit mehrfach ungesättigten Fettsäuren (z. B. Linolsäure) und enthalten viel Vitamin A, B_1, B_2 sowie Lezithin, Eisen und Kalzium. Im Gegensatz zu anderen Körnern sind die geschälten Sesamkörner vorzuziehen, weil die Schalen viel Oxalsäure und wenig Ballaststoff enthalten.	Sesamsamen schmecken geröstet besonders gut und werden vor allem als Beigabe zu Salaten in dieser Form verwendet, auch als Belag für Gebäck und Gratins und zum Panieren von Gemüsesteaks usw. Mit Sesampaste und -öl kann man Saucen würzen.

Produkt und Steckbrief	Diätetische Hinweise	Verwendung
Sojabohne		
Die Sojabohne wird im Fernen Osten schon seit mehr als 10 000 Jahren angebaut. Bei uns kennt man sie erst seit kurzer Zeit. Sie wird auch sehr oft mit der Mungabohne verwechselt, deren Keimlinge meistens als Sojasprossen verkauft werden. Aus der Sojabohne werden viele Produkte hergestellt, z. B. Tofu, Sojaeiweiß, Sojaflocken und -mehl sowie Sojasauce.	Die Sojabohne ist ein Vollwertprodukt mit idealer Zusammensetzung. Sie enthält viel Eiweiß, etwas Fett, Vitamin A, B_1, B_2, Niacin, Kalium, Kalzium, Phosphor und Eisen. Sojaeiweiß ist besonders hochwertig und spielt daher in der vegetarischen Küche eine wichtige Rolle. Das Sojaöl enthält außerdem noch viel Lezithin.	In Form von Mehl für Backwaren und in Form von Klößchen für die Zubereitung von fleischähnlichen Gerichten.
Sonnenblumenkerne		
Die Sonnenblumenkerne entwickeln sich aus den gelben Röhrenblüten der Sonnenblume, die bis zu 250 g Kerne tragen kann. Die Kerne liefern auch das Sonnenblumenöl. Man kann ungeschälte sowie geschälte Kerne kaufen. Geschälte Kerne lassen sich auch zum Keimen bringen.	Sonnenblumenkerne sind etwas vom Wertvollsten, was die Vollwertkost bieten kann. sie enthalten mehrfach ungesättigte Fettsäuren (u. a. Linolsäure), viel Eiweiß und Vitamine der B-Gruppe, Karotin, Vitamin D, E und K sowie Spurenelemente wie Magnesium, Jod, Fluor, Mangan und auch Kalzium und Eisen.	Im Geschmack sind Sonnenblumenkerne ähnlich wie Haselnüsse. Durch Rösten wird der Geschmack intensiver. Als Salatgarnitur, für Brot und Gebäck (ganz oder gemahlen beigemischt). Im Birchermüesli sind sie eine willkommene Ergänzung. Das Sonnenblumenöl eignet sich hervorragend für die kalte Küche.

Produkt und Steckbrief	Diätetische Hinweise	Verwendung
Sprossen		
Außer den auch bei uns längst bekannten Sojabohnen gibt es eine ganze Menge Samen, aus denen sich Sprossen ziehen lassen, z. B. Alfalfa (Luzerne), Senf, Rettich, Radieschen, die überall erhältliche Kresse und die Hülsenfrüchte. In Spezialgeschäften gibt es geeignete Geräte, mit denen diese Sprossen mühelos hergestellt werden können.	Je nach Art bildet sich beim Sprießen sehr viel Vitamin B und C. Das Karotin (Vorstufe zum Vitamin A) steigert sich dabei um fast 200 Prozent. Bei Alfalfa steigt der Vitamin-B-Gehalt sogar um 1000 Prozent. Die Samen für die Sprossenzucht sollten im Reformhaus oder im Spezialgeschäft gekauft werden, weil es sich dort um unbehandelte Ware handelt.	Sprossen werden für beinahe alle Gerichte als Beigabe verwendet und können — vor allem im Winter — Salat- und Gemüsegerichte durch ihre Vitamine anreichern. Bei gekochten Gerichten erst am Schluß beifügen.
Vollkornteigwaren		
Heute sind Vollkornteigwaren aus vielen Getreidesorten erhältlich. Sie sind dunkler als die üblichen Teigwaren. Man kann sie auch selbst aus Vollweizen-, Roggen-, Grünkern- und Buchweizenmehl herstellen.	Vollkornteigwaren haben die Eigenschaften der verwendeten Mehlsorten.	Vollkornteigwaren haben eine etwas längere Kochzeit. Vollmehl ist meistens nicht so saugfähig wie Weißmehl. Die Rezepte können deshalb etwas unterschiedlich sein.
Weizen		
Die wichtigste Getreideart der Welt und dank seiner hervorragenden Backfähigkeit auch das bedeutendste Brotgetreide. Erhältlich als Körner, ganz oder geschrotet, und als grobes und feines Weizenvollkornmehl. Natürlich auch Weiß- und Halbweißmehl (mit Anreicherung durch Vitamine usw.).	Weizenkörner enthalten viel Eiweiß, Vitamine der B-Gruppe sowie Vitamin E. Als Mineralstoffe vor allem Kalzium, Eisen, Magnesium und Mangan, außerdem wichtige Fermente und in den Randschichten das wertvolle Weizenkeimöl.	Für Brot und Backwaren. Ganz oder geschrotet für Vollwertgerichte, für Eintöpfe, Pfannkuchen, Pizze und Salate.

Produkt und Steckbrief	Diätetische Hinweise	Verwendung
Weizenkeime		
Erhält man durch Keimenlassen von Weizen. Die Keime dürfen höchstens ½ cm lang werden. Ist auch in Form von Mehl erhältlich.	Durch das Keimen von Weizen wird der Gehalt an Vitaminen der B-Gruppe um das Doppelte erhöht. Der Gehalt an Karotin steigt sogar um das Dreifache und das Vitamin E um mehr als 100 Prozent. Das in den Keimen enthaltene Öl ist das an Vitamin E reichste Nahrungsmittel. Allerdings braucht es rund 15 t Weizen, um einen Liter kaltgepreßtes Weizenkeimöl herzustellen. Es ist ein hervorragendes Stärkungsmittel für Herz und Kreislauf.	Hochwertige Ergänzung zu Suppen, Gemüsegerichten, Salaten und Backwaren. In Form von Mehl gekaufte Weizenkeime (Reformhaus) sind wegen ihres Fettgehalts nur beschränkt haltbar und wirksam. Das Produkt wird schnell ranzig.
Wildreis		
Nicht mit dem Reis verwandt, sondern der Samen eines in Nordamerika wachsenden Wassergrases. Das teuerste Getreide der Welt. Es kann nicht wie die anderen Getreidesorten geerntet werden, sondern muß von Hand abgelesen werden. Wildreis ist braun und langkörnig.	Wildreis ist im Prinzip vollwertig, wird aber wegen seines hohen Preises mehr als Garnitur zu exklusiven Gerichten verwendet.	Als Beilage zu verschiedenen Gerichten und zur Bereicherung von Gemüseplatten.

Die Kunst, Gemüse zu kochen

Zum Glück sind die Zeiten des verkochten Gemüses vorbei. Gemüse ist nicht mehr das Stiefkind der Küche. Es wird nicht nur als lieblos zubereitete Beilage auf den Tisch gebracht, sondern erscheint immer mehr als Hauptgericht, oft auch zusammen mit Getreide oder anderen Zutaten.

In der vegetarischen Küche spielt das Gemüse eine Hauptrolle. Da liegt es auf der Hand, daß man seiner Zubereitung besondere Beachtung schenken sollte. Verschiedene neue Kochmöglichkeiten erleichtern diese Arbeit und bringen sehr gute Resultate.

Von der chinesischen Küche und von der Modewelle der «Nouvelle cuisine» haben wir gelernt, daß das Gemüse noch «Biß» haben sollte. Es soll also «auf den Punkt» gegart werden. Was dies genau bedeutet, ist nicht ganz einfach zu erklären. Meiner Ansicht nach darf man nichts übertreiben. Knackig gekochtes Gemüse finde ich gut, wenn dies bedeutet, daß es knapp gegart wurde. Ist es noch zu roh, kann es sein Aroma nicht entfalten. Bohnen oder Karotten schmecken zum Beispiel nur halb so gut, wenn sie nicht einen gewissen Grad von Weichheit erreichen. Dasselbe gilt auch für Rosenkohl oder Blumenkohlröschen. Andere Gemüse oder regionale Spezialitäten wie beispielsweise die Ratatouille wiederum liebe ich schön sämig geschmort, was heute vielfach verpönt ist. Es ist schwierig, verbindliche Richtlinien aufzustellen.

Hier ein kurzer Überblick über die verschiedenen Möglichkeiten, Gemüse schonend zu garen und seine Aromastoffe zur Geltung zu bringen:

Im Dampf garen: Das Gemüse wird in einem Siebaufsatz zugedeckt über dem Dampf gegart. Diese Methode eignet sich vor allem für harte Gemüse wie Blumenkohl, Fenchel, Karotten, Kohlrabi usw. Beim Dämpfen bleibt auch die Farbe gut erhalten.

Im Schnellkochtopf: Es gibt jetzt auf dem Markt Schnellkochtöpfe mit Schonstufe und Siebeinsätzen, die auf ein Dreibein gestellt werden können. Damit lassen sich sehr gute Resultate erzielen. Die Gemüse werden auf diese Weise auch im Dampf gegart, aber mit wesentlich kürzeren Kochzeiten.

Wasserloses Garen: Es gibt Spezialtöpfe aus Edelstahl mit schweren, gut angepaßten Deckeln, zum Teil sogar mit Temperaturanzeiger, in denen das Gemüse ohne Wasser auf niedrigster Heizstufe gegart werden kann. Man gibt das Gemüse nach dem Waschen naß in den Topf, schaltet auf die niedrigste Heizstufe und läßt es bei gewöhnlichen Kochzeiten garen. Das ist eine besonders schonende Garmethode, die sowohl aromatisch als auch farblich sehr gute Resultate bringt.

Blanchieren: Viele Köche pflegen vor allem grünes Gemüse für kurze Zeit in siedendes Salzwasser zu geben. Danach wird es in eisgekühltem Wasser abgeschreckt. Durch diese Prozedur bleibt die Farbe besonders gut erhalten. Solches Gemüse ist nur sehr knapp gegart. Meistens wird es vor dem Servieren noch in Butter gedünstet. Ich verwende diese Methode nur dann, wenn ich optisch ein besonders gutes Resultat erzielen will. Geschmacklich gesehen ist solches Gemüse nicht optimal.

A l'italienne: So nenne ich das Sautieren des Gemüses, weil diese Art des Garens von Gemüse in Italien beliebt ist. Die Gemüse werden (meistens in Olivenöl) so lange gegart, bis sie knapp weich sind. Im Fettstoff entwickeln viele Gemüse ihr Aroma oft viel besser als im Dampf oder im Wasser. Besonders gut finde ich diese Zubereitungsart für südliche Gemüse wie Peperoni (Paprikaschoten), Tomaten, Zucchetti, Auberginen und Spinat. Eine weitere Stufe dieses Sautierens kann dann das Schmoren sein. Zum Beispiel schmeckt eine Ratatouille oder Peperonata unendlich viel besser, wenn das Gemüse «à l'italienne» gegart wird.

Dünsten: Es gibt Gemüse, die man weiterhin nach der herkömmlichen Art zubereiten sollte. Das heißt, es wird mit oder ohne Zwiebeln in Butter oder Öl angezogen und danach mit wenig Flüssigkeit gedünstet. Das ist empfehlenswert für verschiedene Kohlgerichte, die auf diese Art zubereitet einfach am besten schmecken.

In der Mikrowelle: Nachdem ich lange Zeit diesem Gerät mißtraute, habe ich vor kurzem umfangreiche Versuche damit gemacht. Das Garen von Gemüse gelingt in solchen Geräten sehr gut. Bei größeren Mengen sind die Garzeiten allerdings nicht mehr kürzer als bei konventionellen Methoden. Deshalb empfehlenswert für Kleinhaushalte. Farbe und Geschmack bleiben gut erhalten.

Das Garen von Gemüse ist Ansichts- und Geschmacksache. Jeder hat seine eigenen Vorlieben. Daß es einen neuen Stellenwert in der Kochkunst erhalten hat, dürfte von niemandem bestritten werden.

Saisongerechtes Gemüse

Einheimisches Gemüse hat in der Hauptsaison den richtigen Reifegrad und ist dann auch preislich am günstigsten. Saisongerechtes Einkaufen bedeutet Qualität. Gerade beim Gemüse ist sowohl der Genußwert wie auch der Nährwert am höchsten, wenn es zum richtigen Zeitpunkt geerntet werden kann. Dank der kurzen Transportwege kommt es frisch in den Laden und auf den Tisch. Diese Hinweise sollten wir vor allem im Sommer und im Herbst beachten. In der Zwischenzeit — vor allem im Frühjahr — können wir unseren Menüplan zusätzlich mit importiertem Frühgemüse bereichern.

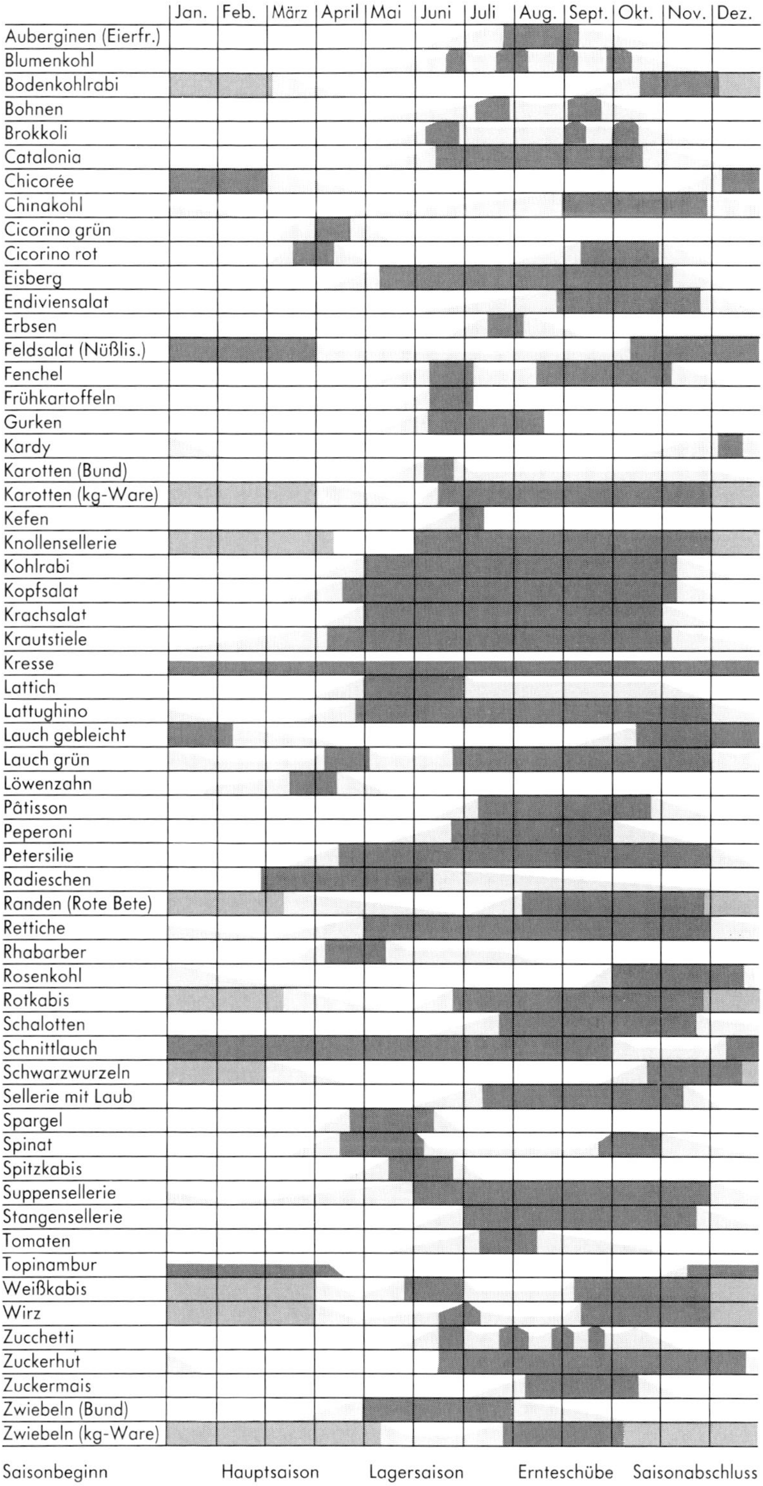
Jan.
Feb.
März
April
Mai
Juni
Juli
Aug.
Sept.
Okt.
Nov.
Dez.
Auberginen (Eierfr.)
Blumenkohl
Bodenkohlrabi
Bohnen
Brokkoli
Catalonia
Chicorée
Chinakohl
Cicorino grün
Cicorino rot
Eisberg
Endiviensalat
Erbsen
Feldsalat (Nüßlis.)
Fenchel
Frühkartoffeln
Gurken
Kardy
Karotten (Bund)
Karotten (kg-Ware)
Kefen
Knollensellerie
Kohlrabi
Kopfsalat
Krachsalat
Krautstiele
Kresse
Lattich
Lattughino
Lauch gebleicht
Lauch grün
Löwenzahn
Pâtisson
Peperoni
Petersilie
Radieschen
Randen (Rote Bete)
Rettiche
Rhabarber
Rosenkohl
Rotkabis
Schalotten
Schnittlauch
Schwarzwurzeln
Sellerie mit Laub
Spargel
Spinat
Spitzkabis
Suppensellerie
Stangensellerie
Tomaten
Topinambur
Weißkabis
Wirz
Zucchetti
Zuckerhut
Zuckermais
Zwiebeln (Bund)
Zwiebeln (kg-Ware)
Saisonbeginn
Hauptsaison
Lagersaison
Ernteschübe
Saisonabschluss

Kleines Glossar

Die Rezepte dieses Buches enthalten verschiedene Ausdrücke und Zutaten, die vielleicht nicht allen bekannt sind.

A

ablöschen Flüssigkeit an angebratenes Fleisch, Gemüse usw. gießen

abschäumen Eiweißschaum von Suppen nach dem Aufkochen mit dem Schaumlöffel abnehmen

al dente körnig gekocht, z. B. Risotto, Teigwaren al dente (mit Biß)

anziehen lassen unter Wenden leicht anbraten, ohne Farbe annehmen zu lassen

Auberginen Eierfrüchte

Auflaufform feuerfeste Form für den Backofen

auswallen ausrollen, auswalzen

B

Bain-marie Wasserbad

Baked potatoes in Aluminiumfolie gegarte Kartoffeln

Baumnüsse Walnüsse

Beurre manié Mehlbutter: halbweiche frische Butter, verknetet mit Mehl zum Binden von Saucen

binden eine Sauce oder Suppe durch Einrühren von Speisestärke, Mehlbutter (s. d.), Eigelb oder Rahm legieren

blind backen Torten- oder Kuchenböden leer backen (das Gebäck wird mit Aluminiumfolie ausgelegt und mit weißen Bohnen beschwert)

Bouillon z. B. Gemüsebouillon (Gemüsebrühe)

Butter, eingesottene — Bratbutter klarifizierte Butter, Butterschmalz

C

Cakeform Königskuchenform

Cicorino roter oder grüner italienischer Blattsalat

Cornichons Essiggürkchen

Crêpes hauchdünne Pfannkuchen

Croûtes getoastete oder in Butter gebackene Brotschnitten mit Ragoutbelag

Croûtons Weißbrotscheiben in beliebiger Form, in Butter gebacken. Zum Garnieren von Gerichten und als Unterlage von Pilzragout, Eiern usw.

D

dämpfen Gemüse mit wenig Flüssigkeit garen, z. B. Lauch im Schnellkochtopf oder im Wasserdampf auf einem Siebeinsatz

Deziliter (dl) 1 dl = 1/10 Liter

Doppelrahm dickflüssige Sahne mit einem Fettgehalt von 45 % (crème fraîche, double crème)

Dressiersack Spritzsack (Spritzbeutel) für Sahnegarnitur

dünsten unter Wenden anziehen lassen (s. d.) oder bei gut schließendem Deckel in wenig Butter oder nur im eigenen Saft garen

Duxelles Mischung aus gehackten Zwiebeln oder Schalotten und Champignons (für Füllungen usw.)

E

Eierschwämme Pfifferlinge

entfetten nach dem Braten überschüssiges Fett abgießen oder Brühe erkalten lassen und Fettschicht abheben

F

flambieren ein Gericht mit Alkohol übergießen und anzünden

Fleurons kleines Blätterteiggebäck zum Garnieren von Saucengerichten

Fond Aromatische Brühe wie Gemüsefond, Champignonsud als Saucenbasis (s. Rezepte)

fritieren im heißen Öl schwimmend ausbacken

G

garnieren Gerichte mit kleinen Beigaben hübsch herrichten

Glace Gefrorenes, z. B. Sahneeis

Grapefruit Pampelmuse

Gratin überkrustetes Gericht

Gratinform Ofenbackform

gratinieren im Backofen oder im Grill bei Oberhitze überkrusten lassen

H

Halbrahm halbfette Sahne, 15 bis 25 % Fettgehalt, frisch oder sauer

Hors-d'œuvres zusammengestellte Vorspeise

I

Instant sofort löslich, z. B. Suppen- oder Saucenkonzentrat

Julienne in feine Streifen geschnittenes Gemüse oder Zitrusschalen

K

karamelisieren Zucker bei großer Hitze (250 bis 300 °C) schmelzen und bräunen

Kartoffelstock Kartoffelpüree

Kastanien Maronen

Kefen Kiefelerbsen, Zuckerschoten

klären Brühe durch Aufkochen mit Eiweiß klären

köcheln bei schwacher Hitze kochen

Köpfchen kleiner Pudding

L

Lauch Porree

M

Marinade Beize

marinieren in eine Beize einlegen

Mehlbutter Beurre manié (s. d.)

Mirepoix kleingeschnittenes Gemüse, welches als Röstgemüse verwendet wird (s. Rezept)

Mousse Schaum

N

Nüßlisalat Feldsalat

O

Omelett Eierkuchen

Orange Apfelsine

P

parfümieren einem Gericht durch Zugabe von Likör oder Branntwein einen bestimmten Geschmack verleihen

Pariserbrot weißes Stangenbrot

passieren Durchstreichen oder Abgießen von Saucen, Suppen, Gemüse, Beeren usw. durch ein Sieb

Peperoncini kleine scharfe Pfefferschoten

Peperoni Paprikaschoten

pikant scharf

Plätzchen kleines Schnitzel, Teigstück

Polenta Maisbrei

pochieren aufgeschlagene Eier in kochendes Essigwasser gleiten lassen. Im Sud langsam garen

Q

Quiches große oder kleine Kuchen mit pikanter Füllung

R

Rahm Sahne (etwa 35 % Fettgehalt)

Rahmeis Sahneeis

raffeln, Raffel schaben oder reiben, Reibeisen

Randen rote Bete, rote Rüben

Rechaud durch Kerze oder Spiritusbrenner beheiztes Gerät oder elektrisch heizbare Platte zum Warmhalten von Speisen und zum Anwärmen von Tellern

reduzieren, einreduzieren auf die gewünschte Konzentration einkochen (eindicken)

Risotto italienisches Reisgericht

Riz créole Trockenreis

rüsten Säubern von Gemüse

S

Sabayon Weinschaumcreme oder -sauce

Sauerrahm saure Sahne

Schalotten kleine Zwiebelart mit mildem, knoblauchähnlichem Geschmack

scheibeln in kleine Scheiben schneiden

schmoren Gemüse oder Obst mit wenig Flüssigkeit im geschlossenen Topf bei kleiner Hitze garen

Schnitze Obstschnittchen

Schwingbesen Schneebesen, Schneeschläger

schwingen mit dem Schneeschläger schlagen

Semmel Weißbrötchen

Sorbet Scherbett, Eisart aus Fruchtsaft oder -mark, Zucker und Zitronensaft oder Wein, Likör, Champagner oder Sekt

Soufflé delikater Auflauf

Springform Tortenform mit Ring

Sud Kochwasser

T

Terrine Pastete ohne Teigkruste, in Terrineform im Wasserbad gegart

Traiteur Feinkostgeschäft, Comestiblesgeschäft

Tranche Scheibe, Schnitte

Trauben Weintrauben

V

verklopfen verrühren durch leichtes Schlagen

verquirlen verrühren

Vol-au-vent Blätterteigpastete mit Ragout gefüllt

W

Wallholz Teigroller, Nudelholz

Z

ziehen lassen in Flüssigkeit auf sehr kleinem Feuer gar werden lassen (z. B. Gnocchi, Klöße)

Zucchetti Zucchini

Alphabetisches Rezepteverzeichnis

Chronologisches Rezepteverzeichnis

Frühling 15

Sommer 89

Herbst 169

Winter 237

Grundrezepte und Saucen

Rezepteverzeichnis nach Sachgruppen

Salate und kleine Vorspeisen

Warme Vorspeisen und Kleingerichte

Kalte und warme Suppen

Hauptgerichte

Beilagen

Süße Speisen

Grundrezepte

Saucen

Marianne Kaltenbach
MEINE FISCHKÜCHE
2. Auflage, 496 S., 27 Farbtafeln,
viele Schwarzweißzeichnungen, Pp.

Goldene Feder der Gastronomischen Akademie Deutschlands

Fische, Schalen- und Krustentiere einkaufen, vorbereiten, kochen und genießen
Über 250 persönliche Rezepte

«Dieses Kochbuch ist ein guter Fang.»
«Gong», München

«Das Geld ist gut angelegt, denn nach diesem Fischkochbuch braucht man voraussichtlich kein anderes mehr: Mariannes Fischküche fürs Leben.»
«Essen + Trinken», Hamburg

«Ein rundum anregendes und befriedigendes Buch.»
«Vogue», München

«Mit dem Buch ‹Meine Fischküche› von Marianne Kaltenbach könnte man eine ganze Sendung füllen. Wie auch in ihrem Italien-Kochbuch läßt sie keine Wünsche offen.»
«Österreichischer Rundfunk»

«Bei dem, was da aus dem Wasser kommt, läuft dem Fischliebhaber bereits das Wasser im Munde zusammen, zumal die Farbtafeln einen Vorgeschmack auf das geben, was die eidgenössische Küchenchefin so alles anrichtet.»
«Tagesspiegel», Berlin

«Ihr Name bürgt für Qualität. Und ihre Sympathie gilt sowohl den einfachen regionalen Spezialitäten als auch der raffinierten Küche. Marianne Kaltenbach beweist auch zum Thema Fisch ihre Kreativität.»
«Petra», Hamburg

Marianne Kaltenbach
KREATIV KOCHEN
5. Auflage, 456 Seiten, 24 farbige Bildtafeln, über 40 Zeichnungen

Silbermedaille der Gastronomischen Akademie Deutschlands

Besser, leichter und abwechslungsreicher, jetzt auch mit Mikrowellen

«Bei jedem zweiten Rezept überkommt auch abgehärtete Kochbuchrezensenten der Wunsch, in die Küche zu eilen und dies und das nachzukochen.»
«Essen + Trinken», Hamburg

«‹Kreativ kochen› ist ein seriös erarbeitetes Kochbuch, das ohne Einschränkung empfohlen werden kann.»
«Tages-Anzeiger», Zürich

«Ein absolutes Muß für Feinschmecker. Wer einmal ein Kaltenbach-Gericht versucht hat, wird in Kürze das ganze Buch auswendig genießen können.»
«Bilanz», Zürich

«Dies ist ein Kochbuch, das man wirklich ‹fürs Leben› hat, wie es immer so schön heißt.»
«Frankfurter Rundschau»

«Mir scheint dieses Buch der Schweizer Autorin das empfehlenswerteste zu sein. Es ist praktikabel und übersichtlich aufgebaut und verzichtet auf große Kochtopfartistik.»
«Esslinger Zeitung»

«Dieses Fachbuch fällt aus dem Rahmen, und man kann es selbst unseren größten, besten Köchen empfehlen.»
«Gastronomische Rundschau»

«Was sie uns in ihrem Buch über das kreative Kochen vorschlägt, läßt das Herz eines jeden ‹Küchentigers› höher schlagen.»
«Femina»